Die Autorin

Anne Puryear ist Therapeutin. Sie lebt zusammen mit ihrem Mann, dem Psychologen und Autor Herbert Bruce Puryear, in Phoenix, Arizona. Dort gründeten sie gemeinsam das *Logos Center*, eine kirchlich-spirituelle Gemeinde. Durch ihre Arbeit der vergangenen zwei Jahrzehnte gewann Anne Puryear höchste Anerkennung als spirituelle Beraterin und Mentorin. Ihre Erfahrungen und Studien machten sie zu einer gefragten Spezialistin zu den Themen Suizid bei Jugendlichen und Leben nach dem Tod.

Anne Puryear

Stephen lebt!

Mein Sohn Stephen:
Sein Leben, sein Suizid,
sein Leben danach

Aus dem Amerikanischen
von Diane Zilliges

Besuchen Sie uns im Internet:
www.ullstein-taschenbuch.de

Ullstein Esoterik
Herausgegeben von Michael Görden

Aus dem Amerikanischen übersetzt von Diane Zilliges
Titel der Originalausgabe
STEPHEN LIVES! My Son Stephen:
His Life, Suicide, and Afterlife
Pocket Book, a division of Simon & Schuster Inc., NY, USA

Umwelthinweis:
Dieses Buch wurde auf chlor- und säurefreiem Papier gedruckt.

Deutsche Erstausgabe im Ullstein Taschenbuch
1. Auflage Mai 2007

Umschlaggestaltung: FranklDesign, München
Titelabbildung: Shivananda Ackermann / www.artshivananda.com
Gesetzt aus der Stempel Garamond
Satz: Pinkuin Satz und Datentechnik, Berlin
Druck und Bindearbeiten: GGP Media GmbH, Pößneck
Printed in Germany
ISBN 978-3-548-74368-4

Ich widme dieses Buch

... Gott
für das Geschenk meines Lebens und seine bedingungslose Liebe.

... meinem Mann Herb,
dem besten und liebevollsten Mann, den ich je kennengelernt habe, der Liebe meines Lebens (und nicht nur diesem).

... meinen Kindern Bob, Andrea und Debbie,
ich danke Gott, dass ich eure Mutter sein darf. Ich werde euch immer lieben und immer für euch da sein.

... meinen Enkelkindern Melissa, Robert, Vanessa und Krystalyn, es ist wunderbar, eure Oma zu sein. Ich vergöttere jeden von euch.

… meiner lieben Mutter,
der ich sehr dankbar bin. Du bist die beste Mutter, die ich haben konnte, ich liebe dich.

… meinem geliebten Sohn Stephen,
er bereicherte mein Leben fünfzehn Jahre lang. Aus seinem Schmerz und seiner Liebe entstand dieses Buch.

… all den jungen Leben, die durch die eigene Hand ihr Ende fanden, für die es schmerzhafter gewesen wäre, weiterzuleben als zu sterben.

… den Eltern und Angehörigen, die die Nachwirkungen eines solchen Todes durchstehen mussten oder auf eine andere Weise ein Kind verloren. Sie haben meine größte Bewunderung für ihren Mut und mein tiefstes Mitempfinden für ihren unerträglichen Schmerz.

Inhalt

Das Leben ist unendlich,
und die Liebe ist unsterblich,
und der Tod ist nur ein Horizont,
und ein Horizont ist nichts anderes
als die Grenze unserer Sicht.

Verfasser unbekannt

EINFÜHRUNG

Meine dunkelste Stunde

Steh nicht an meinem Grab, trauere nicht.
Ich bin nicht dort drin. Ich schlafe nicht.
Ich bin die tausend Winde, die wehen.
Ich bin das diamantene Glitzern des Schnees.
Ich bin das Sonnenlicht auf dem reifen Getreide.
Ich bin der sanfte Herbstregen.
Steh nicht an meinem Grab, weine nicht.
Ich bin nicht dort drin. Ich schlafe nicht.

Indianisches Gebet für einen Verstorbenen

Dies ist ein Buch über das Leben meines Sohnes Stephen. Es erzählt von seinem Selbstmord und seinem Weiterleben danach. Er entschied sich für den Tod, als er fünfzehn Jahre, drei Monate und fünfzehn Tage alt war, weil es für ihn schmerzhafter gewesen wäre, weiterzuleben als zu sterben.

Es ist eine Geschichte über Tod und Trennung, aber auch eine vom Überleben. Vor allem, und das liegt mir sehr am Herzen, ist es ein Buch der Hoffnung, denn es erzählt von meiner Kommunikation mit Stephen in den Jahren nach seinem Sterben.

Ich glaube daran, dass unsere Lieben nach ihrem Tod weiterhin existieren, unabhängig davon, wie sie aus dem physischen Leben geschieden sind. Ich glaube, dass sie Nachrichten für uns haben, dass sie uns von ihrem Weiterleben und ihrer über den Tod hinaus lebendigen Liebe erzählen wollen. Es gibt sehr viele Geschichten über das Weiterleben von Erwachsenen, aber nur sehr wenige betreffen Kinder. Und meines Wissens erzählt kein einziges Buch dieser Art von einem Kind, das sich selbst tötete.

Ich habe unsere Geschichte so ehrlich und so ausführlich geschrieben, wie ich konnte. Es war nicht einfach, denn diese Arbeit ließ das ganze Ausmaß des Schmerzes und der Traurigkeit noch einmal hervorbrechen. Ich entblößte meine Seele im Suchen nach einer Antwort auf die Frage, die immer wieder über die Hinterbliebenen von Selbstmördern hereinbricht: Warum? Warum hat er das getan? Warum habe ich die Zeichen dafür, dass Stephen suizidgefährdet ist, nicht erkannt? Warum habe ich, seine Mutter, ihm nicht helfen können, so dass er keinen anderen Ausweg sah, als sich zu töten? Warum? Warum? … Das niemals endende Warum.

Heute stelle ich andere, bessere Fragen. Ich frage mich beispielsweise: Was kann ich daraus lernen? Welches Geschenk liegt in Stephens Selbstmord und in allem, was danach kam? Wie kann ich an dieser Erfahrung wachsen? Wie kann ich meine Erfahrung des Schmerzes nutzen, um anderen zu helfen? In diesem ganzen Prozess habe ich die größten Lektionen meines Lebens entdeckt, und ich habe mein Wesen auf eine Weise entfalten können, die ich niemals erwartet hatte.

Ein Teil dieses Buches wurde mir von Stephen diktiert, von der Ebene aus, wo er jetzt lebt. Sie wird oftmals auch »die andere Seite« genannt, Stephen allerdings sagt, dass es überhaupt keine »andere Seite« ist. Er erklärt, dass die Seelen aus dieser Dimension den gleichen Raum wie die lebenden Menschen einnehmen können. Sie schwingen einfach nur auf einem anderen Level als unsere physischen Körper. Ich selbst kenne diese Dimensionen bisher kaum, aber mit Hilfe von Stephen und anderen, die vor mir dorthin gegangen sind, lerne ich vieles darüber.

Stephen bat mich um Mithilfe beim Schreiben dieses Buches. Er tat es in der Hoffnung, dass wir unsere Geschichte mit anderen teilen können und durch sie denjenigen Kindern, die sich allein und völlig überfordert fühlen, aufzeigen möchten, dass sie eine andere Lösung als den Selbstmord finden können. Stephens wichtigstes Anliegen ist, dass junge Menschen erkennen, dass Selbstmord kein einziges Problem löst, im Gegenteil: Er verursacht – auf beiden Seiten – unerträglichen Schmerz und eine Traurigkeit, die nur in seltenen Fällen wieder ganz heilen.

Stephen möchte Jugendliche dafür sensibilisieren, dass es immer einen besseren Weg gibt, als sich das Leben zu nehmen. Wenn sich ein junger Mensch für den Selbstmord entscheidet, zerstört er damit ein Dasein voller Potenzial, ein Versprechen. Seine Angehörigen bleiben zurück und empfinden häufig bis zu ihrem eigenen Tod Schuldgefühle und Schmerzen.

Vielleicht werden Sie beim Lesen dieses Buches und vielleicht sogar mit Recht denken: »Kein Wunder, dass Stephen sich umgebracht hat!« Oder: »Solche Dinge sind auch in unserer Familie passiert, doch unsere Kinder leben noch. Was für ein Glück.« Auf der anderen Seite werden Ihnen diese Zeilen vielleicht helfen, klarer zu sehen, was Worte und Handlungen – oder auch das Unterlassen von Handlungen – für irreparable Schäden in unseren empfindsamen Kindern anrichten können. Möglicherweise wird Ihnen dieses Buch helfen, in Ihrem Leben ein paar Dinge zu verändern, so dass Ihr Kind niemals ein Teil der verheerenden Suizidstatistik wird und Sie niemals um einen Menschen trauern müssen, der sich das Leben nahm.

In den USA geschieht alle zweieinhalb Minuten ein Selbstmordversuch. Während der letzten 20 Jahre ist die Häufigkeit von Selbsttötungen unter jungen Menschen kontinuierlich gestiegen. Einigen Schätzungen zufolge waren es nicht weniger als zwei Millionen Suizidversuche unter Jugendlichen pro Jahr. Davon waren 6000 erfolgreich. Selbstmord wurde die zweithäufigste Todesursache unter Zehn- bis Fünfundzwanzigjährigen, einige Experten gehen sogar davon aus, dass es in Wirklichkeit die erste Todesursache ist. Unter Fünfzehn- bis Fünfundzwanzigjährigen steigerte die Selbstmordrate in den Jahren zwischen 1957 und 1987 um 222 Prozent, wobei sich die Rate unter den Fünfzehn- bis Neunzehnjährigen auf eine Steigerung von 312 Prozent belief. Von 195 praktizierenden Ärzten, die man kürzlich dazu befragte, stimmten 58 Prozent der Aussage zu oder bestätigten sie sogar mit Nachdruck, dass die wirklichen Zahlen der Selbstmorde doppelt so hoch sind wie in den offiziellen Statistiken. Sobald man die nicht gemeldeten Fälle und die vertuschten Selbstmorde hinzuzählt und auch die so genannten Unfalltode, bei denen beispielsweise ein einzelner junger Mensch am Steuer eines verunglückten Autos saß.

Jährlich wird bei über 400 000 jungen Amerikanern ein Leiden diagnostiziert, das mittlerweile als neue Kinderkrankheit anerkannt wird: Depression. Diese ist für viele Wissenschaftler, die das Suizidverhalten untersuchen, einer der Gründe für die ansteigende Selbstmordrate bei Kindern. Ein anderer Faktor könnte die Fettleibigkeit unter Teenagern sein, die in den letzten 20 Jahren um 40 Prozent angestiegen ist. Untersuchungen zufolge haben 4,5 Millionen Jugendliche im Alter zwischen 12 und 17 mehr als 20 Prozent Übergewicht. Das führt oft dazu, dass sie von anderen gehänselt und zurückgewiesen werden, dass sie sich isolieren, depressiv werden und – oft lebenslang – Probleme mit dem Selbstbewusstsein und der Selbstachtung haben. All diese Symptome sollten als Alarmzeichen verstanden werden, sie müssen erkannt werden, um den jungen Menschen von eventuellen Suizidgedanken abzubringen.

Wenn ein Kind freiwillig aus dem Leben scheidet, hinterlässt das ein Feld der Zerstörung. Statistiken zeigen, dass die Scheidungsraten nach einem solchen Fall um 70 Prozent ansteigen. Schmerz, Schuldgefühle und die völlige Unfähigkeit, das eigene Leben weiterzuführen, sind einige der Folgen für die Eltern und Familien der Kinder, die diesen Weg gewählt haben.

Vielleicht hat sich Ihr Kind oder das eines Bekannten oder ein Freund das Leben genommen, und Sie möchten die Gründe dafür wissen. Wahrscheinlich spielen Sie, so wie ich es tat, all die kleinen Ereignisse der Vergangenheit neu durch und suchen nach Hinweisen dafür, was falsch gelaufen ist. Sie leiden unter dem Schmerz und den Schuldgefühlen, es nicht zu wissen – und unter der absoluten Unumkehrbarkeit der Entscheidung, die das Kind getroffen hat.

Wenn Ihr Kind stirbt, vor allem wenn es von eigener Hand geschieht, ist es, als hätte sich etwas in Ihrer Brust eingenistet und würde wieder und wieder Ihr Herz zusammenpressen. Der Schmerz, den das verursacht, ist für Sie unerträglich. Es fühlt sich so an, als wäre ein Teil Ihres Körpers abgetrennt worden und würde nie wieder anwachsen oder heilen. Sie ringen verzweifelt mit dem Gedanken, als Mutter oder Vater versagt zu haben. Ihr Sohn oder Ihre Tochter wollte lieber sterben als leben, wollte Sie lieber für immer und ewig verlassen, als mit Ihnen zu sein. Ihr Kind gab Ihnen keine Chance, ihm zu helfen oder sich wenigstens von ihm zu verabschieden. Es hat Sie auf alle Zeit verlassen, es ist dorthin gegangen, wo Sie es weder sehen noch mit ihm sprechen können. Und es hat alle Freude aus Ihrem Leben mitgenommen.

Wer außer Ihnen könnte der Schuldige sein? Dieses Kind war Ihnen anvertraut. Und während Ihre Aufmerksamkeit irgendwo anders war, starb es. Sie haben ignoriert, dass irgendetwas schieflief. Sie haben es nicht geschafft, Ihr Kind zu halten. Sie waren nicht für es da, als es Sie dringend brauchte. *Sie* haben es umgebracht! Sie hätten genauso gut ein Messer nehmen und es direkt in das Herz Ihres Kindes stoßen können. Es ist tot, und vielleicht denken Sie in Ihrer dunkelsten Stunde, dass niemand anderes die Schuld dafür als Sie selbst trägt. Es ist tot und für immer gegangen, und es gibt nichts, was Sie tun könnten, um das zu ändern. Es gibt keinen Weg, auf dem Sie ihm sagen könnten, wie leid es Ihnen tut, oder auch, dass Sie seine Entscheidung verstehen können. Es gibt keine Möglichkeit herauszufinden, wie es ihm geht oder ob da irgendein Platz ist, an dem Ihr Kind jetzt ist. Sie könnten beginnen, Gott zu hassen. Wie kann ein liebender Gott so etwas geschehen lassen?

Dies ist die Art des Denkens, in die wir verfallen, wenn wir voller Schmerz und Verwirrung sind. Wir bleiben manchmal einfach in diesem Zustand und beginnen emotional zu sterben und körperlich zu zerfallen. Ich war dort. Ich erinnere mich genau.

Doch irgendwann begann ich zu heilen. Und ich glaube daran, dass Sie das auch können. Wir können wieder heilen, indem wir unseren Schmerz und unsere Angst mit anderen teilen und indem wir uns an die glücklichen Zeiten erinnern. Bevor Ihr Kind starb, lebte es! Wir können wieder heilen, indem wir über unser Kind sprechen und seinen Tod nicht verdrängen. Wir können gesunden, indem wir unsere Rolle bei seinem Sterben verstehen lernen, indem wir uns selbst vergeben und unser eigenes Leben wieder begrüßen. Vor allem können wir heilen, indem wir verstehen, dass der physische Körper unseres Kindes zwar nicht mehr da ist, aber seine Seele, die unendliche Liebe verströmt, wird immer bei uns sein.

Stephen hat sich dafür entschieden, sein physisches Leben zu beenden. Ich glaube, dass es eine falsche Entscheidung war. Auch er glaubt, dass es falsch war. Doch die Tat an sich ist nicht rückgängig zu machen. Selbst ein ganzes Leben voller Vorwürfe, Schuldgefühle und zermürbender Fragen könnte die Endgültigkeit seines Todes nicht verändern. Mit dieser Tat veränderte sich mein Leben und das meiner drei anderen Kinder – und es wurde nie wieder so, wie es vorher war.

In meinen dunkelsten Stunden begannen plötzlich wunderbare Dinge zu geschehen. Ich bekam ein Geschenk, das weit über alles hinausging, was ich mir bislang vorgestellt hatte. Ich konnte Stephens Gegenwart fühlen und seine Stimme hören – nicht nur ich, auch anderen ging es so. Eine elektrische, dichte Energie füllte den Raum, wenn Stephen kam, und mein Herzschlag wurde spürbar schneller. Manchmal konnte ich kaum atmen, und mein ganzer Körper und mein Verstand reagierten heftig. Es war dieses Gefühl, einem Menschen zu begegnen, den man sehr liebt und lange nicht gesehen hat. Es war wie früher, wenn Stephen zur Tür hereinkam. Das Gefühl von Stephens Anwesenheit war manchmal so kraftvoll, dass ich ohne nachzudenken rufen wollte: »Stephen! Stephen, du bist hier!« Ich konnte ihn nicht sehen oder berühren, aber ich konnte seine Gegenwart spüren.

Kurze Zeit nach diesen ersten Gefühlen begann ich

eine Stimme in meinem Kopf zu hören, die sagte: »Hi, Mom. Ich bin's, Steve.« Der Klang und der Ausdruck waren genau so wie bei meinem Sohn. Und was er sagte, bewies, dass er es sein musste. Zuerst dachte ich, es wäre pure Einbildung, doch Stephens Worte waren so tröstlich und was er mir mitteilte, war so faszinierend, dass ich mich bald entspannte und einfach zuhörte. Im Laufe der Zeit begann ich einen Dialog mit ihm.

Ich sprach laut zu ihm, während er mich auf telepathischem Weg erreichte. Manchmal aber wirkte seine Stimme so laut und klar, dass ich unwillkürlich den Kopf in die Richtung drehte, aus der sie zu kommen schien. In solchen Fällen waren manchmal noch andere im Raum, aber sie konnten ihn nicht hören. Dennoch gab es einige Freunde, die ihn genauso wahrnehmen konnten wie ich. Manchmal schrieben sie auf, was er gesagt hatte, und gaben es an uns weiter. Wenn alles gesagt war und Stephen sich verabschiedet hatte, verschwand auch dieses Gefühl seiner Präsenz im Raum.

Ich bin sehr dankbar dafür, dass ich Stephen hören und mit ihm kommunizieren kann, während er in der geistigen Dimension ist. Dennoch ist diese unstillbare Sehnsucht in mir, dass er hier neben mir wäre und ich ihn umarmen könnte, ihm sein Lieblingsessen vorsetzen und seine Hausaufgaben überprüfen könnte. Ich würde so gern sein geliebtes Lächeln und seine blauen Augen sehen und in sein Gesicht schauen, wenn es vor Freude strahlt, und er sich vorbeugt, um besser mit mir reden zu können. Ich vermisse das dumpfe Aufschlagen der Gewichte auf dem Boden in seinem Zimmer, wenn er sein Muskeltraining macht. Ich wünsche mir sehr, ich könnte den Mann sehen, der aus ihm geworden wäre, und könnte die Stimmen seiner Kinder hören, die durchs ganze Haus schallen.

Was ich jetzt mit Stephen erlebe, möchte ich so fortführen können, bis wir wieder in einer Dimension zusammen sind. Ich habe es nicht eilig bis dahin, es wird zur richtigen Zeit geschehen. Wie viele Jahre seit seinem Tod auch vergangen sind und wie viele noch vergehen werden – es gab keinen Tag und wird keinen geben, an dem ich ihn nicht vermisse, auch wenn ich mich selbst inzwischen immer stärker und heiler fühle.

Als Stephen begann, mit mir zu sprechen, und ich vieles über sein neues Leben und über mein eigenes erfuhr, fing ich von Monat zu Monat mehr an, wieder zu leben.

I
Stephens Kindheit

»Ich borge dir für eine Zeit
eins meiner Kinder«, sagte er.
»Ich geb's dir, es zu lieben, so lang es lebt,
und zu trauern, wenn es stirbt.
Es mögen sechs oder sieben Jahre sein,
zweiundzwanzig oder nur drei.
Wirst du, bis ich es wieder zu mir nehme,
für es sorgen an meiner statt?«

Edgar A. Guest

Ich fand Stephens Nachricht auf dem Küchentisch, als ich von der Arbeit heimkam.

Mom,
ich musste gehen und nachdenken, weil ich nicht weiß, ob das Leben lebenswert ist. Ich werde heute Nacht im Wald schlafen. Versuch nicht, mich zu finden. Es wäre sinnlos.
Steve

Ich konnte es nicht glauben. Ich konnte die Worte meines Sohnes nicht verstehen. Wie konnte das Leben für ihn nicht mehr lebenswert sein? Wir hatten beide eine lange schmerzvolle Zeit hinter uns, aber nun waren die Dinge anders geworden, sie waren besser. Ich dachte, dass der Schmerz vorbei war, dass die Wunden geheilt waren. Jahrelang hatten wir Härte und extreme Strenge ertragen müssen, aber das war nun Vergangenheit. Wir hatten ganz neu angefangen.

Unsere Geschichte verlief nicht anders als bei vielen anderen, doch es fühlt sich immer einzigartig an, wenn es die eigene Geschichte ist. Ich war jahrelang mit einem Mann verheiratet, der sich bösartig verhielt und uns missbrauchte. Richard quälte mich und unsere vier Kinder jeden Tag mit seinem übermäßigen Kontrollzwang. Er nannte es Liebe und behauptete, ein verantwortungsbewusster Vater zu sein. Ich brauchte viele Jahre und eine unglaubliche Kraft, bis ich seine Grausamkeiten zurückweisen konnte, und irgendwann schaffte ich es, zu gehen. Ich traf Tom, als ich in meiner tiefsten Krise war, und nun, im Herbst 1973, waren wir zusammen. Tom unterschied sich von Richard wie der Tag von der Nacht. Gemeinsam mit ihm, so glaubte ich, könnten meine Kinder und ich endlich heilen. Und nun das.

Stephen hatte Angst vor der Dunkelheit, seit er ein kleines Kind war. Es begann zu regnen. Wie konnte er die Nacht im Wald verbringen anstatt zu Hause in seinem warmen Bett?

Ich war völlig außer mir. Ich bestand darauf, in den Wald zu fahren und ihn nach Hause zu holen. Egal, was er in seiner Nachricht geschrieben hatte, ich war sicher, wir würden ihn finden.

Unser Haus in Alexandria, Virginia, war eine Meile von einem großen Wald entfernt. Stephen war tagsüber oft dort, aber in der Nacht schien der Ort mysteriös und kalt. Tom und ich liefen bis zum Waldrand. Der Regen war stärker geworden, und der Wind war eisig. Ich schrie Stephens Namen, meine Stimme überschlug sich vor Panik. Ich wusste nicht, ob er mich hören konnte. Doch ich rief weiter seinen Namen und bat ihn, mit uns nach Hause zu kommen. Er antwortete nicht, und es war viel zu dunkel, um tiefer in den Wald hineinzugehen. Ich schrie wieder und wieder, und die Stille, die folgte, empfand ich wie eine qualvolle Strafe. Wie konnte ich so unsensibel gewesen sein? Ich hatte einfach nicht bemerkt, dass Stephen derartig unglücklich war.

Schließlich sagte Tom, dass wir gehen sollten. Ich wollte bleiben und weiter nach meinem Sohn rufen, aber ich musste einsehen, dass es keinen Sinn haben würde. Ich schrie seinen Namen einige weitere Male, aber ich erhielt keine Antwort. Schluchzend fuhr ich mit nach Hause und weinte mich in den Schlaf. Mein Kind, allein im dunklen Wald!

Ich erwachte mitten in der Nacht mit einem Schauder und erinnerte mich, dass Stephen weggegangen war. Ich betete für ihn und versuchte seinen Schmerz zu verstehen. In Gedanken spielte ich die letzten Monate noch einmal durch und suchte nach Hinweisen.

Vielleicht hatte es damit zu tun, dass er mich vor einigen Wochen bat, nicht zu seinem Vater zu müssen, aber ich hatte durchgesetzt, dass er hingeht. Richard bestand auf sein Recht, die Kinder zu sehen, aber in unserer gemeinsamen Zeit war er so grausam zu ihnen gewesen, dass sie diese Besuche jetzt fürchteten, vor allem Stephen. Von einem seiner letzten Besuche dort kam er nach Hause und weinte zwei Tage lang, sein Selbstvertrauen war völlig zerstört. Richard hatte ihn zusammengestaucht, weil er seinen Schlafsack nicht richtig zusammenlegen würde, weil er einige Tropfen Urin auf dem Toilettenrand hinterlassen hatte, wegen der Länge seiner Haare ... wegen eigentlich allem, was er tat. Als Stephen nach Hause kam, war er total fertig. Er heulte: »Ich hasse ihn! Ich hasse ihn!« Wir reden lange miteinander, er hörte auf zu weinen und sagte mit einer schmerzerstickten Stimme zu mir: »Ich liebe meinen Vater, aber ich kann es mit ihm einfach nicht aushalten. Er gibt mir das Gefühl, der letzte Dreck zu sein.« Das waren harte Worte für ein Kind, das immer so nett und freundlich war. Ich sagte ihm, dass ich ihn verstehen würde, und versuchte zu erklären, dass die Kinder alles seien, was Richard geblieben war. Außerdem schlug ich ihm vor, er solle doch probieren, mit seinem Vater genauso über seine Gefühle zu sprechen wie jetzt mit mir. Im Rückblick muss ich eingestehen, dass das eine ziemlich unsinnige Idee war. Ehrlichkeit war etwas, das Richard nur noch ärgerlicher machte. Hatte ich versagt, meinem Sohn bei diesen Schwierigkeiten mit seinem Vater genügend beizustehen? War das der Grund dafür, dass er weggelaufen war?

Ich musste noch etwas akzeptieren: Während ich mich viel stärker, geborgen und zufrieden fühlte, seit Tom in unser Leben gekommen war, hatte Stephen noch nicht wirklich Gefallen an ihm gefunden. Eines Abends, als Tom gerade seine Kinder nach Hause fuhr, sagte Stephen: »Mama, du bist so anders, wenn du mit Tom zusammen bist.« Er gab zu, sich mit Tom nicht wohlzufühlen, und klagte, dass ich viel zu sehr damit beschäftigt sei, Tom und seinen Kindern zu gefallen. Ich erklärte ihm, dass wir jetzt eine Übergangszeit durchlebten und dass er einfach etwas Geduld zeigen müsse. Ich war mir sicher, dass er Tom irgendwann genauso lieben und akzeptieren würde, wie ich es tat. Aber vielleicht erwartete ich zu viel in so kurzer Zeit.

Stephen musste außerdem damit fertig werden, dass er jetzt in einer neuen Schule war und dort noch keine Freunde gefunden hatte. Weil er dachte, zu dick zu sein, trug er nur ganz weite Kleidung und möglichst eine Regenjacke, um seinen Körper zu verstecken. Er sah sich selbst ganz und gar nicht so, wie ich ihn sah. Vergeblich versuchte ich ihn davon zu überzeugen, dass er völlig richtig war, aber vielleicht hätte ich mit ihm besser zu einem Arzt gehen sollen, der ihm hilft, ein paar Pfunde zu verlieren. Lag hier der Grund, dass er die Schule verlassen wollte und nun weggelaufen war? Was hätte ich tun sollen?

Die ganze Nacht über dachte ich an Stephen und suchte verzweifelt Antworten auf die Fragen, was ich falsch gemacht hatte und was ich tun sollte, wenn er zurück war. Ich dachte darüber nach, wie wir alles verändern könnten. Ich betete für ihn und bat Gott, ihm zu helfen. Vielleicht war er tot, und ich würde ihn nie wieder sehen. Vielleicht hat er einen Unfall im Wald und brauchte Hilfe. Meine Vorstellungen quälten mich. Ich würde sterben, wenn ihm irgendetwas zugestoßen war. »Oh, Stephen, du sollst wissen, wie sehr ich dich liebe, bitte komm nach Hause.« Ich betete und betete. Irgendwann fiel ich in einem unruhigen Schlaf.

Der Morgen kam, und Stephen war noch immer nicht da. Ich ging nicht zur Arbeit und verfolgte die Zeiger der Uhr, meine Angst wuchs mit jeder Minute. Am Mittag, als ich gerade die Polizei anrufen wollte, kam Stephen verlegen ins Haus, er sah völlig erschöpft aus. Ich lief zu ihm hin und nahm ihn in die Arme. »Oh, Stephen, ich habe mir solche Sorgen gemacht!« Ich weinte und hielt ihn in den Armen wie ein Baby.

»Es tut mir leid, Mama. Es tut mir wirklich leid«, sagte er unter Tränen. »Ich wollte nicht abhauen, aber ich habe es nicht mehr ausgehalten. Ich musste einfach weg.«

Ich versuchte ihn zu verstehen. Wir redeten stundenlang, und Stephen versprach, dass er das nie wieder tun würde. Ich hoffte so sehr, dass es ihm gut gehen würde – aber ich war mir nicht sicher. War das eine typische Krise, wie sie Teenager durchmachen? Oder bahnte sich da etwas anderes an?

Viel später erst begriff ich, dass diese Nacht im Wald ein Hilfeschrei war, den ich nicht gehört hatte. Ich vernahm ihn nicht, weil ich mir so sehr wünschte, dass nun alles gut geworden sei. Schließlich hatten die Kinder und ich einen so langen schmerzvollen Weg hinter uns.

Ich kann gar nicht mehr genau sagen, wann dieser Weg seinen Anfang genommen hatte. Es tut sehr weh, zurückzuschauen. Während all der Jahre habe ich sehr oft versucht, in meinem Herzen die Wahrheit zu finden und mich ihr zu stellen. Ich wollte wissen, warum die Dinge für jeden von uns genau so geschehen sind und nicht anders.

Ich hatte mir mein Leben niemals so vorgestellt, wie es dann gelaufen ist. Ich hatte auch nicht geplant, mit siebzehn Jahren bereits verheiratet und Mutter zu sein. Vielleicht war das der Anfang von allem.

Wir waren gerade von Kentucky, wo ich geboren bin, nach Ohio gezogen. Ich war fünfzehn und verliebte mich unsterblich in Bill. Er war siebzehn. Gut aussehend, blond und charmant, war er der beliebteste Junge an der Schule, und ich war sehr glücklich, dass er ausgerechnet mich wählte. Ich weiß noch, dass auch ich die typischen Schmerzen eines Teenagers durchmachte, aber im Großen und Ganzen war das Leben wunderbar. Ich war eine zielstrebige Schülerin, beliebt bei den Lehrern, voller Energie und Kreativität. Ich dachte niemals, dass ich besonders schön sei mit meinen kurzen blonden Locken und meinen blauen Augen, aber ich wusste, dass ich einen guten Charakter hatte. Einen Freund wie Bill zu haben, gab mir das Gefühl, etwas Besonderes zu sein. Dann zog meine Familie von Ohio nach Tennessee, und ich musste Bill verlassen. Wie habe ich ihn vermisst! Zu Thanksgiving kam er zu Besuch, und es war wunderschön, ihm wieder nahe zu sein. Aber kurze Zeit darauf bemerkte ich, dass ich schwanger war.

Schwanger! 1955 kam eine Abtreibung überhaupt nicht in Frage. Das war illegal und wurde allenfalls in irgendwelchen dreckigen Hinterzimmern bei fragwürdigen Ärzten vorgenommen. Außerdem hätten wir gar kein Geld dafür gehabt. Ich rief Bill an.

»Wir werden heiraten«, versprach er mit tapferer Stimme, und ich begann zu weinen. Ich wollte ihn nicht heiraten, nicht weil ich ihn nicht liebte, ich bezweifelte einfach, dass er mich wirklich zur Frau wollte. Aber wie die Dinge nun einmal aussahen, hatte ich keine andere Wahl. Im März gaben wir uns heimlich das Ja-Wort in Georgia, auf der anderen Seite von Tennessee.

Als wir gleich danach zu meiner Mutter kamen, um ihr die Neuigkeit zu erzählen, sah ich sie zum ersten Mal in meinem Leben weinen. Wir verbrachten die Nacht in einem Motel auf dem Weg zurück nach Ohio, wo Bill wohnte. Als er eingeschlafen war, setzte ich mich ans Fenster und weinte hemmungslos. Ich wollte nicht so weit weg von meiner Familie sein. Ich brauchte meine Mutter. Ich wusste überhaupt nichts über Babys. Das war einfach alles nicht das, was ich mir für mein Leben vorgestellt hatte. Ich wollte die Highschool beenden und aufs College gehen. Dieses ganze Leben, das ich mir erträumt hatte – Lehrerin werden, anderen Menschen helfen … Ich war mir sicher gewesen, dass ich ein anderes Leben haben würde als meine Eltern, es sollte aufregend sein und angefüllt mit Kunst und Kultur. Wie konnte ich all das einfach so verlieren?

Wir zogen zurück nach Cincinnati, wo mein erster Sohn, William Robert oder Bobby, wie wir ihn später nannten, geboren wurde. Es war der 10. August. Von dem Moment an, als ich ihn zum ersten Mal sah, entflammte ich in Liebe für ihn. Sein engelhaftes Gesicht gab mir das Vertrauen, dass alles gut werden würde.

Ich liebte es, Mutter zu sein, aber fast unbemerkt lief es über die Jahre zwischen Bill und mir nicht mehr so gut. Ich arbeitete tagsüber als Sekretärin und ließ Bobby bei einem Babysitter. Nachts lernte ich für meine Highschool-Aufnahmeprüfung. Bill arbeitete tagsüber in der Poststelle von General Electric, auch er lernte nachts. Wir hatten kaum Zeit füreinander und entwickelten uns in unterschiedliche Richtungen. Ich fühlte mich gelangweilt, ich wollte mehr, und ich bin mir sicher, es ging ihm genauso. Wir trennten uns einige Male, kamen aber wegen Bobby immer wieder zusammen. So hatten wir auch nicht geplant, noch ein weiteres Kind zu haben, aber als wir uns wieder einmal versöhnt hatten, wurde ich schwanger. Ich war erst zwanzig, und mein erstes Kind war gerade drei Jahre alt.

Anders als beim ersten Mal vrlief diese Schwangerschaft schwierig. Fast vom ersten Tag an litt ich unter morgendlicher Übelkeit, die dann den ganzen Tag und die ganze Nacht über anhielt. Ich wollte ständig an irgendetwas herumknabbern, um mich nicht so elend zu fühlen, und mein Arzt verschrieb mir jede Woche ein anderes Medikament – aber nichts half.

Ich hatte mich noch niemals so schlecht gefühlt in meinem Leben. Doch es kam noch schlimmer: Ich nahm 25 Kilo zu und sah bald aus wie ein Pfannkuchen. Von mir war nur noch ein Wrack übrig – ich war depressiv, krank und fühlte mich hässlich.

Es gab niemanden, mit dem ich über meine Furcht und meine Fragen hätte sprechen können. Dadurch verstärkten sich diese Ängste, und ich begann zu glauben, dass ich während der Geburt sterben würde. Diese Idee setzte sich so tief in mir fest, dass ich irgendwann davon überzeugt war, dass weder ich noch mein Baby überleben würden. Verschreckt und verwirrt begann ich, mich auf den Tod vorzubereiten.

Wenn Bill abends in der Schule war und Bobby schlief, saß ich in meinem Zimmer, schrieb Briefe und weinte. Ich schrieb an meine Verwandten, um ihnen zu sagen, wie sehr ich sie liebe. Ich bat sie, sich nach meinem Tod um meinen Sohn zu kümmern und ihm später zu sagen, wie sehr seine Mutter ihn geliebt hat. Ich verschloss die Briefe und legte sie an einen Platz, wo sie nach meinem Tod sicher gefunden werden würden.

Meine Zeit lief ab. Das neue Baby sollte um den 6. Dezember auf die Welt kommen, und die Augenblicke, die ich mit Bobby verbringen konnte, waren gezählt. Oft schlich ich auf Zehenspitzen in sein Zimmer und sah zu, wie er schlief, den Daumen im Mund und die gebogenen Fingerchen an seiner kleinen Stupsnase ruhend. Meist schwitzte er, und seine goldenen Haare waren feucht. Auch an seiner Nase waren kleine Tropfen. Ich berührte ganz zart sein Gesicht und flüsterte ihm zu, dass ich ihn liebe. Der Gedanke, dass ich bald nicht mehr bei ihm sein und nicht sehen könnte, wie er aufwächst, war so schmerzvoll, dass ich es kaum ertragen konnte.

Ich konnte meine Ängste mit niemandem teilen, weder mit meiner Familie in Tennessee noch mit Bill. Ich hatte mir heimlich geschworen, die, die ich liebte, so lange wie möglich vor dem Schmerz zu bewahren. Meine Mutter hatte mir früher eine Geschichte erzählt, die mich nun verfolgte. Sie selbst hatte von dieser Szene am Grab ihrer Mutter durch ihren Vater gehört, denn sie selbst war damals zwei Jahre alt gewesen und hatte keine Erinnerung daran: Als der Sarg mit dem Körper ihrer Mutter in die Erde versenkt werden sollte, schrie das Mädchen: »Die dürfen meine Mami nicht in dieses dunkle Loch stecken!« Ich weinte jedes Mal, wenn ich an diese Geschichte dachte. Ich stellte mir vor, dass Bobbys Herz auf diese gleiche Weise gebrochen werden sollte. Ich wusste auch, dass meine Mutter fast gar keine Erinnerungen an ihre Mutter hatte – da waren nur ein paar Stücke eines nie vollendeten Quilts, an dem sie bis zu ihrem Tod gearbeitet hatte. So würde es Bobby auch ergehen, nur ein paar Notizen von mir würden bleiben.

Obwohl es nicht meine erste Schwangerschaft war, bemerkte ich eigentlich von den Vorgängen in meinem Körper nichts. Ein paar ältere Frauen, mit denen ich einmal darüber sprechen wollte, lachten nur und sagten: »Ach, Süße, das ist alles ganz natürlich, und Gott wird es genauso machen, wie er es seit Tausenden von Jahren immer macht.« So kam ich, als die Wehen einsetzten, mit den gleichen großen Wissenslücken in den Kreißsaal wie beim ersten Mal.

Die Schwestern zogen mich aus, halfen mir in ein weißes Nachthemd und legten mich ins Bett. Sie fixierten die seitlichen Gitter, dann rasierten sie mich, gaben mir eine Spritze in die Hüfte und gingen. Weder erklärten sie mir irgendetwas, noch fragte ich. Ich verlor langsam das Bewusstsein und dachte: Genauso muss es sein, wenn man stirbt. Nur Dunkelheit, und dann wurde alles zu kleinen Lichtpunkten. Diese Pünktchen kommunizierten miteinander, überall tönte es »ping«. Ich verstand ihre Sprache nicht, aber sie bewegten sich weiter und berührten einander. Immer wieder hörte ich ihr »ping«. Ich fühlte mich alleingelassen, gerade weil ich wusste, dass ich einer von diesen Punkten war.

Als ich meine Augen öffnete, war ich in einem großen Raum mit drei Frauen, die ich zuvor nicht bemerkt hatte, sie lagen in verschiedenen Ecken des Zimmers in ihren Betten. Ich glaubte, dass wir alle tot und im Himmel waren. Ich bemerkte vage, dass eine Schwester über mir schwebte und meinen Blutdruck maß. Sie teilte mir mit, was für eine schwere, anstrengende Geburt ich hatte. »Sie haben einen Sohn«, sagte sie. Noch immer etwas benommen, murmelte ich: »Einen was?« Sie lachte, und auch ein lächelnder Bill war da, und ich tauchte zurück in meine »Ping«-Welt.

Als ich Stunden später erwachte, wusste ich, dass es der 3. Dezember 1958 war und ich einen weiteren Sohn geboren hatte. Ich war am Leben, das Baby ebenso. Die Schwestern brachten ihn gleich zu mir. Er sah süß aus, sein Gesicht hatte eine leichte Rosafärbung. Seine Augen waren blau, während seine Haare hellblond waren. Ich wickelte ihn aus den Tüchern und sah, dass alles an ihm perfekt war. Er wirkte stark und gesund mit seinen dreieinhalb Kilo. Er war genauso schön wie Bobby damals, nur wirkte er niedlicher, sehr ruhig und friedlich.

Ich hatte geglaubt, es wäre unmöglich, ein anderes Kind so sehr zu lieben wie Bobby. Aber es brauchte überhaupt keine Zeit, bis ich vollkommen vernarrt in diesen ruhigen, süßen, hungrigen kleinen Jungen mit seinen rosa Pausbäckchen war. Gleich nach der Entbindung vergaß ich all meine früheren Ängste. Erst als ich Wochen später das Bündel von Briefen fand, die ich geschrieben hatte, erinnerte ich mich daran, dass ich mir sicher gewesen war, zu sterben.

Wir hatten uns für den Namen Stephen Christopher entschieden, wobei Stephen auch der Name meines Vaters war. Ich hoffte, ihm würde das gefallen, und das tat es auch. Mein Vater hatte immer sehr viel übrig für »Little Stephen«, wie meine Familie ihn sein Leben lang nannte. Später las ich nach, dass Stephen »der ruhmreich

Gekrönte« heißt und Christopher »der Träger Christi«. Diesen Namen hatte ich schon immer geliebt.

Als Stephen acht Monate alt war, zogen wir von unserem kleinen Zwei-Zimmer-Apartment in ein großes Vierfamilienhaus. Wir hatten unsere eigene Waschmaschine und einen Trockner und teilten uns mit anderen den Keller. Es gab einen großen Hof, in dem die Jungs ihre Schaukel hatten und spielen konnten. Als die Möbel und Kisten im Haus waren, nahm ich Stephen wieder und wieder hoch, um ihn zu drücken und zu küssen. Er hatte einen hellblauen Strampler an und sah mit seinen goldenen Haaren, die sein Gesicht umrahmten, aus wie ein Engel. Er weinte normalerweise nur selten, und wenn ich ihn unten am Nacken, an seiner »süßesten Stelle«, küsste, gluckste er vor Vergnügen.

Übersprudelnd vor Aufregung rannte Bobby zwischen den Kisten umher. Mit seinen vier Jahren war er voller Enthusiasmus und Lebensfreude. Er raste mit seinem Fahrrad die Fußwege auf und ab, so dass all die neuen Nachbarn anhielten, um mit diesem charmanten Jungen zu sprechen. Er schloss mit jedem schnell Freundschaft.

Stephen war ruhiger. Er hatte eine ganz spezielle Eigenschaft: Jeder wollte ihn berühren und an sich drücken. Alle, die mit ihm zu tun hatten, sagten, dass sie einfach ihre Hände nicht von ihm lassen konnten. Jahrelang hörten wir immer wieder: »Ich könnte diesen Jungen großziehen wie meinen eigenen.« Oder es hieß: »Ich habe noch nie ein Kind erlebt, das sich so gut *anfühlt*.«

Während Bill und ich auf unsere Söhne konzentriert waren, ging unsere Beziehung kontinuierlich zu Grunde. Stephen war noch kein Jahr alt, als wir uns zum letzten Mal trennten. Unter Tränen und tieftraurig über all die Dinge, die wir nicht mehr reparieren konnten, zog Bill zu seinen Eltern zurück. Ich behielt die Wohnung und die Kinder. Er besuchte seine Söhne regelmäßig und nahm sie manchmal übers Wochenende mit zu sich. Ich hatte kein Auto, und Bill borgte mir seines, wenn ich Einkäufe zu erledigen hatte.

Unsere Trennung brachte mit sich, dass ich wieder arbeiten gehen musste. Bill zahlte 25 Dollar pro Woche. Das reichte für einen Babysitter, den Rest musste ich verdienen. Ich fand einen Job als Sekretärin, der so bezahlt wurde, dass es zum Überleben reichte.

Es war eine schwierige Zeit in meinem Leben. Wie die meisten arbeitenden Mütter fühlte ich mich schuldig, weil ich nur wenig Zeit mit meinen Kindern verbringen konnte. Ich vermisste sie schrecklich. Es schien nicht in Ordnung zu sein, dass ich nicht immer da war, um sie aufwachsen zu sehen, dass ich nicht jeden Moment ihres Lebens bei ihnen sein konnte. Irgendwann war klar, dass ich eine Arbeit brauchte, die mir mehr Flexibilität erlaubte, so dass ich öfter mit ihnen zusammen sein konnte. Bald war ich Sekretärin und Rezeptionistin in einem kleinen Familienbetrieb in der Nähe unserer Wohnung. Ich war glücklich, nur zehn Minuten von zu Hause entfernt arbeiten zu können, auch wenn das Gehalt etwas geringer war.

Mein neuer Chef war der Präsident der Firma und zudem Geistlicher in einer Kirche, die sich auf das »Buch Mormon« berief. Ich machte ihm klar, dass es für mich nur ein Job sei, und ich kein bisschen daran interessiert wäre, mich auch in die kirchlichen Belange zu mischen. Er versuchte niemals, mich zu missionieren, und so entwickelte sich eine harmonische Beziehung zu den Menschen in dieser Firma. Alle waren besorgt um das Wohl meiner Kinder, und es gab niemals Probleme, wenn ich frei nehmen wollte, um für sie da zu sein. Das Leben kam wieder in geordnete und sogar friedvolle Bahnen.

Im Sommer stellte die Firma einen jungen Ingenieur namens Richard ein, der auch ein Mitglied dieser Kirche war. Er war alleinstehend und vier Jahre älter als ich – ein großer, dünner, ernsthaft wirkender Mann, den ich eigentlich nicht besonders attraktiv fand. Aber auf der Weihnachtsfeier begann ich ihn mit anderen Augen zu sehen. Richard setzte sich neben mich und spielte den ganzen Abend über mit den Kindern. Er trug sie auf seinen Schultern umher, und sie lachten ausgelassen. Ich war froh, meine Jungs so glücklich zu erleben.

Nach dieser Weihnachtsfeier begannen wir uns zu verabreden und waren bald täglich zusammen. Richard war sehr aufmerksam mir und den Jungen gegenüber, und er nahm uns mit in die »Firmenkirche« – der *Kirche Jesu Christi und der Heiligen der letzten Tage*. Eigentlich hatten unsere privaten Treffen immer irgendetwas mit der Kirche zu tun. Richard erklärte mir, dass er Priester sei – ein von Gott ernannter Laienpfarrer. Er und seine Familie hatten schon immer dieser Kirche angehört.

Ich genoss es, Teil dieser Gemeinde zu sein. Sie gab mir das Gefühl, dass Gott lebendig war, dass ein fürsorglicher Gott mit seinen Kindern sprach. Die Leute der Gemeinschaft waren sehr herzlich und offen, es schien keine Vorurteile zu geben. Der Gottesdienst war interessant und inspirierte mich oft, überdies mochten meine beiden Jungen die Sonntagsschule. Ich fühlte mich von dieser Kirche gleichsam umarmt. Sie gab mir ein Gefühl von Sicherheit, das ich so lange Jahre vermisst hatte. Ich war glücklich, endlich wieder zu etwas zu gehören – und auch wieder zu jemandem.

II

Innerlich zerbrochen

Es ist die Zeit von Sturm und Regen, wir müssen durchhalten – der Weg der Weisheit ist jetzt nicht, sich nach ruhigeren Tagen zu sehnen. Wir sollten vielmehr lernen, maßvoll und angenehm mitten in der größten Anspannung zu leben.

Elton Trueblood

Wenn ich auch nur ansatzweise gewusst hätte, wie man auf sein Herz hört, hätte ich Richard niemals geheiratet. Aber ich war jung und allein. Seinen Kontrollzwang hielt ich für Liebe. Er wusste immer genau, was zu tun war. Er fühlte sich für alles verantwortlich, und ich ließ ihn gewähren. Ich fühlte mich von der Sicherheit, die er ausstrahlte, angezogen und seinem Vertrauen ins Leben – zu einer Zeit, als ich meiner großen Verantwortung müde war und ich mich sehr unsicher fühlte. Als er mich fragte, ob ich ihn heiraten wolle, sagte ich ja. Ich verdrängte meine Zweifel, dass es viel zu früh dafür sei.

Richard machte mir den Hof, und ich ignorierte all die Zeichen, die signalisierten, dass dies kein gutes Ende nehmen würde, dass er zu dogmatisch und beherrschend war und vor allem zu streng mit den Kindern. Meine Unsicherheit quälte mich: Hatte ich die richtige Entscheidung getroffen? Ich musste mir sicher sein können, dass Richard immer für uns da sein würde und dass er genauso für die Jungen sorgen würde wie ich.

Schließlich besiegelte ein dramatisches Ereignis meinen Entschluss, die Ehe mit Richard einzugehen. An einem verschneiten Abend waren wir wie jeden Mittwoch zum Gebet in der Kirche. Nach dem Gottesdienst standen noch einige Gemeindemitglieder beisammen und unterhielen sich. Stephen war im Dezember zwei geworden und konnte bereits kurze Sätze sprechen. Fast alle Leute redeten im Vorbeigehen mit ihm. Er sah entzückend aus in seinem blauen Anzug, dem weißen Hemd und der roten Krawatte. Sein Bruder Bobby war genauso angezogen.

Plötzlich begann eine Frau, hysterisch zu schreien. Ich sah mich um und entdeckte, dass Richard Stephen nicht an der Hand hielt. Vermutlich hatte er gedacht, dass der Junge bei mir wäre. Aber Stephen war allein herumspaziert und ein paar Treppenstufen hinuntergeklettert. Dabei war er unter einem Metallgeländer hindurchgerutscht und anderthalb Stockwerke nach unten auf den Betonboden gefallen.

Panisch vor Schrecken rannte ich zur Treppe. Stephens kleiner Körper lag verbogen da unten, ein Bein zur Seite gedreht, absolut bewegungslos. Richard und ich stürmten die Treppe hinunter, wo sich schon einige Leute um Stephen versammelt hatten. Jemand schrie, man solle ihn auf keinen Fall anfassen oder bewegen, weil seine Wirbelsäule gebrochen sein könnte. Ein anderer lief los, um einen Krankenwagen zu rufen.

Ich stand da und konnte nichts tun. Ich wollte mein Kind unbedingt berühren, hatte aber Angst, weil wieder jemand rief: »Nicht anfassen!« Ich fühlte mich wie ein Schauspieler, der in einer Horrorszene gefangen war. Ich war mir der vielen Menschen um mich herum sehr bewusst, ihre Blicke durchbohrten mich. Aber ich vermochte nichts zu sagen, ich konnte nicht weinen, ich hatte Kopfschmerzen und konnte einfach keine Tränen hervorpressen.

Nach einer Weile, die mir wie eine Ewigkeit erschien, kam endlich der Krankenwagen. Die Sanitäter hoben Stephen vorsichtig in den Wagen. Ich musste vorn beim Fahrer sitzen, so dass ich auf dem Weg zum Krankenhaus durch eine Glasscheibe von meinem Kind getrennt war. Ich konnte es nicht berühren oder zusehen, was die Männer in den weißen Kitteln dort taten. Während der gesamten halben Stunde, die wir bis zum Hospital brauchten, war ich nicht sicher, ob Stephen lebte oder tot war. Er rührte sich nicht.

Als wir dann endlich in der Notaufnahme waren, konnte ich sehen, wie Stephen auf eine Trage gelegt wurde. Seine Augen waren geöffnet, sein Kopf war so fixiert, dass er ihn nicht bewegen konnte. Ich folgte der Trage und redete die ganze Zeit auf Stephen ein. Er weinte nicht, hin und wieder stöhnte er.

»Bitte, Gott, lass ihn nicht sterben!«, flehte ich leise. Ich versprach Gott alles Mögliche, wenn er Stephen nur wieder gesund werden ließ. Während dieser langen Stunden dort im Krankenhaus schloss ich mindestens hundert Abkommen mit Gott.

Richard und zwei der Pfarrer kamen kurz nach uns im Hospital an. Ich sagte ihnen, dass die Ärzte Stephen in ein Behandlungszimmer gebracht hätten, mich aber nicht hineinlassen wollten. Einer der Priester fragte einen Angestellten, ob sie zu Stephen gehen könnten, da sie ihm gern die Hände auflegen würden. Er erklärte, dass sie Angehörige einer Kirche wären, die an diese Art der Heilung glaubten. Und dann wurden wir alle zu Stephen gelassen. Ich konnte ihn endlich sehen und berühren und mich um ihn kümmern.

Er weinte, als er mich sah. Ich werde diesem Pfarrer ewig dafür danken, dass er uns hier hinein geholfen hat. Die Männer salbten Stephens Kopf mit einem gesegneten Öl, legten ihre Hände auf ihn und beteten. Ich betete ebenfalls, ließ aber meine Augen offen, und auch Stephen wandte seinen Blick nicht von mir. Er wirkte erschrocken und hatte Schmerzen.

Schon nach ein paar Minuten schickten uns die Ärzte wieder nach draußen. Wir warteten stundenlang und hatten keine Chance, an Stephen heranzukommen. Irgendwann kam ein Arzt zu uns. Er sagte, dass sie Stephen für ein paar Tage im Krankenhaus behalten wollten, da die Röntgenaufnahmen eine Fraktur vom Kopf nach unten auf die linke Seite zeigten. Es gäbe keine Blutungen oder Schwellungen, und er würde höchstwahrscheinlich schnell wieder in Ordnung kommen, aber sie würden ihn zur Sicherheit konstant überwachen. Der Arzt versicherte uns, dass Stephen keine Knochenbrüche und nur sehr geringe Schmerzen hatte. Sie hätten ihm etwas gegeben, damit er gut schlafen könne. Er meinte, es wäre ein Wunder, dass er nicht tot oder ernsthaft verletzt worden sei. Ein Wunder! »Danke, Gott«, flüsterte ich wieder und wieder.

Der Unfall brachte Stephen den Kirchenleuten noch viel näher. Sie glaubten, dass Gott ihn aus einem bestimmten Grund verschont hatte. Richard zeigte sich sehr besorgt und hilfsbereit, seine Unterstützung und seine Aufmerksamkeit während dieser Zeit, als es Stephen nicht gut ging, schoben all meine restlichen Zweifel wegen ihm und der Heirat beiseite.

Unserer Hochzeit war für Mitte Februar angesetzt. Die ganze Kirche bereitete das Ereignis vor. Richards Eltern kamen von Pennsylvania und meine von Tennessee. Stephen war während der Zeremonie so entzückend, und viele Fotos zeigten alle möglichen Leute, die ihn in den Armen hielten und herzten. Meine Eltern nahmen die Jungen dann mit nach Tennessee, damit wir in die Flitterwochen fahren konnten. Stephen und Bobby liebten ihre Oma und ihren Opa und waren so aufgeregt wegen der Reise, dass wir keine Bedenken hatten, sie bei ihnen zu lassen.

Die Flitterwochen waren eine Katastrophe. Sie brachten eine Seite von Richard zum Vorschein, die ich zuvor nicht gesehen hatte – oder besser gesagt eine, die ich mir zuvor nicht bewusst gemacht hatte. Zuerst einmal hatte Richard es strikt abgelehnt, mir zu sagen, wohin wir fahren. Er hatte mir keinerlei Hinweise gegeben. Wir landeten dann schließlich an den Niagara-Fällen. Da ich das nicht gewusst hatte, hatte ich keine Winterstiefel und auch nicht die richtige Kleidung dabei. Während wir durch die schneebedeckten Berge kletterten, war ich so durchgefroren, dass ich vor Schmerzen weinte. Richard war sauer und wütend auf mich, weil ich es nicht bis zum Gipfel schaffte. Aber mit all dem Schnee in meinen Schuhen waren meine Füße zu Eisklumpen geworden.

Ich sehnte mich danach, dass Richard mich verwöhnen und wie seine Geliebte behandeln würde. Das waren unsere Flitterwochen – eine ganz besondere Zeit! Stattdessen drehte er jeden Penny zweimal um, bevor er ihn ausgab. Er wollte sogar Mahlzeiten ausfallen lassen, um Geld zu sparen; dabei war ich so hungrig. Er schleppte einen kleinen Elektrogrill an, damit wir uns im Zimmer das Essen selbst zubereiten konnten. Ich erinnerte ihn an das Schild »Kochen verboten«, das dort hing, denn ich befürchtete, dass wir rausgeschmissen würden, wenn das Hotelpersonal Essensgeruch wahrnahm. Dennoch machten wir nun jedes Frühstück und auch manches Abendessen in unserem Zimmer.

Auf dem Rückweg, spät in der Nacht, parkte Richard das Auto an einer Tankstelle auf einem Berg. Er sagte, dass wir hier schlafen würden, bis die Tankstelle wieder öffnen würde. Als ich fragte, ob wir nicht genügend Benzin hätten, um bis zum nächsten Hotel zu kommen, meinte er, dass es schon reichen würde, ich solle aber daran denken, dass wir uns die Kosten für eine Hotelnacht sparen könnten – etwa 30 Dollar. Richard schlief hinten, ich vorn im Auto. Wir hatten keine Decken, nur unsere Mäntel. Bei der Kälte, dem Lenkrad, das mir immer in die Quere kam, und den engen Sitzen, wie sie 1953 in einem Ford nun einmal üblich waren, konnte ich die ganze Nacht nicht schlafen.

Es war eine schreckliche Erfahrung. Bei dem ganzen Stress hatte ich auch noch fünf Pfund zugenommen. Ich war desillusioniert, verunsichert und gereizt. Jetzt hatte ich den Mann, den ich geheiratet hatte, kennengelernt. Es gab einen ausgesprochen grausamen Anteil in ihm, ihm fehlten Mitgefühl und Verständnis, was ich zuvor in dem Ausmaß nicht bemerkt hatte. Wir holten die Kinder in Tennessee ab, und das Flitterwochen-Fiasko war fürs Erste vergessen.

Doch Richards extreme Strenge zeigte sich weiter. Auf der gesamten Fahrt zurück nach Cincinnati ermahnte er die Kinder, er herrschte sie an und wies sie wegen der kleinsten Nebensächlichkeiten zurecht. Er weigerte sich anzuhalten, damit sie mal zur Toilette gehen und etwas trinken könnten, bis wir den »richtigen Platz« gefunden hätten – das war etwa eine Stunde, nachdem sie zum ersten Mal ihre Bedürfnisse geäußert hatten. Die Jungs weinten: »Mami, wir müssen mal! Wir können es nicht länger anhalten.« Ich bat Richard, endlich eine Pause einzulegen. Aber er sagte nur etwas von Memmen. Ich war aufgebracht und sauer. So hatte ich Richard noch nie erlebt. Oder hatte ich es nur nicht sehen wollen?

Ich musste mir eingestehen, dass die Zeichen von Anfang an da gewesen waren, so scharf und klar wie ein

Klingelton, aber entweder bemerkte ich sie einfach nicht oder ich kritisierte mich selbst, dass ich überreagieren würde. Jetzt war es zu spät. Ich musste versuchen, mit Richard zu leben, und ich war entschlossen, einen Weg zu finden, damit diese Ehe Bestand haben würde.

Richard äußerte den Wunsch, die Jungs zu adoptieren und wie eigene Söhne aufzuziehen. Ich hielt von dieser Idee zunächst nichts, doch irgendwann hatte er meinen Widerstand gebrochen. Ich sagte widerwillig zu und ging davon aus, dass Bill damit ohnehin nicht einverstanden sein würde. Er war es aber, und so wurde Richard offiziell der Vater meiner Söhne.

In mir keimte die heimliche Hoffnung auf, dass die großen Wellen von Wärme und Liebe, die von den beiden Jungen ausgingen, Richard erreichen, dass sie ihn erweichen und verändern würden. Wenn er sie hart ansprach oder wegen irgendeiner Kleinigkeit disziplinierte, zuckte ich zusammen. Aber ich verdrängte meinen Ärger, weil ich glaubte, dass Richard die Kinder liebte. Ich war entschlossen, ihm zu zeigen, wie er seine Liebe auf eine sanfte und freundliche Weise ausdrücken könne. In Wirklichkeit aber stritten wir in dieser frühen Phase unserer Ehe jeden Tag wegen der Erziehung der Kinder. Wenn ich anfangs etwas gegen seine Methoden einwendete und für die Kinder einstand, stürmte Richard einfach aus dem Haus. Wenn er zurückkam, war er abweisend und stumm, er erwartete, dass ich mich entschuldigte. Es war unmöglich, auf diesem Weg etwas zu erreichen. Irgendwann bat ich dann wirklich um Verzeihung, weil ich sein Schweigen nicht länger ertragen konnte. Die Wochen vergingen, und Richard lief nicht länger davon, sondern blieb und kämpfte. So manche Nacht schallten unsere aufgebrachten Stimmen durch das Haus, während ich realisierte, wie ängstlich sich

Bobby und Stephen fühlen mussten, zusammengesunken in ihren Bettchen hinter einer geschlossenen Tür. Es ist so dumm zu glauben, dass Kinder einen solchen Streit nicht hören und nicht bemerken würden, was zwischen ihren Eltern passiert – aber zu der Zeit redete ich mir ein, dass sie nichts davon mitbekamen.

Richard bemühte sich um einen neuen Job und bekam schließlich ein Angebot aus Washington, D. C. Wir fuhren ohne die Kinder dorthin, um uns alles anzusehen. Mir gefiel die gesamte Gegend auf Anhieb. Es war der aufregendste Ort, an dem ich jemals war. Pulverschnee bedeckte die Erde, und die Häuser glitzerten im Mondlicht, als wir ankamen.

Richard fand den neuen Job ideal, das Gehalt war höher, das ganze Umfeld perfekt. Er versicherte mir, dass wir jetzt die Chance hätten, alles besser zu machen, weit weg von Cincinnati. Es würde ein neuer Anfang werden. Bobby und Stephen würden Bill weiterhin besuchen und mit ihm in Kontakt bleiben können, und wir würden unser Leben wieder in die richtige Bahn bringen. Vielleicht hatte Richard recht, vielleicht würde es helfen. Vielleicht würde jetzt alles besser werden.

Doch das wurde es nicht. Bill schrieb niemals an seine Söhne, und er rief auch nicht an. Ich kontaktierte seine Mutter, schickte Fotos und jedes Jahr Weihnachtsgrüße, aber es kam keine Antwort von ihm. Später erfuhr ich, dass er der Meinung war, es sei besser für die Jungs, wenn er sich aus ihren Leben heraushalten würde.

Richard war natürlich ganz zufrieden damit, dass die Kinder Bill nicht mehr sahen. Schließlich, so sagte er, sei er jetzt der Vater. Immer, wenn ich Bill erwähnte und den Jungs Bilder von ihm zeigte, wurde Richard ärgerlich und schimpfte, dass ich den Kindern nicht ihr eigenes Leben lassen würde. Er nervte mich so lange, die meisten der Bilder, auf denen die Kinder zusammen mit Bill zu sehen waren, wegzuwerfen, bis ich schließlich um des lieben Friedens Willen nachgab.

Schon bald war Bill kein großes Thema mehr bei uns. Bobby fragte mich manchmal nach ihm, aber Stephen, gerade mal dreieinhalb, hatte seinen leiblichen Vater schnell vergessen – oder schien ihn vergessen zu haben. Es wirkte so, als würde er jetzt Richard genauso lieben und akzeptieren wie zuvor Bill.

Auch in Springfield, Virginia, einem Vorort von Washington, war die Kirche das Zentrum unseres Lebens. Sie war nicht weit von unserem Zuhause entfernt und die Gemeindemitglieder dort waren ebenso herzlich und hilfsbereit wie die in Cincinnati. Wir verheimlichten, dass Richard nicht der richtige Vater unserer Kinder war, das wussten nur ganz wenige Leute. Richard legte großen Wert darauf, dass die anderen glaubten, Bobby und Stephen wären seine leiblichen Söhne. Dieses Vertuschen war mir unangenehm, ich wollte ehrlich sein. Aber nur wenige Leute in dieser Kirche waren geschieden, Scheidung wurde nur akzeptiert, wenn der Grund dafür Ehebruch war – das aber traf auf Bill und mich nicht zu. So nutzte auch ich widerwillig diese List. Ich lebte eine Lüge für einige Leute und war ehrlich zu anderen.

Ich war gern mit meinen Söhnen zu Hause. Aber während wir der Außenwelt und vor allem den Gemeindemitgliedern als glückliche Familie erschienen, war das Leben hinter verschlossenen Türen ein permanenter Kampf. Manchmal war Richard so wütend über etwas, was ich sagte oder tat oder nicht sagte oder nicht tat, dass er mit der Faust gegen die Wand schlug. Hin und wieder, vor Verzweiflung, Schmerz oder Ärger, wollte auch ich um mich schlagen oder irgendetwas nach Richard werfen, aber ich konnte nicht besonders gut zielen und habe ihn nie getroffen. Ich wollte ihm nicht wirklich wehtun, ich wollte einfach nur, dass er aufhörte, so niederträchtig mit uns umzugehen.

Sonntags, mittwochs und wann immer die Türen offen standen, besuchten wir die Kirche – gut angezogen und lächelnd, Stephen und Bobby an den Händen haltend. Niemand konnte ahnen, wie es bei uns zu Hause zuging. Es wäre mir peinlich gewesen, mit jemandem darüber zu sprechen, und ich hoffte, dass unsere Situation irgendwann besser werden würde. Den Kindern ging es gut – oder ehrlicher formuliert: Ich belog mich selbst, indem ich dies dachte. Es schien oft so, als wäre ich die einzige, die sich in unserer Familie verzweifelt fühlte. Wieder einmal belog ich mich selbst.

Einige Male besuchten wir Richards Eltern in Missouri. Diese Reisen waren für mich sehr unangenehm, und ich war nervlich äußerst angespannt. Die beiden lebten in einer Wohnwagenanlage. Die Kinder mussten draußen spielen, um im Häuschen nichts durcheinander zu bringen. Doch selbst wenn sie nur kleine Steinhaufen im Kies bauten, wurden sie sofort von Richards Mutter ausgeschimpft, weil sie den Garten zerstören würden. Es war ihnen auch nicht erlaubt, in der Erde herumzuwühlen, das einzige, was sie durften, war zu sitzen und »gesittet« ein Spiel zu spielen. Es war nicht zu übersehen, woher Richard seine Strenge und seine Herrschsucht hatte.

Ich weiß, dass Richard glaubte, er wäre ein guter Vater, aber sein Verhalten den Kindern gegenüber erschütterte mich oftmals bis ins Mark. Ich erinnere mich an eine Situation, als wir auf dem Weg nach Missouri für eine Nacht in einem Motel blieben. Stephen war erst vier. Es gab dort einen Swimmingpool, und wir badeten und planschten, als Richard die Jungen zu sich ans tiefe Ende des Beckens rief. Er sagte ihnen, sie sollten hineinspringen, aber beide protestierten, da sie nicht schwimmen konnten. Richard jedoch drängte sie und versprach, er würde sie aus dem Wasser holen, falls sie untergehen würden. Bobby wagte den Sprung und tauchte lachend wieder auf. Stephen jedoch hatte schreckliche Angst.

»Es ist gut«, rief ich von der anderen Seite des Pools, »du musst nicht springen.« Aber Richard hänselte und beschämte ihn schließlich so sehr, dass Stephen mit angstgeweiteten Augen sprang. Als Richard ihn aus dem Wasser holte, zitterte er vor Kälte und Angst. Es brach mir das Herz zu sehen, wie sehr dieser kleine Junge versuchte, seinem Vater zu gefallen, und wie grausam Richard das ausnutzte.

Unsere Beziehung verschlechterte sich noch mehr, als Richard eines Tages ein Baby wollte. Ich war einverstanden, weil ich glaubte, dass er sanfter und weniger streng mit den Jungen sein würde, wenn er ein eigenes Kind hätte. Ich versuchte monatelang, schwanger zu werden, aber nichts passierte. Schließlich ließen wir beim Arzt Tests machen und fanden heraus, dass Richard zeugungsunfähig war. Es tat mir sehr leid für ihn, wusste ich doch, wie sehr er sich ein eigenes Kind wünschte. Gleichzeitig dachte ich aber, dass ihm Bobby und Stephen jetzt mehr bedeuten würden, da er nun wisse, dass er keine eigenen Kinder bekommen würde. Stattdessen aber wurde er den Kindern gegenüber immer fordernder und kritischer. Ich wies ihn darauf hin, dass er seinen ganzen Ärger darüber, niemals Vater werden zu können, an ihnen ausließ. Meine Bemerkung aber machte ihn nur wütend. Es war nicht möglich, mit ihm darüber zu sprechen. Ich hasste Richard dafür, dass er so verletzend war und den Kindern seelische Schmerzen zufügte.

1962 sah ich im Fernsehen eine Reportage über den katastrophalen Zustand in den Kinderheimen unserer Gegend. Hunderte von Kindern waren im Umkreis von Washington in überfüllten Häusern untergebracht, manchmal zwei in einem schmalen Bett, fünfundzwanzig oder mehr in einem Zimmer. Mir krampfte sich das Herz zusammen, als ich diese Kinder sah. Da ich inzwischen wusste, dass ich zwei Jungen ebenso lieben konnte wie einen einzigen, dachte ich, dass in meinem Herzen genug Raum für ein weiteres Kind sei – zumindest so lange, bis es ein endgültiges Zuhause gefunden hätte.

Wir sprachen darüber, Pflegeeltern zu werden. Richard stimmte zu, nicht zuletzt deshalb, weil alle Kosten übernommen werden sollten. Vielleicht rechnete er damit, auf diese Weise sogar etwas Geld zu verdienen. Ich bezweifelte das und kann sagen, dass wir es nicht fürs Geld taten – zumindest ich nicht.

Nach weiteren intensiven Gesprächen war klar, dass wir Pflegeeltern werden durften. Wenig später nahmen wir ein fünfzehn Monate altes Mädchen auf, Andrea. Sie war entzückend und bildhübsch, aber stark vernachlässigt worden. Die Kinder halfen mir, ihr die Windel zu wechseln, und zeigten aufgeregt auf ihren kleinen Bauch, der von nässenden Bläschen überzogen war, weil das Mädchen lange Zeit im Liegen verbringen musste. Sie halfen mir, eine Salbe darauf zu geben. Die Jungs liebten Andrea vom ersten Moment an, und wir waren überglücklich, als wir die Erlaubnis erhielten, sie zu adoptieren.

Stephen war noch nicht in der Schule, er und Andrea wurden die besten Gefährten und spielten viele Stunden miteinander. Bobby und Stephen halfen, sie zu baden. Sie lehrten sie laufen, vorsichtig ihre Hände haltend, damit sie nicht fällt. Angesichts dieses liebevollen Verhaltens blühte Andrea auf. Sie begann zu laufen und zu sprechen und zu lächeln.

Es machte Spaß, nun für ein Mädchen einkaufen zu gehen. Ich brachte Andrea Puppen und alles mögliche kleine Spielzeug mit. Die Jungs wollten Familie mit ihr spielen und meinten, sie wären die Väter für die Puppen. Richard überschüttete sie mit sarkastischen Bemerkungen, als er die Jungs mit Puppen spielen sah, aber Bobby und Stephen ließen sich ihre Freude nicht nehmen.

Stephen machte es von Natur aus großen Spaß, mit Tieren und nun auch mit Andreas Puppen zu schmusen, aber er wollte das nicht tun, wenn sein Vater in der Nähe war. Einige Male fand ich ihn abends schlafend, die Arme um seinen Metallroboter geschlungen. Der war kalt und hart. Es war einfach lächerlich! Ich fuhr los und kaufte ihm Beany und Cecil. Cecil war eine Seeschlange und Beany deren Freund. Stephen liebte sie. Richard zog ihn damit auf, doch der kleine Junge war stark genug, das zu ertragen – Stephen schlief jahrelang mit Beany an seiner Seite ein. Wenn ich nachts zu ihm ans Bett kam, um nach ihm zu sehen, lag er ruhig da, Beany unter seinen Arm gekuschelt und ordentlich zugedeckt.

Bei uns in der Stadt gab es eine Siedlung für Mütter, die mit ihren Kindern von der Fürsorge lebten. Ich organisierte eine Gruppe von Frauen unserer Gemeinde, die nun zweimal pro Woche dorthin gingen, um zu helfen. Wir gaben Unterricht in künstlerischen und handwerklichen Fertigkeiten, nahmen die Familien mit ins Grüne und unterstützten das Fürsorgezentrum einer benachbarten Kirche. Da Stephen noch nicht in die Schule musste, begleitete er mich jedes Mal dorthin, während Andrea bei den Nachbarn blieb.

Er nahm sich die Not dieser Familien sehr zu Herzen. Er machte sich Sorgen darüber, dass sie so wenig besaßen, und wollte ihnen immer wieder sein Spielzeug und seine Kleidung und alle möglichen Dinge geben, die er wirklich liebte. Er ließ sich von einer verwahrlosten alten Frau mit blassem Gesicht, zerlumpter Kleidung und strähnigen grauen Haaren umarmen, wann immer sie es wollte. Er war genau so freundlich und liebenswürdig mit all den dreckigen, verrotzten kleinen Kindern wie mit den vielen gut gekleideten und sauberen Freunden in unserer Nachbarschaft. Bei all der Aufruhr in unserem Leben war diese freiwillige Arbeit ein wahrer Segen für Stephen und mich. Wir genossen unsere Zeit dort. Immer wenn wir wieder nach Hause kamen, begannen wir Spielzeug, Kleidung, Lebensmittel und Bücher für das nächste Mal zu sammeln.

Es war wunderschön, Stephen großzuziehen. Er brachte so viel Freude in mein Leben – in unser aller Leben. Er war herzlich und liebevoll, jedem und allem gegenüber freundlich und aufmerksam. Mit sechs kam er in die erste Klasse und war geradezu verliebt in die Schule. Er wusste, dass Andrea ihn zu Hause vermisste, und brachte ihr seine Zeichenhefte und ein besonderes Papier mit und versuchte ihr das beizubringen, was er in der Schule gelernt hatte. Er schloss schnell Freundschaften, bald waren seine Spielkameraden jeden Tag bei uns zu Gast. Stephen schien sich immer völlig auf die guten Qualitäten seiner Freunde zu konzentrieren, er war kaum einmal kritisch ihnen gegenüber. Ich bezweifele, ob er sich bewusst war, dass er in dieser Hinsicht anders als die anderen Kinder war. Seine Freunde hatten immer irgendetwas zu streiten und zu kämpfen, immer war irgendeiner wegen etwas angeblich Schlimmem ärgerlich auf den anderen. Stephen war unentwegt dabei, ihnen zu helfen. Er war unser kleiner Friedensstifter, und ich dachte oft an das Bibelwort: »Gesegnet seien die Friedensbringer«, wenn ich ihm beim Spielen zusah.

Er liebte Superman im Fernsehen und die Helden, die mit Mantel und Degen immer gegen die »Bösen« gewannen. Ich nähte ihm einen Superman-Umhang, und er jagte durch den Garten, um die Katze, den Hund und andere imaginäre Opfer zu retten. An seinem siebten Geburtstag überraschte ich ihn mit einem schwarzen Cape, auf dessen Rückseite ein großer goldener Adler prangte. Ich hatte lange gebraucht, um dieses Geschenk zu entwerfen und herzustellen. Dazu gab ich ihm ein Gladiatorenschwert und einen Helm. Sie waren sein stolzester Besitz über Jahre. Mit dem Schwert in der Hand und dem hinter ihm flatternden Umhang bereitete er stundenlang seine Armee für den großen Kampf vor, der die Welt retten würde. Er brauchte keinerlei Publikum, sondern spielte gern für sich allein. Aber er mochte es auch, mit seinen Freunden zusammen zu sein. Sie spielten Cowboy und Indianer und all diese wunderbaren Spiele, die der Fantasie der Kinder in diesem Alter entspringen. Seine frühen Lebensjahre waren geprägt von Geburtstagsfeiern, Halloween, Weihnachten und Ostern.

Ich kaufte ihm gern kleine Geschenke, weil er sie so sehr schätzte. Es machte immer Freude, irgendetwas für ihn zu tun, einfach weil er es nie erwartete. Es verging kaum ein Tag, an dem er nicht einige Male spontan zu mir kam, mich umarmte, mir einen Kuss gab und sagte: »Ich liebe dich, Mami.« Wie sollte man so einem Kind nicht ununterbrochen Gutes tun wollen?

Oft holte Stephen mich nach draußen, um mir irgendetwas zu zeigen. Dabei rief er: »Das musst du unbedingt sehen, Mami!«, dann beugte er sich nach unten und zeigte auf einen Marienkäfer, der auf seinem Roboter herumkrabbelte, oder er wies mich auf die Katze hin, die friedlich an den Bauch des Hundes gekuschelt schlief. Ständig sah er irgendwo Dinge, die kein anderer bemerkte, sie waren etwas Besonderes für ihn und wurden das auch für uns, weil er uns darauf hinwies. Ich liebte ihn so sehr, dass meine Mutter einmal, als sie zu Besuch war, sagte: »Wenn Stephen den Raum betritt, dann leuchten deine Augen.«

Das stimmte wirklich, auch wenn ich die anderen Kinder ebenfalls sehr liebte. Bobby und Andrea brauchten viel mehr Aufmerksamkeit als Stephen. Bobby hatte oft Schwierigkeiten mit seinen Freunden in der Schule. Und als Jüngste brauchte Andrea natürlich mehr körperliche Zuwendung. Stephen schien weniger Bedürfnisse und Wünsche zu haben als sein Bruder, seine Schwester oder seine Freunde. Trotz all der Kritik von Richard, blieb Stephen auch ihm gegenüber liebevoll.

Als die Kinder größer wurden, spielte Richard häufig mit den Jungs, aber immer war eine schneidende Schärfe in seiner Art. Spiele, die eigentlich Spaß machen sollten, waren von beißender Kritik durchzogen. Das Gewinnen war entscheidend und nicht der Spaß am Spiel. Die Kinder und ich wurden schon Stunden, bevor Richard wieder nach Hause kam, nervös, denn wir wussten, dass die grauenhafte Nörgelei gleich wieder beginnen würde.

Bobby begann zu rebellieren. Stephen nahm an Gewicht zu und war bald ziemlich kompakt. Auch ich wog wieder so viel wie während der Schwangerschaft. Es gab so viele Regeln! Beispielsweise liebten wir Mayonnaise, aber Richard, der nur Senf mochte, erlaubte uns ausschließlich Senf im Hamburger. Man durfte nur zwei Eiswürfel in ein Glas geben. Wenn Richard sah, dass mehr drin waren, wurden sie sofort entfernt und weggekippt. Wir mussten immer alles aufessen, was auf den Tellern war, völlig egal, wie viel es war. Meistens füllte Richard den Kindern auf, so dass sie keine Chance hatten, kleinere Portionen zu bekommen. Wenn die Jungen weinten, herrschte Richard sie an, sie sollten sich nicht wie Memmen benehmen, sondern wie Männer. Mir sagte er, dass ich als Kind nicht genug Disziplin erfahren hätte und er das jetzt korrigieren müsste.

Wir hatten beinahe täglich Streit. Ich versuchte ihm klar zu machen, dass er etwas entspannter mit den Kindern umgehen sollte, während er mir ständig vorwarf, dass wir mehr Disziplin bräuchten. Ihm irgendetwas recht zu machen, war ein Ding der Unmöglichkeit. Es war zum Verrücktwerden! Es konnte sein, dass er uns sagte, wie sehr er uns liebte – und im nächsten Atemzug beschimpfte er uns wegen irgendeines angeblichen Fehlers. Wenn Bobby und Stephen mit ihren Bausteinen spielten, wusste er, wie es besser geht. Egal, was wir taten, sein Weg war der richtige. Und entweder passten wir uns sofort seiner Variante an oder er zog sich zurück und schmollte so lange, bis wir nachgaben.

In jener Zeit begann in mir etwas ganz Seltsames zu passieren: Ich hatte das Gefühl, dass ich nur am Leben wäre, um es Richard recht zu machen. Wenn ich etwas auf meine Weise tat, empfand ich die Freude, die dabei aufkam, als falsch, nur weil es nicht der Weg war, der ihm gefiel. Anfangs war das sehr subtil, ich bemerkte es kaum. Es gab zwei Seiten in mir: Da war der Zwang, ihm zu gefallen, und auf der anderen Seite die ganz natürliche Rebellion gegen seine Kontrolle. Ich hatte das Gefühl, ich würde den Verstand verlieren. Manchmal tauchte das Bild in meinem Kopf auf, dass ich im Schlafzimmer von der Decke baumelte, eine Notiz auf meine Brust geheftet: »Sieh, was du mit mir gemacht hast!«

Meine Mutter hatte mir einmal von der Zeit erzählt, als meine Großmutter mit uns unter einem Dach gelebt hatte. Es muss so schrecklich gewesen sein, dass meine Mutter manchmal daran gedacht hat, sich umzubringen. Aber wenn sie dann ihre Kinder sah, lösten sich die Selbstmordgedanken in Luft auf. Genau so fühlte ich mich jetzt. Ich konnte meine Kinder nicht allein lassen, und ich konnte ihnen auch nicht so grausam wehtun. Ich habe das von vielen Frauen gehört, diesen manchmal auftauchenden Wunsch, einfach tot zu sein oder sich selbst zu töten. Natürlich wussten wir alle, dass das nur so dahingesagt war. Niemand hat es wirklich getan, egal wie schlimm die Dinge wurden.

Damals erlaubte ich mir selbst nicht, wirklich zu begreifen, wie furchtbar die Situation zu Hause inzwischen geworden war und wie traumatisierend es für die Kinder sein musste. Ich dachte immer noch, dass Richard sanfter werden würde und dass unsere Kämpfe aufhören könnten. Wenn ich, wie auch immer, all das korrigieren würde, was Richard an mir als falsch ansah, dann würden sein ständiger Zorn und sein destruktives Verhalten allmählich verfliegen.

Es begann eine Zeit, in der ich alles versuchte, damit Frieden war. Wenn das jeweilige Ereignis nicht gerade erderschütternd wichtig war, bemühte ich mich, nicht mit Richard zu kämpfen. Ich ließ ihn alles so machen, wie er es wollte. Wir alle versuchten, uns seine Liebe zu verdienen und seinen Beifall zu bekommen. Wir stimmten ihm zu, lobten ihn und strengten uns an, jeden seiner Wünsche zu erfüllen. Aber nichts half. Irgendetwas war immer falsch. Wenn er nach Hause kam und das ganze Haus geputzt und ordentlich war, ein komplett selbst zubereitetes Abendessen auf dem Tisch stand, die Kinder und ich gut angezogen waren und ihn mit Umarmungen und Küssen begrüßten – war das einfach nicht gut genug. Dann begann er uns zu verhören: »Jungs, habt ihr heute schon in der Bibel gelesen?« Oder: »Ich wette, deine Mutter hat sich nie an einen Finanzplan gehalten. Du tust das doch, oder?« Wenn wir dann mit nein antworten mussten, durften wir uns wieder eine lange Rede darüber anhören, dass wir die Heilige Schrift nicht mit Füßen treten sollten und wie wir unsere Prioritäten in Zukunft straffer setzen könnten.

Trotz des ständigen Aufruhrs bei uns zu Hause schenkte Stephen mit seiner herzlichen Art allen Freude, die mit ihm zu tun hatten. Oft lud er Kinder zu uns nach Hause ein, mit denen sonst keiner spielen wollte oder die sehr vernachlässigt waren. Er konnte einfach alle Menschen so akzeptieren, wie sie waren. Dabei hatte er das in seiner eigenen Familie niemals erlebt. Es war äußerst selten, dass Richard keine Fehler an Stephen oder Bobby entdeckte. Deswegen fing ich an, destruktive Verhaltensmuster zu entwickeln. Ich weiß, dass ich damals nicht anders konnte, aber wenn ich heute auf diese Zeit zurückschaue, dann ungläubig und voller Scham. Ich begann, die Kinder schon zurechtzuweisen, bevor Richard nach Hause kam, einfach weil ich dachte, dass mein Schimpfen und Schreien weniger schlimm für sie sein würde als seins. Manchmal war es ja wirklich so, dass Richard die Kinder in Ruhe ließ, wenn er beim Heimkommen sah, dass ich sie gerade bestrafte. Es war mein völlig unsinniger Versuch, irgendetwas für die Kinder besser zu machen. Aber nichts davon machte es auch nur einen Deut erträglicher. Ich fühlte mich hilflos, verwirrt und frustriert – und die Situation wurde kontinuierlich schlimmer.

Und dann, mitten im größten Trubel, entschied Richard, dass er ein weiteres Baby adoptieren wollte. Er erklärte, dass er nie die Erfahrung machen konnte, ein Kind von klein auf großzuziehen, dass er nie ein eigenes Kind vom frühesten Babyalter an erlebt hatte. Wie reagierte ich? Ich redete mir ein, dass Richard tief in seinem Innern Kinder liebte und dass er sich verändern würde, wenn er endlich ein eigenes Baby hätte. Irgendwann war ich davon so sehr überzeugt und stimmte zu, ein Kind zu adoptieren. Er glaubte, dass mich ein neues Baby reizen würde, ich hingegen fühlte mich mehr von dem Gedanken an einen neuen Richard angezogen. Ich liebte Kinder, und da mich unsere familiäre Situation und das ewige Streiten überforderten, erklärte ich mir rein rational, dass ein weiteres Baby alles heilen würde.

Bei der Kinderabteilung der Wohlfahrtsorganisation in Washington, über die wir auch Andrea adoptiert hatten, stellten wir einen Antrag. Es war das Jahr 1965, und Hunderte von Kindern warteten auf neue Eltern. Die Zeiten waren wirtschaftlich und politisch unruhig, die Heime waren überfüllt mit Kindern jeden Alters, die ein Zuhause brauchten. Wir beantragten ein sehr junges Baby, Junge oder Mädchen, gleich welcher Nationalität. Die Sozialarbeiterin, die uns damals geholfen hatte, Andrea zu bekommen, besuchte uns zu Befragungen. Bald merkten wir, dass die Regeln sehr viel strenger als bei der Adoption eines etwas älteren Kindes waren.

Sie sprach gemeinsam mit Richard und mir, dann mit jedem einzeln, und schließlich interviewte sie auch alle drei Kinder. Ich hatte ihnen vorher eingeschärft, nur gute Dinge zu sagen und dabei so ehrlich wie möglich zu sein. Das allerdings war eine unmöglich zu erfüllende Forderung. Einige Tage später rief die Sozialarbeiterin an und sagte, dass sie uns nicht für die Adoption eines Babys empfehlen könne. Sie erklärte, dass sie während des Interviews mit Richard das Gefühl bekommen hatte, er sei äußerst streng, dogmatisch und unbeugsam. Ich wäre so entspannt gewesen, dass sie sich fragte, wie um alles in der Welt wir miteinander klar kämen. Stritten wir nicht? Führten unsere unterschiedlichen Auffassungen bei der Kindererziehung nicht zu Konflikten? Außerdem hatte sie registriert, dass die Kinder Richard gegenüber sehr ängstlich seien, auch wenn sie ihn zu lieben schienen. Sie würden mich lieben, sagte sie, aber sie vermittelten das Gefühl, dass ich nicht in der Lage wäre, sie vor ihrem Vater zu schützen.

Wenn Richard gehört hätte, was diese Frau über ihn sagte, hätte er einen Wutanfall bekommen, also stritt ich alles ab. Statt auf die Wahrheit in ihren Worten zu hören, log ich. Ich sagte ihr, dass wir wirklich unterschiedliche Erziehungswege gingen, dass Richard den Kindern aber sehr gut täte und mir im Übrigen auch, da ich als Kind nur wenig Disziplin erfahren hätte. In Wirklichkeit glaubte ich das keinesfalls, denn ich wurde als Kind sehr geliebt und habe keinerlei Mangel durch fehlende Strenge erfahren.

Ich muss sehr überzeugend gelogen haben, als ich Richards Art verteidigte. In meinem Herzen spürte ich, dass dies der einzige Weg war, meine Ehe und meine Kinder zu retten. Richards Strenge zu mildern, ihm ein Baby zu geben, das er lieben könne, so dass er den Kindern nicht mehr wehtun würde – das schien die Antwort zu sein. Entweder änderten meine Beteuerungen die Meinung dieser Sozialarbeiterin oder die Kinder in den Heimen waren in einer so schlimmen Situation, dass unser Zuhause der Behörde als kleineres Übel erschien. Ich werde den Grund niemals wissen, aber kurze Zeit später wurde unser Adoptionsantrag bewilligt und nach einem geeigneten Kind für uns gesucht.

Am 27. Februar 1966 erhielten wir den Anruf. Sie hätten ein Mädchen, das am 22. Februar zur Welt gekommen wäre, und wir könnten es in zwei Tagen sehen. Wenn es uns gefiele, könnten wir es gleich mit nach Hause nehmen. Wir rannten los, um Windeln, Kleidung und alles Mögliche zu kaufen, was ein kleines Mädchen bräuchte. Wir richteten ihre Krippe mit neuen Laken und Decken her, und Stephen legte Spielzeug hinein. Bobby und Andrea schmückten den Raum, als stünde die Geburt einer eigenen Schwester kurz bevor.

Dann warteten wir in einem Zimmer des Verwaltungsgebäudes der Fürsorge in Washington. Unsere Sozialarbeiterin war eine liebenswerte Frau mittleren Alters. Ihre Art und ihr Lächeln waren so herzlich, dass man sie einfach mögen musste. Mit einem kleinen Bündel, eingewickelt in eine rosafarbene Decke mit blauem Satinbesatz, kam sie ins Zimmer. Sie schlug die Decke zurück und ließ uns das Baby sehen. Auf der Stelle verliebten wir uns beide in dieses kleine Mädchen. Es war so dünn – bei der Geburt hatte es nur drei Kilo gewogen. Sein Gesicht, sein ganzer Kopf war winzig, es hatte schwarze Haare und blau-graue Augen, seine Hände waren so klein, dass sie kaum einen unserer Finger umfassen konnten. Ich hätte eine ganze Armee mobilisiert, wenn man mir dieses Mädchen wieder hätte wegnehmen wollen, so viel Liebe spürte ich vom ersten Moment an für das Baby. Das Mädchen war unbeschreiblich schön.

Als wir zu Hause ankamen und Stephen und Bobby das Baby sahen, reichten sie es immer wieder staunend von einem zum anderen. Sie sagten wieder und wieder, wie süß es wäre, wie wunderschön und wie anbetungswürdig. Auch Andrea durfte es halten. Sie war fast fünf

Jahre und umschlang ihre Schwester so liebevoll mit ihren Armen wie eine Mutter. Zusammen wählten wir den Namen aus: Deborah. Wir würden sie Debbie rufen.

Dann hielt Stephen das schlafende Baby. Er beugte sich nach vorn, um es auf die Nasenspitze zu küssen. Alles Mögliche probierte er, damit Debbie noch einmal aufwachen und ihn anschauen würde. In dem Moment, als sie die Augen öffnete, schien sie ihn anzulächeln. Und dann machte sie einen Laut, der wie ein Lachen klang. Stephen brachte sie auch später immer dazu, sich mit irgendeinem niedlichen Geräusch zu äußern. Als sie älter wurde, spielten die beiden oft draußen im Schnee, er zog sie die Wege an dem kleinen Hügel gegenüber von unserem Haus an den Händen rauf und runter – Debbie wurde niemals müde davon, Stephen wurde es niemals zu viel.

Nach der Schule rannte er immer schnell nach Hause, um sie schlafen zu sehen, mit ihr zu spielen, sie zu füttern, mit ihr zu schmusen. Er betete sie an. Bobby ging es genauso. In einem Alter, in dem andere Kinder in ihrem Laufgitter liegen, sauste Debbie im Fahrradkörbchen ihres großen Bruders mit ihm den Hügel hinunter. Es war wirkliche Liebe, wie die Jungs mit ihrer kleinen Schwester umgingen, ihre ganze Kindheit hindurch. Sie bezogen auch Andrea in alles ein, was sie unternahmen. Stundenlang spielten die vier friedlich zusammen.

Naiv hatte ich all meine Hoffnungen in Debbie gesetzt – dass ihre Gegenwart bewirken würde, Richard sanfter, freundlicher und liebevoller zu machen. Aber das geschah nicht. Ich musste einsehen, dass der ständige Krach zu Hause inzwischen auch die schulischen Leistungen von Bobby und Stephen beeinträchtigte. Unsere Familie brauchte dringend Hilfe, aber ich hatte keine Ahnung, wo ich diese finden könnte. In meiner Angst und Verzweiflung rief ich eine Beraterin an, deren Namen ich in den Gelben Seiten gefunden hatte. Sie schlug einen gemeinsamen Termin mit Richard und mir vor. Doch als ich Richard das sagte, bekam er einen Wutanfall. Er nannte eine solche Beratung reine Geldverschwendung, vor allem da ich es sei, die Hilfe brauchte, und nicht er.

»In Ordnung«, sagte ich. »Ich werde allein hingehen.« Diese Idee gefiel ihm allerdings überhaupt nicht, weil ich die familiare Situation nur aus meiner Perspektive schildern würde. Und so gingen wir schließlich zusammen, erst zu der einen, dann zu einer anderen Beraterin. Sobald sie ausgesprochen hatte, dass Richard einiges ändern und genauer betrachten müsse, bekam jede der Beraterinnen seinen Ärger und seine Ablehnung zu spüren. Er wütete, dass er zu diesen Beraterinnen nie mehr gehen würde, und trieb mich an, andere zu finden, was ich tat.

Irgendwann sagte eine sehr angenehme und einfühlsame Frau: »Richard, Sie wollen eine Herr-und-Sklave-Beziehung. Ihre Frau und Ihre Kinder sollen Ihre Sklaven sein.« Richard wurde furchtbar wütend und meinte, dass ich ebenso wenig Disziplin hätte wie die Kinder, und dass er dafür sorgen würde, dass wir sie bekämen.

Er wollte natürlich auch zu dieser Beraterin niemals wieder gehen, also ging ich heimlich für eine weitere Sitzung allein zu ihr. Sie fragte mich, auf welche Weise ich gegen diese Art der Behandlung Widerstand leisten würde. Da wurde ich ebenfalls ablehnend und erklärte ihr, dass Richard ein guter Mensch sei und uns wirklich lieben würde, dass er uns nicht absichtlich wehtäte und eben nicht anders könne. Ich begann, ihr all die Dinge aufzuzählen, die ich falsch machte, ich versuchte, alle Schuld auf mich zu nehmen. Anschließend fragte ich sie, wie ich mich ändern könne, damit Richard nicht mehr so ärgerlich auf mich sei und nicht mehr ständig auf uns herumhacken müsse.

Sie sah mich schmerzerfüllt an. »Die einzige Lösung, die ich hier sehe, ist, ihn zu verlassen«, sagte sie sanft. Ich bäumte mich sofort dagegen auf. Ich war nicht bereit, das zu hören. Ich suchte eine andere Beratungsstelle und dann noch eine. Aber immer bekam ich die gleiche Antwort: »Verlassen Sie ihn!« Die meisten fragten mich, warum ich mir diese Art gefallen lassen würde und warum ich nicht gehen würde. Sie alle hatten nicht den Eindruck, dass Richard bereit wäre, sich zu ändern. Nicht eine von ihnen schlug vor, dass ich die Kinder mitbringen müsste, noch kam ich selbst auf die Idee, dass auch sie Unterstützung gebraucht hätten. Ich hatte nie davon gehört, dass auch Kinder zu einer Beratungsstelle gingen. Es gab so vieles, was ich nicht wusste.

Es half alles nichts. Ich glaube, ich wollte eine Beraterin, die mir sagte: »Es liegt an Ihnen«, und mir dann ein paar Tipps gab, wie ich die Situation ganz schnell in Ordnung bringen konnte. Das aber passierte nicht. Während ich von einer Anlaufstelle zur nächsten zog, wurde eigentlich alles noch schlimmer. Ich schlug Richard vor, dass wir einen der Würdenträger seiner Kirche um Hilfe bitten könnten, er lehnte das ab, weil er nicht wollte, dass wir die Kirche in unsere privaten Angelegenheiten ziehen. Irgendwann fasste ich Mut und ging allein zu einem der Priester. Er war sehr freundlich, schlug keine Trennung vor und half mir zu sehen, was ich falsch machte, so dass ich es korrigieren konnte. Er bat darum, auch mit Richard sprechen zu können, und da das Geheimnis nun schon keines mehr war, hatte

Richard keine Wahl. So gingen wir beide ein paar Mal zu ihm, aber es endete immer damit, dass wir uns anschrieen. Bei unserem letzten Besuch sagte der Mann: »Normalerweise unterstütze ich so etwas überhaupt nicht, aber ich kann keine Möglichkeit mehr erkennen, wie ihr beide verheiratet bleiben könntet. Ich schlage die Scheidung vor.« Das war unglaublich im Rahmen dieser Kirche! Ich hätte mich jetzt verstanden, glücklich und bestätigt fühlen sollen – aber ich ging einfach nicht mehr zu ihm hin.

Ich wollte keine Scheidung. Ich betete jeden Tag, dass ich allein so viel ändern könnte, dass unsere Beziehung heilen würde. Ich betete zu Gott, uns eine weitere Chance zu geben, damit wir auf keinen Fall geschieden werden würden. Später bat ich darum, dass Richard liebevoller uns gegenüber sein würde. Ich betete von ganzem Herzen – aber ich hatte das Gefühl, dass ich keine Antwort erhielt.

Während ich mich weiter selbst belog und mir einredete, dass das, was in unserer Familie passierte, eben das Übliche sei, schien uns jeden Tag etwas mehr der Boden unter den Füßen weggezogen zu werden. Die Kinder hatten immer mehr Probleme – Schlaflosigkeit, Schwierigkeiten in der Schule, ständige Kämpfe gegeneinander. Man konnte beinahe zusehen, wie sie allmählich ihren kindlichen Enthusiasmus und ihre Lebensfreude verloren. Und ich war nahe daran, den Verstand einzubüßen.

Eines Tages fand ich Bobbys Wüstenrennmäuse tot in ihrem Käfig. Mein Herz krampfte sich zusammen, als ich herausfand, dass Stephen die beiden Tiere seines

Bruders getötet hatte. Es war eine unglaublich grausame Tat für einen Jungen, der immer nur liebevoll zu allen Lebewesen war. Irgendetwas lief hier gründlich schief, aber ich fühlte mich zu hilflos, um es irgendwie aufzuhalten.

In gewisser Weise hatte ich es seit einiger Zeit kommen sehen. Bobby war im Teenageralter, er litt sehr und ließ seine Aggressionen an Stephen aus. Ich musste akzeptieren, dass dieser falsche Umgang mit seinem Ärger die ganz normale Reaktion auf die krankhafte Situation in unserer Familie war. Richard ließ seine Wut an uns allen aus, ich meine an den Kindern, Bobby seine an Stephen. Und Stephen, der immer nett und sensibel war, richtete irgendwann seinen Ärger gegen Bobbys hilflose Tierchen.

Er gab zu, dass er sie getötet hatte, weil Bobby so grausam zu ihm gewesen sei. Bobby war wütend, und das mit Recht. Er forderte, dass ich Stephen bestrafe. Ich versuchte ihm zu erklären, dass er Stephen über das erträgliche Maß hinaus geärgert hatte. Aber Bobby war überhaupt nicht in der Stimmung, zu verzeihen. Er warf mir vor, dass ich mich mit meinen Erklärungen auf Stephens Seite schlagen würde. Im Nachhinein kann ich sehen, dass auch Bobby über das erträgliche Maß hinaus von Richards grausamer Erziehung und meiner ewigen Kritik an seinem Verhalten den anderen Kindern gegenüber gequält worden war. Er musste sich völlig allein gelassen fühlen, trotz meiner Liebe zu ihm.

Als Stephen realisierte, was er angestellt hatte, wurde er von tiefem Schmerz ergriffen. Er weinte wegen der toten Tiere und entschuldigte sich unentwegt. Er liebte Tiere. Dass er die Wüstenmäuse getötet hatte, ließ ihn in seinen Augen zum Mörder werden. Ich versuchte ihn zu trösten, während allerlei quälende Gedanken durch meinen Verstand rasten: Diese Tat war eine Warnung an mich. Ich musste die Zerstörung, die Richard bei den Kindern anrichtete, stoppen, bevor etwas Schlimmeres passierte.

Aber die Zeit verstrich, und ich tat nichts. Stephen verging sich nie wieder an einem lebendigen Wesen, aber es gab genügend andere Zeichen. Nur war ich viel zu erschöpft, um sie zu sehen oder ernst zu nehmen. Beide Jungen begannen ihre Fingernägel bis zur Nagelhaut abzukauen, und ich habe nie wirklich hingeschaut. Sie kämpften permanent miteinander. Bobby quälte Stephen bewusst. Ich versuchte, vernünftig mit Bobby zu reden, aber dadurch wurde er nur noch wütender. Ich konnte Stephen nicht bestrafen, da fast immer Bobby den Streit begonnen hatte und Stephen das Leben zur Hölle machte. Und obwohl ich Bobbys Schmerz verstand, konnte ich nicht zulassen, dass er ununterbrochen seinen Bruder leiden ließ.

So standen wir ständig auf dem Schlachtfeld, Richard und ich, Bobby und Richard, Bobby und Stephen, Bobby und ich. Es schien so, als würde Stephen dies auf Grund seines festen Charakters ganz gut wegstecken, aber er zog sich noch weiter in sich zurück und wurde immer stiller. Und obwohl sie zu Hause sehr entspannt wirkte, begannen auch bei Andrea die Probleme in der Schule. Auch sie entwickelte ein aggressives Verhalten gegenüber Lehrern und Mitschülern.

In dieser dunklen Zeit, kurz vor Weihnachten 1971, passierte etwas, das unser Leben noch schlimmer werden ließ. In unserem Haus war etwas Geld verschwunden, und natürlich würde niemand zugeben, dass er es gestohlen hatte. Es war schon einmal vorgekommen, dass Stephen zugegeben hatte, Geld weggenommen zu haben. Richard hatte ihn dafür hart bestraft. Ich konnte die Schmerzen, die er erlitten hatte, kaum ertragen. Dabei war es nicht einmal klar gewesen, ob Stephen wirklich der Schuldige gewesen war. Vielleicht hatte er nur gestanden, um Richard uns anderen vom Hals zu halten. Jetzt jedenfalls fehlte eine Büchse mit Geld. Ich war mir sicher, dass ich sie an einen bestimmten Platz gestellt hatte, und dort war sie nicht. Die letzten Tage waren sehr stressig gewesen, ich war angespannt, gereizt und äußerst besorgt. Ich ging in Stephens Zimmer und stellte ihn zur Rede. Richard folgte mir und rief: »Wir müssen etwas unternehmen. Er wird richtige Probleme kriegen! Ich werde das regeln. Wenn ich mit ihm fertig bin, wird er nie wieder irgendetwas stehlen.« Ich fragte Stephen, ob er das Geld genommen hätte, und er schwor, dass er dies nicht hätte. Ich fragte ihn wieder und wieder. Er bestritt den Diebstahl und wurde dabei immer verzweifelter. Ich dachte, er würde lügen, und ich wusste, dass Richard ihm übel mitspielen würde, wenn er gestehen würde.

Und plötzlich verlor ich die Nerven. Ich begann auf meinen Sohn einzuschlagen. Ich schlug ihm auf die Arme und ins Gesicht. Ich war verrückt geworden! Ich hatte ihm niemals zuvor körperlich wehgetan. Ich schlug ihn nicht hart, aber das Schreckliche war, dass ich es überhaupt tat. Er weinte, und ich brüllte ihn an. Irgendwo in meinem Hinterkopf saß der Gedanke, dass es ihm nicht so sehr wehtun würde, wenn ich ihn schlüge, als wenn Richard es täte. Doch das war keine Entschuldigung. Stephen weinte und flehte mich an, aufzuhören. Irgendwann tat ich es, ich ging zitternd und weinend aus seinem Zimmer.

Was hatte ich getan? Ich hatte meinen kleinen Sohn, meinen geliebten Stephen verprügelt. Richard ging nach oben und meinte, dass Stephen diese Strafe verdient hätte. Ich blieb weinend unten auf der Couch im Wohnzimmer, während ich mich so schlecht wie nie zuvor in meinem Leben fühlte.

In Wirklichkeit glaubte ich nicht, dass Stephen Geld stehlen würde. Das passte überhaupt nicht zu ihm. Er wusste, dass ich ihm immer etwas geben würde, wenn er es bräuchte. Ich fühlte mich krank, mein Magen schmerzte. Irgendeine schwache Erinnerung meldete sich jetzt in mir. Ich ging in ein anderes Zimmer und fand die Dose mit dem Geld. Ich hatte sie an diesen Platz gestellt, wo sie sicher war und ich sie gleich finden würde.

Ich rannte in Stephens Zimmer. Er lag noch immer schluchzend auf seinem Bett. Ich sagte ihm, dass ich das Geld gefunden hätte, dass ich einen großen Fehler gemacht hätte und es mir sehr leid täte. Ich hielt ihn, strich über seine feuchten Haare, klopfte ihm sanft auf den Rücken, während ich weinte und mich entschuldigte. Ich versprach ihm, dass ich ihn nie wieder schlagen würde. Ich sagte ihm, dass ich ihn liebe und dass diese Hölle, in der wir leben, jetzt zu Ende gehen würde. Ich versprach es ihm wieder und wieder. Mein Herz verkrampfte sich wegen dem, was ich seiner zarten Seele angetan hatte. Mein Sohn, mein Sohn!

III

Die Stimme aus dem Nichts

Ich glaube unbedingt daran, dass sich das Leben nach dem, was wir Tod nennen, fortsetzt. Ich denke, es gibt zwei Seiten des Phänomens Tod: die Seite, auf der wir leben, und die andere Seite, auf der wir dann weiterleben, wenn wir hier gestorben sind. Die Ewigkeit beginnt nicht erst mit dem Tod. Wir sind bereits in der Ewigkeit. Wir tauschen lediglich die Form, in der wir das Leben erfahren – und dieser Tausch, davon bin ich überzeugt, ist zum Besten des Ganzen.

Norman Vincent Peale

Bis zum heutigen Tag glaube ich, dass Gott mich beschützte, weil ich zu schwach war, selbst auf mich aufzupassen. Ein Einkauf im Supermarkt ist normalerweise kein lebensveränderndes Ereignis. Für mich aber wurde er das – am 10. Januar 1972.

Ich war froh über die Möglichkeit, für ein paar friedliche Momente aus dem Haus zu kommen. Ich fuhr zu Giant Food, einem Supermarkt, der zwar etwas weiter weg von unserem Haus war, dafür aber auch Kleidung, Bücher und andere Dinge im Angebot hatte, die die meisten Lebensmittelläden nicht führten. Milch und Brot waren allerdings das einzige, was ich wirklich brauchte. Meine Enttäuschung war groß, als ich merkte, dass ich mein Scheckbuch vergessen und nur sehr wenig Bargeld bei mir hatte. Shopping war manchmal wie eine Therapie bei unserer schwierigen familiaren Situation.

Ich spazierte also durch die Buchabteilung und wurde von einem kleinen Taschenbuch mit blauem Cover angezogen. Ich las den Titel: *Search for the Truth* von Ruth Montgomery. Plötzlich hörte ich eine laute Stimme direkt hinter mir: »Kauf dieses Buch!«

Ich drehte mich um, um zu sehen, wer mir diesen Vorschlag machte. Aber da war niemand! Kein einziger Mensch! Ich war allein in dieser Abteilung. Ich schaute sogar auf die andere Seite des Regals, weil ich wissen wollte, ob sich jemand einen Spaß mit mir erlaubt hatte. Es war niemand da. Mein Herz begann schneller zu klopfen. Hier geschah irgendetwas Ungewöhnliches. Zu dieser Zeit kannte ich das Wort »paranormal« noch nicht, doch wenn es mir geläufig gewesen wäre, hätte ich es benutzt, um diese Erfahrung zu beschreiben.

Ich kaufte das Buch, stieg in den Wagen und fuhr schnell nach Hause. Ich war noch immer aufgeregt wegen dieser Stimme und fragte mich, was sie zu bedeuten hatte. Doch wenn eine Stimme aus dem Nichts mich auffordert, ein Buch zu kaufen, dann sollte ich es auch lesen. Ich erzählte Richard nichts davon. Er hätte angenommen, dass ich verrückt geworden sei – verrückter noch, als er ohnehin schon vermutet hatte. Ich konnte es kaum abwarten, mit diesem Buch anzufangen. Das Ganze gab mir das Gefühl, es würde etwas Wunderbares geschehen, aber ich hatte keine Vorstellung, was das sein könnte.

Das Buch war faszinierend. Ruth Montgomery, eine frühere politische Berichterstatterin unter verschiedenen Präsidenten, schrieb darin sehr überzeugend von ihren Erfahrungen mit Führern und Helfern aus der geistigen Welt. Verstorbene hatten zu ihr gesprochen, sie hatten ihre Bücher von der »anderen Seite« aus diktiert. Ich war von ihrer Geschichte beeindruckt, vor allem aber davon, dass sie meinte, jeder Mensch habe solche Führer.

Nach Aussage der geistigen Führer Ruth Montgomerys lebten die Menschen nach ihrem Tode weiter, sie verließen einfach nur ihre physischen Körper. Sie würden auf der geistigen Ebene arbeiten und lernen und in der Lage sein, mit uns, die auf der physischen Ebene leben, zu kommunizieren.

Sie beschrieb einen Mann namens Edgar Cayce, der sich hinlegen, tief entspannen und dabei in die geistigen Welten reisen konnte. Er begann dann zu sprechen und Informationen aus dieser Ebene zu übermitteln. Auf eine atemberaubende Weise war klar, dass er die Fakten, die er dabei nannte, im Wachzustand unmöglich hätte wissen können. Diese »life readings«, wie sie genannt wurden, brachten vielen Menschen Hilfe und Heilung.

Mir erschien dieses Buch wie eine heilige Schrift. Die Worte erhellten Räume in mir, die ich schon verloren geglaubt hatte. Sie sprachen zu meiner Seele, meinem Herzen, meinem Geist. Ich hatte das Gefühl, dass ich mein ganzes Leben lang nur geträumt hatte und jetzt erwachen würde. Ich konnte weder essen noch schlafen, so aufgeregt war ich.

Intuitiv begriff ich, dass die Wahrheiten, die dieses Buch enthielt, das Leben der Menschen wirklich verändern konnten. Denn niemand brauchte jemals wieder den Tod zu fürchten! Wenn wir lernen könnten, zu hören, dann würden die Verstorbenen mit uns kommunizieren. Einigen von ihnen war sogar die Aufgabe zugewiesen worden, eine gewisse Zeit lang denen als Führer zu dienen, die weiterhin auf der Erde lebten. Wie wunderbar!

Nach einer schlaflosen Nacht stand ich am nächsten Morgen zeitig auf und setzte mich allein ins Wohnzimmer in den blauen Lehnsessel. Dort saß ich oft, um mich zu entspannen oder nachzudenken, wenn die Kinder schliefen oder in der Schule waren. Mir gingen die Offenbarungen aus Ruth Montgomerys Buch durch den Kopf. Während ich versuchte, sie zu verarbeiten und zu sortieren, fiel mein Blick auf die Wand. Dort bewegte sich etwas! Da waren Bilder, bewegte Bilder! Einige zeigten Menschen, die ich kannte; auf anderen erkannte ich mich selbst. Es war wie ein Film, und plötzlich wusste ich, dass diese Szenen etwas zeigten, was sich noch abspielen würde. Es war die Zukunft. Ich war völlig erstaunt und blinzelte ein paar Mal mit den Augen. Dabei merkte ich, dass ich die Bilder auch sehen konnte, wenn meine Augen geschlossen waren. Ich entspannte mich und ließ es geschehen.

Neben diesen zukünftigen Bildern sah ich etwas, das wie eine Vision aus der Vergangenheit wirkte. Ich schaute von einem Hügel aus nach unten auf ein Schlachtfeld mit Soldaten. Männer in Rüstung mit Schwertern und Speeren kämpften gegeneinander. Es erinnerte mich an römische Soldaten aus einem Film, aber es war kein solcher Film. Vom Gipfel des Hügels aus konnte ich das gesamte Manöver in einem Radius von 360 Grad sehen – und das, während ich in meinem Sessel saß! Wie war das möglich? Ich sah eine ganze Zeit lang zu. Niemand schien zu gewinnen, immer wieder gingen Männer zu Boden und starben. Dann hielt der »Film« an.

Ich war überrascht. Aber als ob das noch nicht genug gewesen wäre, begann eine Stimme zu mir zu sprechen, dann eine andere, schließlich eine weitere. Ich konnte drei unterschiedliche Stimmen ausmachen. Sie stellten sich mir als meine geistigen Führer vor. Ich konnte sie nicht sehen, aber so deutlich hören, als würden sie laut sprechen – nur dass sie innerhalb meines

Kopfes waren. Ich überlegte, ob ich verrückt geworden sei. Da versicherten mir die Stimmen, dass mit mir alles in bester Ordnung wäre, dass ich nur endlich in der Lage wäre, sie zu hören. Sie sagten mir, dass auch sie einmal in physischen Körpern gelebt hätten und nun den Auftrag hatten, mich zu führen. Nur hatten sie warten müssen, bis ich bereit war, zuzuhören. Sie erklärten mir, dass sie für die nächsten Jahre für mich da wären, dass sie niemals in meinen freien Willen eingreifen würden und ich ihre Stimmen jederzeit stoppen könnte, ich müsste nur darum bitten. Ich erfuhr, dass sie nicht auf alles eine Antwort hätten, wenn ich sie aber etwas fragen würde, was sie nicht wüssten, dann würden sie versuchen, bei weiseren Wesen eine Antwort für mich zu erhalten.

Mein Verstand begann allmählich, an dem, was mir passierte, zu zweifeln, aber meine Führer waren geduldig und verständnisvoll. Sie schlugen vor, dass ich mich am nächsten Tag um 14 Uhr, bevor die Kinder aus der Schule nach Hause kämen, an meine Schreibmaschine setzen sollte. Dann könnte ich das, was sie mir sagten, mitschreiben, so dass ich nichts vergessen würde. Natürlich sagte ich dazu nicht nein. Sie könnten, so erklärten sie mir, den Lebensweg in alle Richtungen etwas klarer sehen als ich. Und dann offenbarte mir einer dieser Führer, dass ich schon ein Leben lang meditiert hätte, ohne es zu bemerken: immer wenn ich still da saß und über mein Leben reflektierte. Ein anderer meinte, dass ich niemals etwas befürchten müsste, weil meine Gebete eine schützende Aura um mich herum gebildet hätten. Diesen Schutz würde ich weiterhin genießen können, wenn ich immer, bevor ich ihre Führung erhalten will, bete. Falls sich irgendetwas Unangenehmes für mich enthüllen sollte, könnte ich es solange anzweifeln und hinterfragen, bis mich die Information zufrieden stellte und beruhigte. Wenn ich noch immer Zweifel hätte, könnte ich mich weigern, weiter zuzuhören oder es zu akzeptieren. Auf diese Weise wäre es nicht möglich, dass ich mich täuschen lasse. Anfangs sprach ich mit niemandem über diese Erlebnisse. Die Leute wären davon überzeugt gewesen, dass ich den Verstand verloren hätte, auch wenn meine Führer mir versicherten, dass ich keinesfalls verrückt sei.

Am nächsten Tag holte ich kurz vor 14 Uhr meine Schreibmaschine hervor, setzte mich damit an den Esstisch und spannte ein weißes Blatt Papier ein. Ich war in der Lage, recht schnell zu tippen, über das Maschineschreiben konnte ich mich sehr leicht ausdrücken. Heute allerdings war ich ein wenig verlegen. Ich fühlte mich irgendwie dumm. Vielleicht hatte ich mir diese Stimmen nur eingebildet. Vielleicht würde ich hier an meiner Maschine sitzen und nichts würde passieren. Ich begann zu beten.

Punkt 14 Uhr hörte ich eine der Stimmen sprechen. Ich sah mich um, weil ich herausfinden wollte, wo die Worte herkamen. Sie schienen von links außen in meinen Kopf zu gelangen, aber ich hörte sie wiederum innen. Dann vernahm ich die zweite Stimme hinter mir und die dritte von rechts.

Die Stimmen forderten mich auf, tief zu atmen und mich zu entspannen, keine Angst zu haben und die Meditation mit einem Gebet zu beginnen. Ich wiederholte das Gebet, das sie mir aufgetragen hatten: »Ich bitte um Führung aus den höchsten spirituellen Sphären. Ich bitte um den Schutz durch das weiße Licht Christi. Ich bitte darum, ein reiner, klarer Kanal für die Wahrheit zu sein. Möge alles, was ich erfahre, hilfreich und hoffnungsvoll sein.«

Nun instruierten mich die Stimmen, so lange zu warten, bis ich ein weißes Kreuz sähe. Das würde das Zeichen dafür sein, dass nur die höchsten und reinsten Kräfte aus der geistigen Ebene zu mir gelangen würden. Ich wartete, und als sich das Kreuz zeigte, war ich bereit.

»Höre, dann können sich deine eigenen Gedanken nicht einmischen. Tippe das, was du hörst«, so wiesen mich die Führer an. Ich hörte und begann die Worte zu in die Maschine zu tippen, die ich erhielt. Manchmal unterbrach ich das Schreiben und stellte Fragen. Sie lehrten mich, als wäre ich ein Kind, das gerade Lesen und Schreiben lernt. Manchmal gaben sie mir nur einen Buchstaben, bis ich ihn richtig geschrieben hatte, dann wieder nur ein Wort, wenn meine Gedanken abgeschweift waren. Es war eine Kommunikation auf der geistigen Ebene, so erklärten sie mir, es war Telepathie, sie setzten ihre Worte gleichsam in meine Gedanken. Ihr Denken konnte in meinen Kopf eindringen, wenn ich das zuließ.

Viele Jahre später, als ich Biofeedback-Methoden anwendete, begriff ich, dass diese Art des Hörens unser Gehirn in den Alpha- oder Theta-Zustand brachte. Jetzt aber bemerkte ich nur, dass irgendetwas geschah und ich sie klarer vernahm, wenn sie sagten: »Höre.« Ich beschrieb es oft als »Herunterschalten« zum Hören. Die Informationen, die so zu mir kamen, betrafen alle möglichen Themen: die Entstehung der Welt, das Leben nach dem Tod, die Arbeit, die ich hier tat, meine Kinder. Ich erfuhr auch vieles über andere Leben und frühere Inkarnationen. Sie sprachen über einen Gott der Liebe, über Jesus, über Kriege und das Grauen, das Menschen anderen Menschen antaten. Wie sie es versprochen hatten, antworteten sie entgegenkommend auf alle meine Zweifel und ließen mich so viel fragen, wie ich wollte. Niemals wurde etwas geäußert, das keinen Sinn ergab.

Und wenn sie keine Antwort wussten, versprachen sie mir, die nötige Information in der nächsten Sitzung mitzuteilen – und das geschah dann auch.

Diese erste Besprechung dauerte eine Stunde. Ich wollte wissen, wer sie waren. Sie baten mich, einfach ihre Initialen zu nutzen: *J* und *M* und *G*. Einer gab sich als ein Schriftsteller zu erkennen, dessen Namen ich kennen würde. Dabei sei es aber nicht wichtig, wer er war, sondern allein entscheidend sei, dass ich mich auf die Informationen konzentrierte, die sie mir mitzuteilen hätten. Den Zweiten würde ich nicht kennen, andere in meinem Umfeld aber schon – auf jeden Fall wolle er nicht von der eigentlichen Aufgabe ablenken, indem er seine Identität enthüllte. Der Dritte schließlich meinte, dass ich ihn gekannt hätte – an einem anderen Ort, zu einer anderen Zeit.

Wieder sah ich die Bilder an der Wand, nun wusste ich aber, dass sie eigentlich in meinem Kopf waren, ich sah sie nicht mit meinen physischen Augen, die ich auf- oder zumachen konnte, ohne dass sich etwas veränderte. Es waren nicht immer spektakuläre Dinge, die dort erkennbar wurden, aber es war offensichtlich, dass ich Ereignisse sah, bevor sie geschahen. Außerdem schaute ich weiterhin diese Bilder aus der Vergangenheit an. Mit der Zeit, während ich weiterhin bewusst hörte, wurde meine Fähigkeit, mit meinen Führern zu kommunizieren, klarer und stärker.

Was in diesen Momenten mit mir geschah, erfüllte mich mit so großer Freude und Hoffnung, dass ich bald glaubte, mich auf einem Weg zu befinden, der meine Ehe rettete. Ich bat Richard inständig, das Buch von Ruth Montgomery zu lesen, aber er war nicht interessiert. Ich sprach mit Stephen und den anderen Kindern darüber, dass etwas Wichtiges passierte, aber ich wollte ihnen keine zusätzlichen Schwierigkeiten mit ihrem Vater einbringen, da ich noch nicht wusste, wohin uns all das führen würde.

Vertrauen und Selbstbewusstsein kamen in mein Leben und begannen dort Fuß zu fassen. In der ersten Zeit änderte sich allerdings nicht viel. Richard weigerte sich, meinem sanften Drängen zu folgen und die neuen Erfahrungen mit mir zu teilen. Nach und nach bildeten die Kinder und ich einen starken Verbund, zu dem Richard nicht gehörte. Was dazu gehörte, war das wachsende Vertrauen in einen lebendigen Gott und die Hoffnung auf eine bessere Zukunft.

Wir kaufen für die ganze Familie ein altes Klavier. Der Abend zuvor war wieder einer dieser schrecklichen gewesen, an denen Richard an den Kindern herummeckerte, ich dazwischenging und wir dann bis tief in die Nacht hinein stritten. Am nächsten Nachmittag sprach ich nach der Schule mit den Kindern über die Geschehnisse dieses Abends. Ich wollte ihnen Hoffnung machen, dass sich die Dinge zum Guten wenden würden. Ich erinnerte sie daran, wie sehr ich sie liebte, und versicherte ihnen, dass Gott sie noch viel mehr lieben würde. Gott würde uns helfen. Wir waren alle noch recht erschöpft von der Nacht zuvor, wir hingen im Wohnzimmer herum, redeten und versuchten uns zu entspannen.

Stephen setzte sich ans Klavier und begann eine kleine Melodie zu improvisieren. Ich setzte mich neben ihn und sah ihm zu. Ich konnte keine Noten lesen und auch nicht besonders gut singen, aber wir fingen an, gemeinsam ein Lied zu komponieren. Wir verfassten einige Strophen, jeder von uns setzte immer wieder ein paar

Worte, eine Zeile hinzu. Ich summte eine Melodie, und Stephen suchte die Töne auf dem Klavier. Unser Lied lautete so:

Gib deine Lasten an den Herrn,
und Er schenkt dir Frieden.
Lass Ihn deine Sorgen nehmen
und auf Seinen Armen tragen.

Lass Ihn wissen, dass du Ihn liebst,
zweifle nie an Seiner Güte,
sind deine Tage dunkel und trüb,
wird Er immer bei dir sein.

Quäl dich nicht mit Zweifeln,
gib Ihm all dein Vertrauen.
Er wird dich segnen und dich tragen
durch schöne und schwere Stunden.

Oh, gepriesen sei mein Beschützer
für seine Geduld, seine Liebe, seine Güte.
Ich werde immer zu Ihm mich wenden,
denn Er sagt, Er ist für mich da.

Danke dir, Gott, und danke dir, Jesus,
für den sicheren Hort der Ruhe,
wenn die Lasten dieser Welt
zu schwer auf meinem Herzen liegen.

Wir waren sehr stolz. Wir spielten und sangen unser Lied so oft, bis Andrea und Debbie die Worte gelernt hatten und mitsingen konnten. In der Gegenwart von Richard haben wir es allerdings nie erklingen lassen.

Als Stephen fast neun war, erzählte er uns jeden Morgen nach dem Aufwachen von seinen Träumen. Sehr oft enthielten sie ein Gespräch mit Jesus. Monatelang berichtete er uns fast jeden Tag, dass Jesus ihn in der Nacht besucht hatte. Wenn Stephen morgens aufwachte, strahlte sein Gesicht vor Freude, während er uns von seinem Erlebnis erzählte. Selbst Richard war berührt. Es war nicht zu leugnen, dass irgendetwas Besonderes mit unserem Kind geschah.

Im Alter von acht bis zehn Jahren schien Stephen sehr glücklich zu sein. In der Schule hatte man ihn von der ersten gleich in die dritte Klasse versetzt, aber er machte sich sehr gut (sowohl Bobby als auch Stephen hatten beim IQ-Test mit einer sehr hohen Note abgeschlossen und wurden bei den obersten fünf Prozent ihrer jeweiligen Altersgruppe eingeordnet). In dieser Zeit fand er auch viele neue Freunde. Als er jedoch elf geworden war, schien ihn etwas zu quälen. Ich war mir sicher, dass er zu einem sehr gut aussehenden jungen Mann heranwuchs, aber Stephen selbst fand sich zu fett. Das beschäftigte ihn ununterbrochen.

Außerdem gab es jetzt Probleme in der Schule. Einmal wurde ich zu einem Gespräch mit seinen Lehrern einbestellt. Sie sagten, dass er mit seinem hohen IQ viel bessere Zensuren haben könnte, aber er würde sich einfach nicht anstrengen.

»Ist Stephen denn ein Problem in der Klasse?«, fragte ich. Sie versicherten mir, dass er das nicht wäre.

»Mit seinem Verstand könnte er einfach viel besser sein«, entgegnete einer der Lehrer.

»Aber er ist doch in der Klassengemeinschaft glücklich?«, fragte ich.

»Das ja, das ist er«, mussten die Lehrer bestätigen. Ich sagte ihnen, dass ich nicht bereit sei, Stephen nur wegen besserer Noten unter Druck zu setzen. Er war ein glückliches Kind und das sollte er auch bleiben. Die Lehrer waren empört über meine Haltung, die sie als mangelnde Unterstützung für das Kind interpretierten. Richard stimmte ihnen zu, und von diesem Zeitpunkt an lag er Stephen neben der anderen Mäkelei wegen seiner Zensuren und Hausaufgaben in den Ohren.

Im Sommer 1971, Stephen war damals zwölfeinhalb, fuhren wir mit dem Wohnmobil in den Algonquin-Park nach Kanada. Dort kamen uns Freunde mit ihrem Sohn und dessen Freunden besuchen. Die Jungen und Bobby, alle ein paar Jahre älter als Stephen, wollten auf eigene Faust eine Wanderung machen und über Nacht campen. Stephen hatte keinen Rucksack, bettelte aber so eindringlich, dass er mitgehen könne, dass Richard ihm einen provisorischen baute. Er war größer als ein Weihnachtsmannsack, und als Stephen mit den älteren Jungen losstapfen wollte, hatte er Mühe, überhaupt auf die Beine zu kommen. Die Riemen schnitten schon in seine Schultern, bevor er überhaupt losgegangen war. Ich wusste, dass er es damit nicht durch das unwegsame Gelände schaffen würde, und er würde sich miserabel fühlen, wenn er aufgeben und zurückkommen müsste. Richard meinte, diese Tour würde einen Mann aus ihm machen, was allmählich an der Zeit wäre. Ich aber wusste, wie entmutigt er sein würde.

Sechs Stunden später war er wieder da, vollkommen niedergeschlagen. Er fühlte sich wie ein Versager, weil er nicht mit den anderen mithalten und sein Gepäck tragen konnte. Natürlich wusste ich, dass ich ihn nicht immer beschützen konnte, aber ich hatte das Gefühl, als hätte ich ihn ins offene Messer laufen lassen.

Es war höchste Zeit für eine Veränderung, aber ich fühlte mich allein. Ich fragte zwar meine geistigen Führer, ob sie mir einen Weg weisen könnten, aber es gab einfach keinen erwachsenen Menschen, mit dem ich hätte reden können. Und dann, eines Sonntags nach der Kirche, kam Tom auf mich zu, ein Priester, der früher Richard und mich beraten hatte. Ihm sei aufgefallen, dass ich plötzlich anders aussähe und mich verhielte, und er fragte mich, was geschehen sei. Lief es zwischen Richard und mir wieder besser? Ich entschied, diese Chance zu nutzen, und verriet ihm, was sich in meinem spirituellen Leben getan hatte. Er schien interessiert, und ich merkte, dass ich ihm mehr und mehr erzählte. Tom zeigte sich fasziniert und sagte, er wolle unbedingt dieses Buch von Ruth Montgomery lesen. Ich gab es ihm, und er versprach, mich wissen zu lassen, was er darüber dachte.

Am darauf folgenden Sonntag in der Kirche erzählte Tom, dass er das Buch gelesen hätte und dass er alles darin für wahr hielt. Ihm war es so wie mir ergangen: Es enthielt so viel, was wir in der Heiligen Schrift vermissten. Er kaufte einige Exemplare und verschenkte sie an Freunde, auch ich besorgte dreißig dieser Bücher, und gab sie an andere weiter. Einige meiner Bekannten waren euphorisch und begeistert, andere sagten, das sei ein Werk des Teufels.

Eines Tages sagte ein anderer Geistlicher, dem ich dieses Buch auch gegeben hatte, dass er ernsthaft befürchte, ich würde vom Teufel fehlgeleitet werden. Seine Zweifel beunruhigten mich. In dieser Nacht, als alle im Bett waren, setzte ich mich aufs Sofa und betete. Ich bat Gott um ein Zeichen, dass all das, was ich seit kurzem erfuhr, von ihm und nicht vom Teufel stammte.

Innerhalb von Sekunden erstrahlte eine Sphäre aus weißem Licht an der Wand, etwa drei Meter von mir entfernt. Es war ein leuchtendes, helles Licht. Ich wollte mich aufrichten, aber ich konnte mich nicht bewegen. Obwohl ich meinen Körper gegen die Seite des Sofas gelehnt hatte und meinen Kopf zur linken Seite geneigt hielt, konnte ich mich selbst so sehen, als würde ich ganz aufrecht sitzen. So sehr ich mich bemühte, ich konnte kein einziges Körperteil bewegen. Ein Gefühl des Friedens kam nun über mich. Dieses Licht sprach weder über Worte noch über Gedanken zu mir, dennoch fühlte ich mich in vollkommenem Frieden und eins mit ihm. Es blieb ungefähr fünfzehn Minuten und verschwand dann. Ich konnte meine Glieder wieder bewegen und setzte mich auf. Ich fragte mich, was hier passiert war. Dieser unglaubliche Frieden, den ich fühlte, ließ sich nicht leugnen. Ich wusste, dass Gott meine Gebete beantwortet hatte.

Ein paar Minuten später erschien diese Existenz, dieses Wesen aus Licht erneut! Wie zuvor konnte ich mich auch jetzt nicht bewegen, aber ich saß aufrecht. Das Licht blieb zehn Minuten, bevor es wieder verschwand. Und noch viel mehr von Gottes Heilkraft, von seinem Frieden, seiner Liebe und seinem Licht füllten meinen gesamten Körper aus. Als ich wieder allein war, wusste ich, dass Jesus bei mir gewesen war. Anfangs wollte ich niemandem gegenüber aussprechen, dass es Jesus war. Ich fühlte mich nicht wert genug, dass Er mir erschienen war. Es war mir lieber, von einem »Sein aus Licht« zu sprechen. Als er Jahre später zu mir sprach und mir wieder erschien, bestätigte er, dass er in dieser Nacht auf meine Gebete hin gekommen war, und schließlich konnte ich das auch vor anderen äußern.

Nach dieser Nacht wurde alles viel klarer. Nun wusste ich tief in meinem Innern, was ich mit meinen Kindern, meinem eigenen Leben und meinem spirituellen Weg tun sollte. Ich musste Richard verlassen. In diesem Leben konnte oder wollte er sich nicht ändern. Ich war nicht stark genug, um eine sinnvolle Beziehung mit ihm zu führen, und ich musste auch nicht weiterhin in einer solchen Misere verharren. Es war schließlich nicht zu übersehen, dass meine Kinder schon geschädigt waren und sich das noch verschlimmern würde, wenn ich sie nicht endlich seinem Einfluss entzöge. Vor allem aber wusste ich jetzt, dass das, was ich erhalten hatte und weiter erhalten würde, kein Werk des Teufels war. Es war ein Geschenk Gottes. Ich war mir der künftigen Aufgaben meines Lebens bewusst, wenngleich ich noch keine Idee hatte, was genau meine Mission sein konnte. Ich wünschte mir, dass Stephen und die anderen Kinder Teil davon sein könnten. Zuerst aber musste ich mich selbst darauf vorbereiten.

Wo zuvor Angst und Unentschiedenheit herrschten, waren jetzt Selbstvertrauen und der Entschluss getreten, das zu tun, was für uns alle das Beste war. Wenn mich vorher Furcht und ein Mangel an Selbstliebe bestimmt hatten, war ich nun voller Kraft, die mir aus einer höheren Sphäre geschickt wurde. Ich erlebte eine tiefe innere Stärke.

Jetzt zeigten sich auch die Antworten auf all meine Fragen. Es war nicht einfach, sie anzunehmen, aber ich vernahm sie sehr deutlich. Meine Führer offenbarten mir, dass sich mein Leben vollkommen verändern würde. Diese Neuigkeit war so wundervoll! Niemals zuvor hatte ich mich so lebendig gefühlt. Als ich einem unserer Pfarrer von diesen spirituellen Erfahrungen erzählte, sagte er tatsächlich: »Ich könnte das alles verstehen, wenn du ein Mann wärst, einer aus unserer Priesterschaft. Aber du bist eine Frau!« Da wusste ich, dass meine Zeit in dieser Kirche, die ich so sehr geliebt hatte, zu Ende gegangen war.

Meine Führer zeigten mir eine Gruppe von Priestern und Menschen aller Glaubensrichtungen, die esoterische und metaphysische Lehren erforschten. Sie waren zurzeit noch bemüht, in ihren kirchlichen Institutionen zu bleiben, wollten aber bald innerhalb ihrer eigenen Organisation gemeinsam ihr Bewusstsein erweitern. Da ich schon zuvor mit einem unserer Priester, Tom, meine Erfahrungen geteilt hatte, erzählte ich ihm von diesen Treffen. Er wollte hingehen. Ich sagte ihm auch, dass ich Richard verlassen würde. Das sei das Beste für uns, meinte er daraufhin. Er bot uns beiden alle erdenkliche Hilfe an. Dann sagte er, dass er schon Monate zuvor das Gefühl hatte, dass Richard und ich nur sehr geringe Chancen hatten, er mir aber damals den Mut nicht hatte nehmen wollen.

Unser Suchen und unsere Freundschaft dauerten an, und Tom begann, sich mir anzuvertrauen. Er erzählte mir von den großen Schwierigkeiten, die seit Jahren in seiner eigenen Ehe bestanden. Er liebte seine Kinder über alles und brachte es nicht fertig, sie zu verlassen. Das Schlimme war nur, so sagte er, dass er Sue nie geliebt hatte. Als sie sich kennenlernten, war er gerade beim Militär, in Alaska stationiert, wo es nur sehr wenige Frauen gab. Als die beiden das erste Mal zusammen waren, wurde sie schwanger und, wie bei meinem ersten Mann Bill und mir, hatten sie das Gefühl gehabt, nun heiraten zu müssen.

Wir beide konnten die Situation des anderen intensiv nachempfinden. Beide hatten wir vier Kinder. Seine Tochter und seine drei Söhne waren so alt wie meine jüngsten. Ich mochte Tom sehr, auch wenn ich ihn körperlich nicht anziehend fand. Er war zwei Jahre jünger als ich, klein und stämmig – das genaue Gegenteil von Richard, der groß und dünn war. Was mir an Tom gefiel, waren seine Fürsorglichkeit und seine Aufrichtigkeit. Er war – wie ich – ein Sucher. Wir fühlten uns aufgrund unseres gemeinsamen Interesses für Metaphysik und Spiritualität zueinander hingezogen. Tom schien von Anfang an vollkommenes Vertrauen in diese Lehren und einen tiefen Glauben zu haben.

Irgendwann war ich stark genug, Richard um die Scheidung zu bitten. Ich wollte das Haus behalten, damit die Kinder weiter in ihre Schulen gehen konnten. Er aber weigerte sich auszuziehen – dafür müsste ich schon einen Gerichtsbescheid vorweisen. Und selbst dann, so warnte er mich, müsse die Polizei ihn hinaustragen. Ich bat ihn, doch an die Kinder zu denken. Ich würde mir einen Job suchen und unseren Unterhalt selbst bezahlen. Wenn das Haus verkauft werden müsste, würden wir uns den Gewinn teilen. Er wich nicht von seiner Meinung ab. Er würde jetzt für drei Wochen auf Geschäftsreise gehen, und wenn ich geschieden werden wollte, müssten die Kinder und ich ausziehen.

Nun wandte ich mich an eine Anwältin. Nach ihrer Ansicht bräuchte ich nicht ausziehen, dafür müsste Richard auf Räumung des Hauses klagen und versuchen, die Kinder zu bekommen. Sie erklärte mir, wie ich einen entsprechenden Gerichtsbescheid erhalten könnte, aber ich brachte es nicht über mich. Ich wollte nicht, dass die Polizei kommen musste, um Richard vor den Augen der Kinder rauszuschmeißen.

In dieser Zeit arbeiteten meine geistigen Führer täglich mit mir. Sie halfen mir, die Dinge klarer zu sehen, und ließen mich an ihrem Wissen teilhaben. Ich lernte, las und betete, während ich mich fragte, was Gott mich tun lassen wollte. Wenn Richard zurückkäme und sich nach wie vor weigern würde, auszuziehen, dann müssten die Kinder und ich gehen. Wir konnten einfach nicht länger zusammen unter einem Dach sein. Ich begann, eine Arbeit für mich zu suchen. Tom hatte derweil die Entscheidung gefällt, seine eigene Ehe zu beenden. Als er Sue sagte, dass er sie verlassen würde, reagierte sie hysterisch, schrie und drohte damit, sich umzubringen. Tom sprach mit seinen Kindern, um ihnen zu helfen, seine Entscheidung zu verstehen. Er wusste, dass die Zeit jetzt gekommen war, neue Wege zu gehen.

Als Richard von seiner Reise zurückkam, zeigte er sich genauso unnachgiebig wie zuvor, was seinen Auszug betraf. »Du willst die Scheidung, also musst du auch gehen.« Ich hatte keine Wahl. Es war eine sehr schwierige Zeit für die Kinder. Keines von ihnen war gegen die Scheidung, keines versuchte mich zum Bleiben zu bewegen. Trotz all der fürchterlichen Vorkommnisse sorgten sie sich aber auch um ihren Vater. Vor allem jedoch waren sie glücklich mit ihrer »neuen« Mutter, die sie nicht länger diesen Torturen aussetzen würde. Sie hätten überhaupt nichts dagegen gehabt, ohne Richard in diesem Haus zu wohnen, aber sie wollten nicht wegziehen, weg von ihrer Schule und ihren Freunden. Wir erlebten eine Zeit der Tränen, der Schmerzen, aber auch des Glücks. Im näheren Umkreis ihrer Schule und unseres Wohnviertels gab es einfach keine Mietshäuser, und ich konnte es mir finanziell nicht leisten, ein Haus in der Nachbarschaft zu mieten.

In dieser Situation warf Tom mir einen Rettungsanker zu: Er war nicht nur Priester, sondern auch der Lagerverwalter einer großen Firma, dessen Sekretärin gerade gegangen war, weil sie ein Baby erwartete. Er bot mir an, für ihn zu arbeiten, und ich ergriff diese Möglichkeit. Jetzt hatte ich Hoffnung für den nächsten Schritt.

Ich fand ein zweigeschossiges Haus genau zwischen meiner neuen Arbeitsstelle und unserer bisherigen Gegend. Es war das Maximum dessen, was ich mir leisten konnte. Es hatte drei Zimmer, einen großen Wohnraum und eine Küche, außerdem gab es einen kleinen Hof. Die Nachbarschaft war nett, wir würden es dort aushalten, bis wir in etwas Größeres ziehen könnten.

Unabhängig von all den Problemen fühlte ich mich, als wären wir aus dem Gefängnis entlassen worden. Niemand kritisierte mich oder schrie mich an. Niemand brüllte die Kinder an. Niemand sagte abwertende und verletzende Dinge zu ihnen oder zu mir. Endlich waren wir sicher und frei.

Aber es war fast zu spät. Die Situation hatte sich für die Kinder vielleicht zu spät verändert. Es war schwer, mit Bobby zu kommunizieren, er blieb rebellisch. Auch wenn ich seinen Schmerz verstand, fühlte ich mich hilflos und konnte nur zusehen, wie er unglücklich litt.

Der eigentliche Verlierer schien Stephen zu sein. Seine Freunde waren kilometerweit entfernt, meistens war er mit den Mädchen allein. Er war noch nicht alt genug für den Führerschein, außerdem funktionierte mein Wagen nicht besonders gut. Der Rückwärtsgang ging nicht, und ich hatte kein Geld, das reparieren zu lassen. Ich arbeitete den ganzen Tag über, während Stephen nach der Schule auf Andrea und Debbie aufpasste.

Ich klammerte mich an den Gedanken, dass diese Zeit der Veränderungen nur vorübergehend war, bald schon würde alles in die richtigen Bahnen gekommen sein. Ich versprach den Kindern, dass unser Leben jetzt wirklich besser werden würde. Sie müssten nur ein wenig Geduld haben.

Während dieser Zeit führten mich meine geistigen Helfer zu einer Kirche und Schule in Washington, wo Parapsychologie, Religion, Philosophie, Psychologie, Metaphysik und vieles mehr gelehrt wurde. Man bot eine zweijährige und eine vierjährige Ausbildung an, ähnlich wie die Seminare an der Universität, die mit einem Zertifikat und der Ordination abgeschlossen wurden. Die Direktorin, Reverend Diane Nagorka, und ihr Mann Henry machten sofort einen sehr aufrichtigen und äußerst gebildeten Eindruck auf mich und Tom, der mich begleitete. Diane nahm sich Zeit für uns, und was sie sagte, klang wahr. Einiges schien schlichtweg offensichtlich zu sein, ohne dass es mir zuvor klar gewesen wäre. Ich mochte sie sofort und spürte großes Vertrauen. Wir beschlossen, uns für die Ausbildung einzuschreiben.

Der Unterricht an dieser Schule der spirituellen Wissenschaften begann im September. Bis dahin besuchten Tom und ich den Gottesdienst, und wir begannen zu verstehen, was die alten Lehren besagten. Es schien, als würde sich für uns erneut ein Raum öffnen, in den wir »gehörten«. Auch von der Seite meiner Führer wurde mir die Richtigkeit der Entscheidung, dort Teil zu sein und eine Ausbildung zu absolvieren, gutgeheißen. Sie sagten, das wäre der nächste Schritt. Außerdem ermutigten sie uns, es nicht nur bei diesen Unterrichtsstunden zu belassen, sondern in viele andere Richtungen zu forschen.

Von den Menschen an dieser Schule wurden wir vollständig akzeptiert. Wir erklärten unseren Hintergrund und die Situation in der Kirche, aus der wir kamen. Was uns entgegengebracht wurde, waren ausschließlich Freundschaft und bedingungslose Liebe ohne jedes Vorurteil. Sie verstanden uns. Viele von ihnen hatten ganz ähnliche Erfahrungen in ihrer Kirche, ihren Beziehungen und ihrem Leben gemacht, als in ihnen irgendwann der Mut gewachsen war, sich zu verändern und weiterzuentwickeln.

Stephen entdeckte derweil ein eigenes Interesse, das

wir bald mit ihm teilten: Den Sommer über lernte er Karate, und Tom und ich meldeten uns gemeinsam mit ihm für eine wöchentliche Karatelektion an. Unser Trainer, in weißem Karateanzug und schwarzem Gürtel, war ein strenger Instruktor. Bevor er mit dem eigentlichen Unterricht begann, mussten wir eine ganze Serie von Aufwärmübungen absolvieren, Hockstreck-Sprünge, Liegestütze und Aerobic-Übungen. Ich schaffte mit Ach und Krach gerade mal zehn Liegestütze, während manche Männer in diesem Kurs hundert oder mehr machten. Ich war überhaupt nicht in Form. Stephen hingegen liebte es regelrecht, sich bis zur Erschöpfung zu verausgaben. Er machte die Übungen und praktizierte die Kicks über Stunden hinweg. Wir kauften ihm einen weißen Karate-Gi und einen passenden weißen Gürtel. Sie wurden zu seiner Uniform. Vor der Schule, nach der Schule und an den Wochenenden – immer trug er diese Kleidung.

Wenn ich in der Küche das Abendessen zubereitete, kam Stephen manchmal zu mir, stieß einen Karateschrei aus und zeigte mir seine hohen Kicks. Er war inzwischen ziemlich gut geworden, er hatte Bücher über Karate gekauft, vieles über die chinesische Philosophie gelesen, er sah sich jeden Kung-Fu-Film im Fernsehen an und war ein großer Fan von Bruce Lee. Er trainierte hart, um den Gürtel in der ranghöheren Farbe zu erhalten. Auch den anderen Kindern brachte er seine Kicks bei. Ihre Schreie, Tritte in die Luft und ihre provisorische Karatekleidung machten unser Haus lebendig. Da Stephen sein Outfit so sehr liebte, kaufte ich ihm einen kurzen Mantel im gleichen Stil. Den trug er nun immer dann, wenn er seinen Gi gerade nicht anhatte.

Ich wurde endlich geschieden, nur Toms Frau willigte nicht in die Scheidung ein. 1972 gab es in Maryland ein Gesetz, dass die Scheidung verhinderte, wenn einer der beiden Partner nicht damit einverstanden war. Tom war sehr ungeduldig, er wollte frei sein und diese Ehe beendet wissen. Die Scheidungsgesetze in Virginia waren damals etwas lockerer – wenn man für mindestens ein Jahr dort gelebt hatte, konnte man sich scheiden lassen, auch wenn der Partner das anfocht. Tom wusste, dass er seine Freiheit niemals erlangen würde, wenn er in Maryland blieb. Er entschied, nach Virginia zu ziehen. Unsere Beziehung war inzwischen mehr als nur freundschaftlich. Wir vereinbarten, dass wir gemeinsam umziehen würden, in ein großes Haus über mehrere Etagen in Alexandria. Meine Kinder konnten dort mit uns leben, und es gab ein Zimmer für seine Kinder, wenn sie uns besuchen kämen. Wir hatten nun jeden Tag einen ziemlich langen Weg zur Arbeit zurückzulegen. Ich erklärte den Kindern, warum wir diesen Umzug machten. Sie verstanden es, waren sehr hilfsbereit und blickten hoffnungsvoll in die Zukunft.

Die Kinder liebten dieses Haus. Jeder hatte wieder sein eigenes Zimmer, außerdem gab es ein großes Wohnzimmer, in das wir einen Billardtisch stellten. Der Garten war schön, auf dem Rasen stand ein Baum, auf den sie klettern konnten. Die Schule konnten sie zu Fuß erreichen. Wir richteten uns für ein Jahr dort ein.

Es war der Himmel für mich, endlich frei zu sein, heraus aus diesen ewigen Kämpfen und dem Feuer der Kritik. Meinen Kindern ging es gut. Richard konnte ihnen nicht mehr wehtun, ich konnte ihnen alle meine Liebe geben und versuchen, das wieder gutzumachen, was sie so lange hatten erleiden müssen. Erfreut war ich vor allem darüber, dass Tom viele Eigenschaften an mir liebte, die Richard immer als Fehler angesehen hatte. Für Tom hätte ich alles getan, ich fühlte mich durch die Art und Weise, wie er sich mir gegenüber verhielt, gewürdigt. Er war ein Segen für mich und die Kinder.

Und dann war Stephen fortgelaufen und hatte die Nacht im dunklen, kalten Wald verbracht. Und nichts mehr war so, wie es noch kurz zuvor gewesen war.

IV

Stephens Schmerz

Wenn es während deiner Kindheit jemanden gibt,
der dich bedingungslos liebt,
wirst du für den Rest deines Lebens
Liebe geben können.

Flavia Weedn

Schon zu Beginn der Kommunikation mit meinen geistigen Führern wusste ich, dass ihre Möglichkeiten, mir zu helfen, sehr davon abhingen, wie klar und aufnahmebereit ich in meinem Geiste war. Wenn ich mich von ihnen abwandte und mich nicht aufs Hören einstellte, würde ich sie auch nicht vernehmen können.

Heute weiß ich, warum mich meine Führer *scheinbar* niemals wegen Stephen gewarnt haben. Für eine gewisse Zeit war ich vollkommen von meinem neuen Leben mit Tom und meinen faszinierenden Studien abgelenkt, ich verschloss mich einfach ihren Hinweisen. Ich war viel zu beschäftigt oder zu erschöpft, um mich in Ruhe hinzusetzen und um Führung zu bitten. Die Ironie bestand darin, dass sich mir zu genau dieser Zeit ein neues Universum der Spiritualität überall um mich her erschloss – meinen eigenen inneren Kosmos aber ignorierte ich.

Vielleicht hatte ich auf einer unterbewussten Ebene auch einfach Angst, die Wahrheit zu hören. Sie hätte meinen Glauben, dass wir endlich auf dem richtigen Weg wären, dass ich Tom heiraten würde, dass mit den Kindern alles in Ordnung wäre, zutiefst erschüttert.

Es war eigentlich gar nicht Stephen, der auffallend

litt. Bob, der mittlerweile achtzehn war, ging durch seine eigene Hölle. Auf den Vorschlag eines Onkels hin war er zur Air Force gegangen. Dieser Onkel meinte, dass sich dort sein rebellischer Geist legen würde und es ihn zudem von irgendwelchen Drogen wegbringen würde. Aber Bob hasste das Militär. So sagte er irgendwann zu jemandem in seiner Truppe, dass er weglaufen und sich umbringen würde. Das gesamte Camp wurde alarmiert, um ihn zu finden. Sie riefen uns an, und in meiner Verzweiflung telefonierte ich mit der Frau eines Generals, die ich kannte. Sie wiederum rief ihren Mann an, der den General des Forts kannte, wo Bob stationiert war. Er kümmerte sich persönlich um die Sache und sandte Spezialtrupps aus, die Bob aufspüren sollten. Sie fanden ihn und schickten ihn als ehrenhaft entlassen nach Hause. Der General zeigte sich verständnisvoll gegenüber den Problemen dieser sehr jungen Männer, die zum ersten Mal von zu Hause weg waren. Er war so besorgt um Bobs Befinden, dass ich bis heute mit herzlicher Wärme an ihn denke.

Bob kam nach Hause zurück. Er hatte einfach keinen anderen Ort, an den er hätte gehen können, und überdies wollte ich ihn bei mir haben. Als er nicht da war, war es friedlicher bei uns, aber ich vermisste ihn sehr. Ich wollte meinen Sohn hier bei mir wissen, er gehörte jetzt wieder für eine Zeit zu uns. Ich wollte all die Jahre der Hölle wieder gutmachen, bevor er seinen eigenen Weg gehen würde. Ich liebte ihn und wollte ihm helfen, aber ich konnte das, was Richard und ich ihm über Jahre hinweg angetan hatten, nicht ungeschehen machen.

Er stellte das ganze Haus auf den Kopf. Er ärgerte Stephen, folgte keinerlei Regeln, er machte auch den Kindern das Leben schwer – mit Ausnahme von Debbie, die seine guten Seiten hervorzulocken wusste. Zusammen mit ihr war er freundlich und liebevoll, ganz so wie er als kleiner Junge gewesen war. Wir anderen wurden mit ihm nicht fertig, schon nach kurzer Zeit zog er aus und lebte allein.

Tom und ich beschlossen, endlich zu heiraten, wir setzten den Termin im November 1973 fest. Unsere Ehe wurde bei uns zu Hause in Alexandria geschlossen, die Zeremonie leiteten unsere Lehrer, die Nagorkas. Unseren neuen Freunde und Mitstudenten waren unsere Gäste, auch alle acht Kinder waren anwesend. Während der Feier schenkte ich jedem von ihnen eine der acht unterschiedlichen Blumen aus meinem Bouquet, um ihre Individualität und Besonderheit hervorzuheben. Als mein Blick dabei Stephen traf, bemerkte ich, wie unglücklich er war. Er konnte Tom immer noch nicht leiden. Aber in meinem Herzen wusste ich, dass das nur eine Frage der Zeit war.

Der Jahresvertrag für unser Haus in Virginia war fast abgelaufen, und wir konnten wieder einmal umziehen, näher an unsere Arbeitsstelle heran, damit wir nicht mehr so lange Wege hatten. Was für eine Erleichterung! Stephen hatte neue Freundschaften geschlossen, die Mädchen ebenso, aber es gab keine Möglichkeit, zu bleiben; dieser lange Arbeitsweg rieb uns auf. Außerdem, so versuchte ich es mir rational zurechtzulegen, waren ihre Freundschaften höchstens ein paar Monate alt, es würde unser letzter Umzug sein, jetzt würden wir sesshaft werden, und die Kinder könnten neue, diesmal dauerhafte Freundschaften schließen.

Es war unser dritter Umzug in weniger als zwei Jahren, und ich war entschlossen, es auch unseren letzten sein zu lassen. Wir entschieden uns für ein neues Haus, das noch im Bau war. Als die Mauern standen, überwachten wir den Fortgang der Arbeiten wöchentlich. Jedes Kind bekam sein Zimmer, die noch nicht ganz fertigen Räume oben im zweiten Stock sollten Stephens Zimmer und eine Art kleiner Seminarraum werden. Stephen würde endlich sein eigenes Reich bekommen, das er mit niemenden teilen musste, wo er Gewichte heben, Karate praktizieren und seine Musik hören konnte, ohne dass ihm jemand störte.

Wir fingen wieder einmal von vorn an. Die Kinder wurden in Schulen eingeschrieben, an denen sie bis zu ihrem Abschluss bleiben konnten. Sie würden nie mehr ihre neuen Freunde wegen eines weiteren Umzugs zurücklassen müssen. Um Toms Tochter und seine drei Söhne zweimal pro Woche zu uns zu holen, brauchten wir nur fünfzehn Autominuten. Wir hatten das Gefühl, dass wir in unserem brandneuen Haus am richtigen Ort waren, die Räume waren extra für die Kinder geplant, und es gab einen riesigen Garten. In einer Ecke lief er in einen baumbestandenen Hügel über, der uns vor unliebsamen Blicken abschirmte, außerdem gab es einen großen Wald auf der anderen Seite der Straße.

Ende November zogen wir in dieses Haus ein. Stephens 15. Geburtstag am 3. Dezember feierten wir inmitten von noch nicht ausgepackten Umzugskisten. Wir hatten einen Kuchen und Geschenke für ihn, darunter war eine blaue Hantelbank mit Gewichten. Niemand kann sich an seine anderen Geschenke erinnern, es wurden auch keine Bilder gemacht; wir waren zu beschäftigt damit, Kisten auszupacken, zu arbeiten und zu lernen.

Stephens Sachen kamen in einen großen Dachgeschossraum. Das wurde sein persönlicher Rückzugsort, und er war glücklich, seinen eigenen Raum zu haben. Wir konnten hören, wie er stundenlang Musik abspielte. Manchmal wackelte das ganze Haus, wenn er das Ende einer Hantel oder ein Gewicht fallen ließ. Er übte weiterhin Karate, und wir konnten die Geräusche seiner Bewegungen und seine Schreie durch das ganze Haus hallen hören.

Ich betete darum, dass dies ein neuer Anfang für Stephen werden würde, dass er sich endlich entspannen und die ganz normalen Freuden der Jugend genießen könnte. Es war sehr schwer für ihn. An der Largo High School schloss er einige Bekanntschaften, aber die Kontakte entwickelten sich nur langsam. Er war fünfzehn, und die meisten Cliquen hatten sich schon in der Grundschule gebildet, sie erlaubten einem Neuen mitten im Schuljahr nicht, dort einzudringen. Zudem war der Stoff ein wenig anders. Stephen fiel in einigen Fächern weit hinter die anderen Schüler zurück. Die Lehrer waren neu für ihn und hatten einfach keine Zeit, ihm zu helfen.

Man gab ihm extra Aufgaben, damit er schnell das Klassenniveau erreichte. Er arbeitete sie auch gewissenhaft durch, aber er war nicht glücklich. Wie oft sagte er, dass er nicht zur Schule gehen wollte. Ich verstand so gut, was er durchmachen musste. Ich konnte mich an genau die gleichen Gefühle erinnern, da auch ich in seinem Alter zweimal die Schule wechseln musste. Ich beruhigte ihn, dass alles besser werden würde, wenn er sich nur richtig reinhängen würde. Er würde genauso schnell hineinfinden wie ich damals. An manchen Tagen versuchte ich, ihm Mut zu machen, zur Schule zu gehen. An anderen Tagen aber gab ich seiner Bitte nach, zu Hause bleiben zu können. Er hatte die unterschiedlichsten Erklärungen parat, warum er sich nicht gut fühlte. Ohne ein Wort darüber zu verlieren, wussten wir beide, dass er nicht wirklich krank war. Ich versuchte ein Gespür dafür zu entwickeln, wann er gehen konnte und wann es ihm wirklich nicht gut getan hätte.

Ich dachte, dass Stephen das Gefühl, ein Außenseiter zu sein, sehr bald überwunden haben würde, dass er sich in den Schulbetrieb einleben und sein Leben genauso wie zuvor genießen würde. Auch wenn es kein langer Weg war, fuhren wir ihn manchmal auf unserem Arbeitsweg in die Schule. Wir saßen dann alle drei auf den Vordersitzen, Tom am Steuer. Ich legte meine Hand auf Stephens Knie, drückte es, sagte ihm, dass ich ihn liebe und ermutigte ihn, sich einen schönen Tag zu machen.

An einem kalten und windigen Nachmittag holten wir Stephen wieder nach der Schule in der Nähe eines Einkaufszentrums ab. Er hatte eine Abkürzung genommen, wir sahen ihn vom Auto aus laufen. Seine Schultern hingen nach vorn, sein Regenmantel flatterte im Wind. Plötzlich sah ich ihn ganz anders als jemals zuvor. Wie einsam er wirkte! Wie schrecklich allein! Für einen kurzen Moment hatte ich das Gefühl, dass ein Teil seiner Lebensgeister schon vor einer Zeit gegangen sein musste.

Nach der Schule trainierte Stephen in seinem Zimmer an der Hantelbank, er machte sich ausführliche Pläne, wie viele Beinlifts, Bizepsübungen, Liegestütze und Konditionsübungen er täglich tun musste. Wir hörten die Gewichte auf den Boden wummern, wenn er fleißig übte, um seinen strengen Plan einzuhalten. Er wollte einen Körper, wie Billy Jack oder Karate Kid ihn hatten. Sich selbst hielt er für schwammig und nicht stark genug. Nach dem Training hingen ihm die Haare ins Gesicht, während Schweißtropfen überall von seinem Körper liefen – aber er war glücklich, sein Pensum geschafft zu haben.

Noch immer liebte er Karate und trug fast jeden Tag seinen weißen Anzug. Sehr gern wäre er wieder zum

Unterricht gegangen, aber es gab einfach nichts in unserer Nähe. Er war noch immer nicht alt genug für den Führerschein, und da Tom und ich voll berufstätig waren, konnten wir ihn nicht über eine lange Strecke zum Unterricht und wieder zurück bringen. Ehrlich gesagt: Wir zögerten es hinaus, eine geeignete Karateschule für ihn zu finden, einfach weil wir so viele andere Verpflichtungen hatten.

Stephen war jetzt ungefähr 179 Zentimeter groß. Er sprach nicht über sein Gewicht, außer dass er sagte, er wäre »fett, fett, fett«. In seinem Kalender fand ich einmal die Notiz, dass er 91,5 Kilo wog. Ich versicherte ihm, dass er nicht fett sei. Es wäre in Ordnung, wenn er ein paar Pfund, beispielsweise fünf Kilo, abnehmen würde, wenn er sich dann besser fühlte. Ich fand, er sah so gut aus, dass mir seine Bedenken, er könne übergewichtig sein, mehr Spaß als Ernst zu sein schienen. Auch ich hatte mit fünfzehn wie besessen immer wieder in den Spiegel geschaut und gedacht, dass ich fett und hässlich wäre, aber in den wachen Momenten wusste ich, dass das nicht stimmte. Er würde darüber hinwegkommen. So wie ich darüber hinweggekommen war. Alle Kinder machen das durch, argumentierte ich im Stillen. Er hatte klare Gesichtszüge, und seine Haare reichten ihm bis über die Ohren, waren aber nicht so lang, wie sie die jungen Männer in den frühen Siebzigern gerne trugen. Auch unsere Freunde sagten, dass er sehr gut aussehend wäre und einen wunderbaren Charakter hätte. Alle unsere Bekannten mochten ihn.

Ich beruhigte mich dadurch, dass ich mir meine eigenen Unsicherheiten und Ängste aus der Teenagerzeit wieder ins Gedächtnis rief. Mit dreizehn wurde ich in der Schule viel geärgert, ich hatte mich körperlich sehr schnell entwickelt, hatte große Brüste und Babyspeck.

Es war Teil meines Lebens. Es schmerzte, aber es machte mich stärker und ließ mich dem Aussehen von Menschen später weniger Bedeutung beimessen. Natürlich konnten auch meine Eltern mich damals nicht davon überzeugen, dass ich nicht fett und hässlich sei. Ich war mir sicher, dass niemals ein Junge irgendetwas von mir wollen würde. Mit diesen alten Gefühlen im Hintergrund schmeichelte ich Stephen und ermutigte ihn, wie gut er aussehen würde – aber meine Worte halfen nicht viel. Ich musste das einsehen und dachte, dass er über diese schmerzhafte Zeit hinwegkommen würde, so wie wir alle das taten.

Er verfluchte das Essen, aß dann doch und beschimpfte sich selbst. In seiner schlimmsten Phase beschwerte er sich darüber, dass er einfach nicht aufhören könne, zu essen, und ich gab ihm zwei oder drei der alten Diät-Pillen, die ich Jahre zuvor selbst genommen hatte. Ich warnte ihn, dass sie nicht gut für ihn wären, ihm aber auch nicht schaden würden, wenn er sie für ein oder zwei Tage nehmen würde, um seinen Appetit unter Kontrolle zu bekommen. Er schluckte sie, und es gefiel ihm überhaupt nicht, wie er sich danach fühlte, aber er verlor ein oder zwei Pfund. Ich war froh, dass er nicht nach mehr solcher Pillen fragte und auch nicht zum Arzt gehen wollte, damit der ihm welche verschreiben würde. Unser Doktor glaubte an Diät-Pillen und hätte ihm sicher welche verordnet. Ich aber hatte schon immer das Gefühl, dass sie gefährlich wären.

Jede Woche, wenn Toms Kinder zu uns kamen, spielte Stephen mit ihnen Fußball und kletterte mit ihnen auf die Bäume, um dort kleine Hütten zu bauen. Sie lernten Knoten zu knüpfen, so wie er es gelernt hatte, und im Freien Feuer zu machen. Die jüngeren Kinder müssen Stephen manchmal ganz schön genervt haben, aber er war immer geduldig, spielte stundenlang mit ihnen, brachte ihnen Karate-Kicks bei und machte auch Bodybuildingübungen mit ihnen. Er war ihr Anführer, und nie sah ich ihn ärgerlich werden oder sie anschreien. Er brachte es fertig, beinahe alles mit ihnen zu unternehmen, was sie gerne wollten. Niemals war er anmaßend oder herrisch. Die Wochenenden oder Ferien waren seine glücklichste Zeit. Montagmorgens packte ihn wieder die Furcht vor einer neuen Schulwoche. Das tat mir im Herzen für ihn leid. Stephen hatte die Schule immer geliebt, ganz außerordentlich sogar, und meistens war er der Liebling der Lehrer gewesen. Niemals zuvor hatte es ihm an Freunden gefehlt.

Und nun war da ein Stephen, der behauptete, dass sich die Lehrer nicht um ihn kümmern würden. Sie taten es wirklich nicht. Mein Sohn war nie zuvor seinen Lehrern gegenüber kritisch gewesen, jetzt aber musste er wieder und wieder feststellen, dass sie ihm weder zuhören noch ihm helfen wollten. Jetzt wäre es notwendig gewesen, dass ich in die Schule gegangen wäre, um mit seinen Lehrern zu sprechen und mehr Gerechtigkeit zu verlangen, denn Stephens Fähigkeit, Situationen richtig einzuschätzen, war immer sehr gut gewesen. Aber ich redete mir weiter ein, dass dies die ganz normalen Probleme eines Heranwachsenden waren, die sich mit der Zeit von selbst lösen würden. Falls sie es nicht würden, könnte ich später immer noch etwas unternehmen.

Stephen beschwerte sich oft, dass ihn seine Mitschüler ignorieren würden. Ich schlug ihm vor, er solle sich jemanden auswählen, der auch allein zu sein schien, und Freundschaft mit ihm schließen. Das schien mir zu dieser Zeit ein sinnvoller mütterlicher Rat zu sein. Er sagte, das hätte er schon versucht. Ein anderer Vorschlag von mir war, dass er sich in verschiedene Unternehmungen einbringen sollte. Er aber entgegnete, dass die Klubs alle bereits voll oder schon zu weit in ihren Projekten fortgeschritten waren, als dass er noch hätte einsteigen können. Wie oft sagte ich ihm, dass ich mich zu seiner Zeit nach dem Schulwechsel genauso gefühlt hatte und auch ohne Freunde war! Ich versicherte ihm, dass das besser werden würde. Dabei hätte ich wissen müssen, dass Kinder solche Plattheiten nicht hören wollen. Was interessierte es sie, was Mama und Papa in den »alten Zeiten« erlebt hatten? Er nickte und ging in sein Zimmer.

Als ich Stephen einmal von der Schule abholte, saß er gemeinsam mit einem Jungen seines Alters plaudernd auf der Bank, dieser Junge quoll an allen Seiten über das Holz hinweg, er wog bestimmt 150 Kilo. Später erzählte mir Stephen, dass dieser Junge sehr nett war und dass sie sich gut unterhalten hätten. Ich bin wirklich nicht stolz auf das, was ich darauf entgegnete: »Stephen, wäre es nicht vielleicht besser, wenn du außerdem noch einen anderen Freund finden könntest? Mit diesem Jungen kannst du bestimmt keinen Sport machen. Er ist vielleicht wirklich nicht der beste, mit dem du zusammen sein könntest.« Schon während ich das sagte, fühlte ich mich erschreckend berechnend, aber Stephen war in der letzten Zeit so unglücklich gewesen. Ich hatte einfach Angst, dass es für ihn noch schwerer werden würde, wenn er der Freund dieser armen Seele wäre, die ja ganz offensichtlich auf Grund ihres extremen Übergewichts ein Außenseiter war. Stephen klagte, dass kein Mitschüler mit diesem Jungen reden wollte. Ich entschuldigte mich. Mein Verhalten war verurteilend und ziemlich übel gewesen. Obwohl ich Stephen helfen wollte, hatte ich etwas sehr Unfaires gesagt, das sich nicht mehr zurücknehmen ließ.

Tom ignorierte Stephen während der Woche weitgehend, manchmal redete er mit ihm, aber ohne spürbares Interesse. Ich versuchte täglich, mit ihm zu sprechen und ihn zu fragen, wie es in der Schule lief. Manchmal war er mitteilsam – meistens war er nicht besonders glücklich. Manchmal aber sagte er nur: »Okay« oder: »Ganz gut« oder: »Es ist alles in Ordnung, Mama.« Es erleichterte mich wirklich, als er mir letztlich immer öfter vorgaukelte, dass alles in Ordnung wäre, da in unserem Leben vieles nicht im Lot war. Wie sehr ich mich doch selbst betrog!

Zuerst ganz vorsichtig und dann immer stärker entwickelte Stephen ein Interesse für die Parapsychologie. Wir erzählten ihm, was wir in unserer Ausbildung lernten, und er nahm an den wöchentlichen Gesprächen und Meditationen teil, die wir in unserem Haus abhielten. Oftmals stellte er in den Pausen Fragen. Genau wie wir fand er einige Dinge einfach zu verrückt. Anderes hingegen weckte seine Neugier. Vieles von dem, was wir hier beredeten, widersprach dem, was er in unserer früheren Kirche gelernt hatte. In dieser neuen Gemeinschaft gab es weniger Dogmen, mehr Offenheit, größere Akzeptanz, als wir je zuvor erfahren hatten.

Stephen wollte mit seinem Stiefvater Richard über all diese Neuheiten sprechen, der aber zog alles ins Lächerliche. Das setzte natürlich auch einige Zweifel in den Jungen. Wir sprachen mit ihm darüber, versuchten ihm verschiedene Perspektiven zu vermitteln, teilten ihm unsere persönlichen Gefühle und Ansichten mit und ließen ihm Zeit, zu einer eigenen Anschauung zu gelangen. Nach einem solchen Gespräch schien er so begeistert und glücklich zu sein! Und dann kam er wieder von einem Besuch bei Richard zurück, war niedergeschlagen und verwirrt. Nicht nur, weil er von unseren Studien erzählt hatte, sondern auch wegen der grundsätzlichen Art, mit der Richard ihm begegnete. Stephen drückte es einmal so aus: »Bei ihm fühle ich mich wie ein Stück Scheiße.«

Trotz des Stresses brachte der Dezember die Weihnachtsfreude mit sich und hellte unsere Stimmung auf. Tom war bester Dinge und überaus freundlich. Er arrangierte die Lichter am Baum, die Kinder und ich hängten den Schmuck an die Zweige. Als wir fertig waren, strahlten wir vor Stolz; vielleicht war unser Baum der schönste in ganz Maryland.

Wenn es nicht gerade schneite oder regnete, spielten die Kinder den ganzen Tag über draußen Fußball. Wenn sie drinnen sein mussten, buken sie Plätzchen und Weihnachtskuchen, meist hatten sie schon alles aufgegessen, wenn die Bleche den Ofen gerade verlassen hatten. Wenn wir jemals eine glückliche Familie gewesen waren, dann in diesem Dezember. Alle Sorgen, Probleme und Kämpfe waren beiseite gelegt. Es war die Zeit, alles und jeden zu lieben und dem neuen Leben zu danken, dieser Chance eines Neubeginns.

In den acht Fenstern unseres Wohnzimmers hatte ich acht kleine Kerzen platziert, jede in einer anderen Farbe, jede für ein Kind. Als wir sie anzündeten, sagte ich den Kindern, dass wir mit diesem Ritual ausdrücken wollen, wie besonders jedes von ihnen für uns sei. Jedes Kind wusste, dass eine dieser Kerzen seine oder ihre eigene war, wir legten aber nicht fest, wem welche Farbe gehörte. Diese kleinen Kerzen ließen einen wunderschönen Regenbogen entstehen.

Für Weihnachten scheuten wir keine Ausgaben, es

war Toms und meine Lieblingszeit im ganzen Jahr. Da Toms Exfrau ihre Kinder unbedingt jedes Jahr zu Weihnachten bei sich haben wollte, feierten wir den Heiligen Abend 1973 einen Tag früher. Unser Weihnachtsfest begann schon in der Dämmerung, als die jüngeren Kinder die älteren aufweckten.

Es war schon fast Mittag, als die große Geschenkorgie vorbei war. Das Wohnzimmer sah aus, als wäre ein Tornado hindurchgefegt. Stephen hatte genau wie die anderen eine Menge Geschenke bekommen. Eines war ein Gürtel, er öffnete das Päckchen, lächelte und dankte uns, aber ich konnte sehen, dass er ein wenig enttäuscht war. Er war immer noch so kindlich, um sich über Spiele, Spielzeug und Scherzartikel mehr zu freuen als über praktische Dinge. Er half den jüngeren Kindern beim Öffnen ihrer Geschenke, wenn sie zu fest verschnürt waren, und spielte dann für den Rest des Tages mit deren Spielzeug. Er trug seinen kurzen Mantel über Shorts und einem T-Shirt. Keines der Kinder hatte sich für die Weihnachtsfotos extra die Haare frisiert oder sich besonders angezogen.

Dass ich dieses Jahr Weihnachtsfotos machte, hing mit einem Vorfall einige Wochen zuvor in der Schule zusammen. Wir lernten gerade, unsere Intuition zu entwickeln, und Billy, unser Lehrer, gab mir eine intuitive Nachricht: »Mach in diesem Jahr unbedingt viele Weihnachtsfotos! Die Dinge werden nie wieder so sein, wie sie sind, und du wirst froh sein, wenn du diese Bilder hast.« Ich wusste damals nicht, wie wahr diese Aussage war. Bei uns zu Hause waren die Dinge nie so wie zuvor, weder von einem Tag auf den anderen, noch von einem Weihnachtsfest zum nächsten. Dennoch, als ich Stephen und den anderen beim Auspacken der Geschenke zusah, erinnerte ich mich an Billys Mahnung und holte die

Kamera hervor. Ich versuchte, wirklich jeden zu fotografieren. Stephen vermied es, aufs Bild zu kommen. Er sagte, er wäre hässlich und ich solle wenigstens warten, bis er sich die Haare gekämmt hätte.

Sein Geschenk für uns war ein Hörbuch von *Die Möwe Jonathan*, denn er wusste, wie sehr wir das Buch liebten. Es war ein wundervolles Geschenk, wir waren überrascht und erfreut und Stephen sehr zufrieden.

Der Tag war einfach perfekt: entspannt, friedlich und relaxt. Die Kinder suchten sich überall im Haus Ecken, wo sie ihre Geschenke platzieren konnten, sie gingen wieder und wieder dorthin. Stephen brachte seine Sachen nach oben in sein Zimmer. Alle spielten – allein für sich, in kleinen Gruppen und alle zusammen.

Stephen und die Mädchen hatten noch bis Januar Ferien. Sie lasen Bücher, fuhren Rad und zogen sich immer wieder in ihre eigene innere Welt zurück. Sie brauchten niemanden, der auf sie aufpasste, sie achteten gegenseitig auf sich. Stephen, als Fünfzehnjähriger, war der offiziell Beauftragte, und Andrea, mit zwölf, war Stellvertreterin. Vom Temperament her und auch vom Aussehen glichen sich Stephen und Andrea. Beide waren eher ruhig, liebevoll und freundlich, sie konnten sich besser benehmen als der älteste und die jüngste. Bob hatte immer viel Aufmerksamkeit gebraucht und sie auch eingefordert, indem er eine Krise nach der anderen heraufbeschwor, das war auch noch nach seinem Auszug so. Und Debbie als jüngste brauchte ebenfalls sehr viele Beachtung, teilweise wegen ihres Alters – sie war jetzt acht –, teilweise aber auch wegen ihres Charakters. Sie war herrisch, charmant, liebenswürdig und nervend, manchmal alles innerhalb von fünf Minuten. Wenn Stephen mal nicht so wollte wie sie, nannte sie ihn »fettes Schwein«. Wenn ich das hörte, machte ich ihr klar, wie sehr ihm das wehtäte, und brachte sie dazu, sich zu entschuldigen.

Die Probleme, die Stephen hatte, erschienen mir relativ normal im Angesicht der Dinge, mit denen sich Bob, Andrea und auch Debbie herumschlugen. Bob hasste seine krausen Haare, Andrea dachte, dass sie niemand lieben würde. Wenn ich dazu noch an meine eigene Unsicherheit dachte, die zwanzig Jahre zurücklag, erschien es mir so, als würde Stephen einfach eine Übergangszeit der Kindheit, sein *rite de passage*, durchmachen.

Stephen war gar nicht glücklich, als die Schule wieder begann. Aber er sagte, er sei für einen Neustart bereit – mit den Lehrern und mit Freunden. So ging er mit frischem Optimismus zum ersten Unterrichtstag. Aber sofort erlebte er wieder die alten Geschichten. Er wurde ignoriert und außen vor gelassen, und auch die Lehrer hatten keine Zeit für ihn. Dass ich nicht zu einem Gespräch in die Schule ging, kann nicht damit entschuldigt werden, dass Tom meinte, Stephen müsse lernen, seine Probleme selbst zu lösen. Auch mein schlechtes Gewissen, weil ich mich ihm gegenüber oft wie eine Glucke verhielt und ihn nicht wachsen ließ, entschuldigt nichts. Denn das Endresultat war dasselbe: Ich sprach nicht mit seinen Lehrern, und sie baten mich auch nicht zu einem Gespräch, als seine Noten immer schlechter wurden und sein Abschluss ernsthaft gefährdet war. Ich hoffte einfach weiter, dass die Zeit die Probleme lösen würde.

Als es draußen schon wieder wärmer war, trug Stephen immer noch seinen blauen Regenmantel, auch an den Tagen, als er ihn wirklich nicht gebraucht hätte. In diesem Mantel würde er sich nicht so fett fühlen, meinte er. An den Wochenenden schien er entspannt und glücklich. Zu Hause war er er selbst, er lachte und scherzte. Montagmorgen hingegen änderte sich sein Gesicht, seine Schultern sanken nach vorn, und er musste sich zwingen, zur Schule zu gehen, seine Arme widerwillig in den Taschen des Regenmantels vergraben.

Im Februar und Anfang März sprachen wir sehr viel über Stephens Freundschaften. Er hatte sich in ein Mädchen aus unserer früheren Kirche verliebt. Im Wohnzimmer auf der Couch sitzend hatten wir an einem Abend ein langes Gespräch wegen ihr. Sie waren telefonisch noch in Kontakt, und er konnte sie sehen, wenn Richard ihn mit zur Kirche nahm. Es war eine unerwiderte Liebe auf Distanz. Sie liebte jemand anderes, was Stephen mit ein wenig Eifersucht und viel Traurigkeit zu akzeptieren schien. Nun glaubte sie, dass sie schwanger sei. Das aber konnte sie unmöglich ihren Eltern erzählen, die wichtige Funktionen in der Gemeinde innehatten. Es gab niemanden, dem sie sich anvertrauen konnte – bis auf Stephen. Ich bezweifle, dass sie wusste, was sie für ihn bedeutete. Er sagte mir, dass er nicht wisse, wie er mit ihr reden solle und bat mich, mit ihr zu sprechen. Er hätte ihr versichert, dass ich nichts ihren Eltern oder irgendjemand anderem sagen würde. Als sie und ich unser Gespräch beendet hatten, umarmte er mich und sagte: »Danke, Mom. Ich wusste, du würdest sie verstehen und ihr helfen.«

In jener Nacht plauderten wir über vieles: seine Sorgen, Ängste und Hoffnungen, seine Philosophie, Karate, Mädchen, das Leben. Danach fühlte ich mich so gut. Er hatte schon immer mit mir über seine Gefühle gesprochen, aber diesmal war es das Gespräch zwischen zwei Erwachsenen. Mir gefiel, wie rücksichtsvoll er

Freunden gegenüber war, seine Reife im Umgang mit deren Gedanken und Wünschen, sein Vertrauen in mich. Mir gefiel, dass er so liebevoll war. Die meisten seiner Freunde würden sich von ihren Müttern nicht umarmen lassen, noch weniger würden sie die Umarmung mit einem Kuss und den Worten: »Ich liebe dich« beantworten. Ich war stolz auf ihn. Mein jüngerer Sohn würde eine aufmerksame und sehr fürsorgliche Persönlichkeit werden. Ich hatte keinerlei Sorgen in Bezug auf den Mann, der aus ihm werden würde. Nach all den Schwierigkeiten mit Bob gab Stephen mir das Gefühl, dass ich als Mutter vielleicht doch nicht vollständig versagt hatte.

Er war richtig schön geworden, seit er den Babyspeck am Körper und im Gesicht verloren hatte. Seine Augenbrauen waren dichter und dunkler geworden, und seine blauen Augen strahlten Freundlichkeit, Wärme und etwas Schelmisches aus. Auf den Punkt gebracht: Ich vergötterte ihn. Vielleicht sah er wie Tausende anderer Jungs in seinem Alter aus, vielleicht benahm er sich wie tausend andere. Ich aber sah ihn mit mütterlichen Augen, voller Liebe. Für mich war da etwas sehr Besonderes, nicht nur in seinem Aussehen, sondern in seinem ganzen Wesen.

Daher brach es mir fast das Herz, dass er noch immer so einsam war. Es gab einen Freitagabend im Februar, als Richard die Mädchen schon abgeholt hatte, bevor Tom und ich von der Arbeit nach Hause kamen, erschöpft von einer langen harten Woche. Toms Kinder waren nicht bei uns, das Haus war still, was ungewöhnlich war.

Stephen saß im Sessel, schaute Fernsehen und aß dabei. Er hatte seine geliebte blaue Freizeithose und ein marineblaues langärmliges Shirt an, die Ärmel bis zu den Ellbogen aufgerollt, seine nackten Füßen hingen über die Fußstützen des Sessels. Tom und ich entschieden, ins Kino zu gehen. Ich bat Tom, Stephen mit dazu einzuladen – auch wenn ich mich schuldig dabei fühlte, da wir nur selten Zeit für uns allein hatten. Er war einverstanden, wenn auch nicht gerade begeistert. Ich wusste, dass er lieber mit mir allein gegangen wäre. Ich sagte schließlich, dass ich Stephen fragen würde, so müsste er das nicht tun. Als ich ihm den Vorschlag unterbreitete, leuchteten Stephens Augen auf. Dann aber, nach einem kurzen Zögern, sagte er, dass er nicht mitkommen wolle.

Ich versuchte ihn zu überreden, es war eines dieser Gespräche, bei denen sich das Wesentliche ohne Worte mitteilt. Ich wollte wirklich, dass er mitkommt, und er wusste das. Auf der anderen Seite wollte ich Tom nicht enttäuschen. Da wir eine Familie mit acht Kindern zu managen hatten, brauchten wir dringend auch mal Zeit für uns allein. Ich denke, dass Stephen das genau spürte und er deshalb meine Einladung ausschlug. Es tat mir so leid, dass ich ihn nicht überreden konnte, ich sah doch, wie allein er war. Ich ließ ihn entscheiden, und diese Entscheidung war eine *für mich*. Er wusste das, und ich wusste, dass er es wusste. Es machte mich den ganzen Abend über sehr traurig.

Durch seine wachsende Reife war Stephen allmählich stark genug, sich nicht mehr den Einschüchterungsversuchen von Richard auszusetzen – er ging nur noch sehr selten zu ihm. Er hasste es, ihn zu besuchen, denn sein Stiefvater fand immer irgendeinen Fehler an ihm. Er würde, wenn überhaupt, nur noch zu ihm gehen, wenn seine neue Freundin ihre fünfzehnjährige Tochter mit bei ihm hätte. Er mochte dieses Mädchen sehr, wenn er nach einem solchen Treffen nach Hause kam, erzählte er von einer wunderbaren Zeit. Er hoffte, dass ihre Mutter und sein Stiefvater heiraten würden. Richard hatte eine ganze Reihe von Beziehungen, nachdem wir geschieden worden waren, keine davon hatte lang gehalten.

Stephen vertraute mir an, dass er sich jedes Mal, wenn er zu den verabredeten Zeiten nicht zu seinem Stiefvater ging, schuldig fühle – schuldig dafür, dass er nicht bei ihm sein wollte, obwohl er Richard liebte. Aber er mochte nicht in seiner Nähe sein. Schuldig dafür, dass er seinem Stiefvater jedes Mal wehtat, wenn er nicht kam. Richard rief ihn dann an und verstärkte seine Schuldgefühle, aber meistens blieb Stephen stark und redete sich mit anderen Verpflichtungen heraus. Die Male, an denen er doch nachgegeben hatte, war er nach seiner Heimkehr für Tage tief deprimiert.

Die Mädchen waren nicht so stark, sie willigten meistens in die Besuche ein. Auch als ich ihnen sagte, dass sie zu Hause bleiben könnten, gingen sie meist trotzdem, um Richard nicht zu kränken. Mit Debbie ging er nicht ganz so schlimm um, sie selbst war es, die manchmal sarkastische Kommentare darüber abließ, wie er sich den anderen gegenüber verhalten hatte.

Stephen trug eine Sporttasche auf dem Schulweg mit sich, sie wurde sein ganzes Geheimnis und seine höchst persönliche Handtasche. Alles kam dort hinein – Bücher, Socken, Kleidung und all die »mysteriösen« Dinge, die ein fünfzehnjähriger Junge mit sich herumschleppte. Einmal sah ich in seinem Zimmer einige Artikel aus der Drogerie. Ich fragte ihn, woher er die habe, woraufhin er meinte, er hätte sie gekauft. Ob er denn überhaupt genügend Geld hätte, fragte ich, oder ob er die Waren einfach mitgenommen hätte, ohne sie zu bezahlen. Er verneinte das.

Es gab da ein Jahr zuvor ein Erlebnis: Ich hatte aus Versehen den Telefonhörer des Nebenanschlusses abgenommen, während Stephen telefonierte, und gehört, wie sein Freund Ladendiebstähle erwähnte. Aus irgendeinem Grund hörte ich weiter zu, als Stephen sagte, dass er den Ring, den er trug, geklaut hätte. Damit konfrontierte ich ihn später, wobei ich zugab, das Gespräch belauscht zu haben. Er behauptete nun, dass er diesen Ring nicht gestohlen, sondern gekauft hätte, da aber alle anderen Kinder klauen würden und er sich außen vor fühlte, hätte er damit angegeben, dass auch er Dinge mitgehen ließ. Er war bisher immer ehrlich zu mir gewesen, ich hatte keinen Grund, seine Aussage zu bezweifeln. Er wusste sehr genau, dass ich niemals in seinem Zimmer herumgeschnüffelt oder seine Gespräche belauscht hatte. Meine Mutter hatte früher meine Privatsphäre akzeptiert, ich tat das bei meinen Kindern auch. Ich ging niemals in ihre Zimmer, wenn sie nicht zu Hause waren oder las ihre Briefe oder Tagebücher. Da sie das wussten, waren er und die anderen Kinder für gewöhnlich ehrlich zu mir und ließen ihre persönlichen Dinge offen liegen. Ich konnte akzeptieren, dass sie manchmal ihre Mutter einfach nicht alles wissen lassen wollten. Ich begrüßte das als ein Zeichen dafür, dass sie erwachsen wurden. Während ich nun also diesen kleinen Verdacht hegte, dass Stephen die Drogeriewaren gestohlen haben könnte, waren all meine früheren Erfahrungen mit ihm stärker und das Ganze war schnell vergessen.

Mir schmerzte jedes Mal das Herz, wenn ich ihn zur Schule fuhr. Er wirkte so einsam und verletzlich – mit hängenden Schultern, dem blauen Regenmantel, den er offen trug, lief er langsam ins Schulgebäude.

Ohne Ausnahme rief er mich jeden Nachmittag, bevor die Mädchen nach Hause kamen, um Viertel nach drei bei der Arbeit an. Wenn ich abhob, sagte eine vertraute Stimme: »Hi, Mama, ich bin's.« Oder manchmal: »Hi, Mama, ich bin's, Steve.« Er nannte sich selbst immer Steve, und ich rief ihn immer Stephen. Er hat niemals darum gebeten, dass ich ihn nicht Stephen nennen solle, aber er mochte es, sich selbst jedem gegenüber als Steve vorzustellen. Bei diesen Telefonaten fragte ich ihn, wie sein Tag war, oder er fragte mich, wie es mir ging. Wenn Zeit war, plauderten wir ein wenig, und ich spielte »Mutter« am Telefon. Wenn ich sehr beschäftigt war, war die Konversation kurz – es war nur ein Check, dass Stephen okay und ich da war. Manchmal diktierte ich ihm ein paar Sachen, die die Kinder erledigen sollten, bevor ich nach Hause kam: den Ofen einschalten für das Fleisch zum Abendessen, ihre Zimmer aufräumen und den Müll rausbringen. Unsere Telefonate endeten für gewöhnlich mit: »Mach's gut, mein Schatz. Ich liebe dich«, und er antwortete dann: »Mach's gut, Mama. Ich liebe dich auch.« Nach Stephens Anruf kamen meist noch welche von den Mädchen. Da ich für Tom als Assistentin und Sekretärin in einem eigenen Büro arbeitete, hatte ich die Möglichkeit, mit meinen Kindern in Kontakt zu sein, bis wir uns gegen fünf auf den Heimweg begaben. Sie machten sich eigentlich ganz gut, auch Debbie als diejenige, mit der es am schwierigsten war. Je nach Situation schimpfte ich, lachte mit ihnen, ermahnte sie oder schlichtete Streit.

Ich war nicht immer konsequent. Bei manchen Dingen, die man sicher hätte kritisieren und berichtigen müssen, lachte ich mit ihnen und umarmte sie. Für andere Dinge wiederum, die eigentlich Kleinigkeiten waren, tadelte ich sie. Ich wollte sie nicht physisch oder emotional bestrafen – das hatten sie während der letzten

Jahre viel zu oft erlebt. Meistens regte ich mich schrecklich auf oder ich umarmte sie oder ich sprach mit ihnen, um zu klären, was passiert war. Ich war einfach keine konsequente Erzieherin.

Die Fehler, die ich machte – und es waren eine Menge –, rührten vor allem daher, dass ich einfach keine Ahnung hatte, wie man Kinder erzog. Ohne Zweifel war ich in gewisser Weise auch selbstbezogen, ich war mit meiner Arbeit und der Ausbildung beschäftigt, zudem ständig etwas übermüdet. Dennoch war alles, was ich tat, von meiner unendlichen Liebe und dem Stolz für jedes einzelne meiner Kinder getragen. Sie alle schienen außergewöhnlich gute Kinder zu sein – etwas ganz und gar Besonderes. Ich hatte das Gefühl, dass uns nichts wirklich Schreckliches mehr passieren konnte, jetzt, da wir der Hölle entkommen waren, in der wir so lange aushalten mussten.

In verschiedener Hinsicht schien ihre Kindheit reicher und erfüllter zu sein, als meine es war. Sie hatten all die materiellen Dinge, die ich mir immer gewünscht hatte. Mir hatte es niemals an emotionaler Fürsorge und Liebe gefehlt – und ich hoffte, ihnen all das weitergegeben zu haben, was ich erhalten hatte. Dazu kam dann noch der berufliche Aspekt. Ich hatte meine Arbeit und meine Ausbildung, mein Leben war zum Teil auch getrennt von den ihren. Als sie reifer wurden, ließ ich ihnen einen gewissen Grad an Freiheit, eigene Entscheidungen zu treffen. Ich freute mich an ihren Fähigkeiten und sie sich an meinen. Ich hatte keinerlei Probleme damit, wenn sie sich von mir lösten, um zu wachsen. Im Grunde bezweifle ich, dass ich die gute Mutter war, die ich sein wollte oder glaubte zu sein, aber ich war auch nicht so schlecht, wie ich es hätte sein können. Die Zeit, der große Heiler, hat meine Erinnerungen an meine Schwächen vielleicht verblassen lassen und die an meine Stärken deutlicher hervorgehoben.

Stephens Stimmungen waren jeden Morgen weiterhin wechselhaft, bevor er zur Schule musste. Manchmal fand ich früh eine Notiz an meiner Zimmertür: »Ich schaffe es nicht, dorthin zu gehen. Bitte lass mich zu Hause bleiben und schlafen.« Dann ließ ich ihn schlafen, ich ging nicht einmal nach oben, um mit ihm zu sprechen. Seine Notizen waren so forsch geschrieben, so intensiv. Später rief er mich dann bei der Arbeit an, dankte mir und erzählte, wie es ihm ging.

Eines Nachmittags im frühen März kam er mit einem gelben Karate-Gürtel von der Schule nach Hause. Er erzählte, dass ihn sein Biologielehrer vor der Klasse Karate demonstrieren lassen hatte. Dieser Lehrer hatte einen schwarzen Gürtel und war somit berechtigt, Stephen zu prüfen und ihn auf die nächste Stufe zu heben – er erhielt den gelben Gürtel. Stephen war vor Stolz fast außer sich. Er trainierte noch härter, den gelben Gürtel immer ordentlich auf dem weißen Anzug, der inzwischen etwas kurz an den Beinen geworden war. Seine Karate-Kleidung war mittlerweile anderthalb Jahre alt und nach unzähligen Waschgängen wirkte sie ein wenig schmuddelig. Der schmutzige und viel benutzte weiße Gürtel, der niemals gewaschen worden war, hing an der Tür, er hatte seine Aufgabe erfüllt. Stephen bereitete sich für all die nächsten Stufen, alle Farben der Gürtel vor, denn er wollte unbedingt den schwarzen bekommen. Er liebte Karate und praktizierte nicht, um irgendjemandem wehzutun, wie er sagte, sondern um in Form zu bleiben, sich verteidigen zu können und stark zu sein. Er schaute weiterhin »Kung Fu«, jubelte den Guten zu, die die Bösen mit ihren sanften Worten und ihrer Kampfkunst besiegten. Er lieh sich Bücher über Hanteltraining, chinesische Philosophie, Karate und Kampfkünste in der Bibliothek aus. Er las und trainierte, er war diszipliniert und erstellte immer neue Übungspläne, die er erfüllen wollte. Nur wenige Kinder hätten eine solch strenge Lebensweise durchgehalten, er aber versuchte es und war unnachgiebig mit sich selbst, wenn er mal nachließ. Seine Helden strauchelten nie. Sie konnten auf hohe Gebäude hinaufspringen, sich mit der halben chinesischen Armee anlegen, wilde Tiere und Kriminelle mit einem sanft gesprochenen Wort und einem kühlen Blick stoppen.

Irgendwann hatte Stephen in der Schule einen Freund gewonnen und zu sich eingeladen, um mit ihm Karate zu üben. Als sie einen Kick trainierten, brach sich der Freund einen Finger. Stephen raste zu den Nachbarn über die Straße, die den Jungen zum Krankenhaus fuhren. Dann rief er mich bei der Arbeit an, beunruhigt, aber doch mit dem Gefühl, dass er diese Krise ganz gut gemeistert hätte. Die Nachbarn waren überaus hilfsbereit und dem Jungen ging es bald wieder gut. Es war eigentlich nichts Schlimmes passiert. Dennoch erlaubten die Eltern des Jungen nie wieder, dass er Stephen besuchte, und ich bin mir sicher, dass das für ihn ein harter Schlag war.

Ich hatte keine Ahnung, wie tief Stephens Einsamkeit und sein Schmerz waren. An den Wochenenden war er er selbst – er spielte mit seinen Geschwistern, unterrichtete sie und half ihnen bei den Hausaufgaben, er kochte, sah fern, trainierte Karate. Er war voller Leben und Lachen, und ich hatte den Eindruck, dass die Dinge für ihn vielleicht nun besser wären. Aber die Situation in der Schule brachte Stephens freundliches Wesen nach und nach zum Verlöschen. Erst heute, wenn ich zurückschaue, werde ich mir dessen schmerzhaft bewusst.

V

»Rainy Days and Mondays«

Gute Nacht, mein Fürst!
Und Engelscharen singen dich zur Ruh'!

Shakespeare, Hamlet

An einem Montagnachmittag, es war der 18. März, kam ich von der Arbeit nach Hause und Stephen war nicht da. Er hatte mich nicht wie sonst angerufen, und ich war so beschäftigt, dass auch ich nicht zu Hause anrief, um mich nach ihm zu erkundigen.

Auf meine Frage hin, wo er sei, meinte Andrea, er campe im Wald. Camping in der Schulzeit, mitten in der Woche? Die Mädchen erzählten, dass sie von der Schule gekommen wären und ihn beim Packen angetroffen hätten. Er hatte Sachen in seine Sporttasche gestopft und ein Schlafsack hätte bereitgelegen. Als sie fragten, was das zu bedeuten hätte, hätte er gesagt, dass er weggehen müsse. Sie sollten mir ausrichten, dass ich nicht versuchen sollte, ihn zu finden – er müsste einfach allein sein. Er würde die Nacht im Wald verbringen, und es würde ihm gut gehen.

Ich seufzte. Was sollte ich jetzt machen? An diesem Morgen hatte er wieder einmal nicht zur Schule gehen wollen, aber ich hatte darauf bestanden. Es verging eine halbe Stunde, und ich hörte kein Geräusch von oben, dass darauf hingewiesen hätte, dass er sich anzog. Da verlor ich die Geduld und wurde ärgerlich auf Stephen. Hier hatte etwas zu geschehen! Dass er sich weigerte, zur Schule zu gehen, war schlimm genug, zusätzlich hatte ich wieder einige Sachen aus der Drogerie auf seinem Bett liegen sehen. Und ich war mir ziemlich sicher, dass er die nicht gekauft hatte. Ich hatte nur keine Zeit gefunden oder sie mir nicht genommen, ihn darauf anzusprechen. Ich musste mich beeilen und für die Arbeit zurechtmachen. Ich fühlte mich gehetzt. Ich hatte einfach keine Idee, wie ich mit der Situation umgehen sollte, zumal ich ja wusste, wie unglücklich er in der Schule war. Es war ganz untypisch für mich, dass ich Tom bat, zu Stephen ins Zimmer zu gehen und ihm zu sagen, dass ich unbedingt wolle, dass er zur Schule geht. Außerdem solle er seine Sporttasche von heute an zu Hause lassen, denn ich wolle nicht, dass er sich weiterhin einfach in Geschäften bedient.

Ich bat Tom nur äußert selten, mit Stephen über irgendetwas zu sprechen. Normalerweise klärte ich alles selbst, was mit meinen Kindern, deren Problemen und Bedürfnissen zu tun hatte. Tom schenkte Stephen normalerweise auch nur wenig Beachtung. Vielleicht hatte sich ihr Verhältnis gebessert, weil die beiden ein paar Tage zuvor ein sehr langes Gespräch miteinander geführt hatten – sie wirkten plötzlich enger verbunden. Sie hatten über das Leben nach dem Tod und Reinkarnation gesprochen. Stephen stellte viele Fragen und war Feuer und Flamme für dieses Thema. Er wollte mehr darüber wissen, was wir in unserer Ausbildung lernten. Ich hatte gehofft, dass dies ein Zeichen dafür war, dass Stephen nun aus seinem Schneckenhaus herauskommen würde und Tom und mein Sohn mehr aufeinander zugehen könnten.

Nach ein paar Minuten war Tom aus Stephens Zimmer zurück, er hatte mit ihm gesprochen, ihm auch gesagt, dass er diese Tasche in Zukunft zu Hause lassen und sich nun für die Schule fertigmachen solle. Ich fragte nach Stephens Reaktion. Da wurden wir von einem der Mädchen unterbrochen, und ich erfuhr nicht mehr über das Gespräch.

Als wir zur Abfahrt bereit waren, schrie Stephen von oben, dass wir schon losgehen sollten, er würde heute zu Fuß zur Schule gehen. Es war noch gar nicht so lange her, als er mit uns zur Schule gefahren war. Danach war er aber gleich wieder nach Hause gegangen – er hatte wieder geschwänzt. Das hatte nun aufzuhören. Ich sagte ihm, wir würden warten, weil ich wolle, dass er mit uns fährt. Als er dann langsam ins Auto kletterte, bat ich ihn um das Versprechen, heute in der Schule zu bleiben, bis der Unterricht vorbei wäre. Ich meinerseits versicherte ihm, dass wir heute Abend über alles sprechen könnten und uns gemeinsam überlegen würden, wie es weitergeht. Ich entschied auch, dass ich nun endlich mit seinen Lehrern sprechen musste, ich hatte zu lange damit gewartet. Mehr als drei Monate waren vergangen und nichts hatte sich verbessert.

Wir saßen wieder alle drei ganz eng auf den Vordersitzen. Tom fuhr, ich saß in der Mitte, Stephen zu meiner Rechten an der Tür. Wieder drückte ich seine Knie und dachte, dass er sich noch immer so gut anfühlte wie als kleiner Junge. Er hielt den Kopf gesenkt und schwieg. Ich sagte ihm, er solle aufhören, Dinge zu stehlen, wenn er etwas bräuchte, würden wir es ihm kaufen oder ihm das Geld dafür geben. Als er schließlich aus dem Wagen stieg, verabschiedete ich mich mit den Worten, dass wir uns heute Abend alle zu Hause sehen würden, dann könnten wir weiter sprechen, womit er einverstanden war. Dann lief er, ohne zurückzusehen, mit hängenden Schultern und seinem blauen Regenmantel, der im Märzwind flatterte, zur Schule. Wieder tat es mir unbeschreiblich weh, ihn so leiden zu sehen. Er schien nur noch ein Schatten seiner selbst. Ein paar Tage zuvor hatte er den anderen Kindern seine gesamte Karateausrüstung und sein Taschenmesser gegeben. Dabei hatte er sein Karatezeug so sehr geliebt, ich war überrascht, dass er es verschenkt hatte.

Und nun war er für die Nacht weggegangen. Ich war sauer auf ihn. Er wusste doch, dass wir heute Abend miteinander sprechen wollten. Ich hatte genau geplant, wie es weitergehen könnte, aber er war einfach abgehauen, um wie damals in Alexandria im Wald zu übernachten. Diesmal aber würde ich nicht losgehen, um ihn zu finden. Er würde ohnehin nicht antworten. Er würde entweder heute Nacht, wenn es dunkel war, nach Hause kommen oder morgen. Wenn er wieder da wäre, würde ich strenger mit ihm sein. Vielleicht verhätschelte ich ihn zu sehr. Morgen würde er definitiv zur Schule gehen, wir würden die Dinge wieder geradebiegen. Die Schule hatte sich nicht genug um ihn gekümmert, das würde ich den Lehrern unmissverständlich klar machen.

Stephen kam in dieser Nacht nicht nach Hause, und ich war eher wütend als besorgt. Es war unsensibel von ihm, einfach wegzubleiben, wo er doch wusste, wie sehr ich mich beim letzten Mal um ihn gesorgt hatte. Ich konnte einfach nicht glauben, dass er so rücksichtslos sein konnte. Irgendwie passte das nicht zu ihm.

An diesem Abend schlief ich sofort ein, erwachte dann aber mitten in der Nacht, weil ich den Regen aufs Dach trommeln hörte. Eine tiefe Traurigkeit überwältigte mich, ich brach in Tränen aus. Mein Sohn war freiwillig draußen in der Dunkelheit und im strömenden Regen. Ganz sicher war ihm kalt, er war durchnässt und fühlte sich weggejagt und ungeliebt. Ich wollte loslaufen, ihn in der Dunkelheit finden, nach Hause bringen und einfach in den Armen halten. Ich liebte ihn so sehr. Wenn er die Nacht draußen im Wald, in Kälte und Regen, verbrachte, dann stand es wirklich schlecht um uns. Wenn er zurück wäre, würde ich mit ihm sprechen und danach sofort zur Schule gehen. Das schwor ich mir, als ich für ihn betete und schließlich wieder einschlief.

Am nächsten Tag ging ich nicht zur Arbeit. Ich hatte in der Nacht immer wieder wach gelegen. Ich konnte nicht im Büro sitzen, ich würde mir nur Sorgen machen, bevor ich nichts von Stephen gehört hätte. Ich wartete und wartete. Es war schon Mittag, und er war noch immer nicht zurückgekehrt. Ich telefonierte mit Tom, der nach der Arbeit seine Kinder abholen würde. Er würde etwas früher nach Hause kommen, dann könnten wir Stephen suchen oder die Kinder in den Wald schicken, damit sie ihn finden und ihm sagen, er solle nach Hause kommen. Tom konnte hören, wie durcheinander ich war, und er versicherte mir, dass wir Stephen finden würden.

Gegen vier Uhr am Nachmittag kamen Tom und die Kinder nach Hause. Während sie eine Kleinigkeit aßen, diskutierten wir, wie wir Stephen finden und wie wir mit seiner schrecklichen Situation in der Schule umgehen könnten. Plötzlich klingelte es an der Tür. Andrea öffnete und führte zwei Männer in dunklen Anzügen ins Zimmer. Sie zeigten mir ihre Dienstmarken, fragten mich nach meinem Namen und sagten, sie seien wegen Stephen hier.

O nein!, dachte ich ängstlich. Was um Himmels willen hatte Stephen getan, wieso hatte er Schwierigkeiten mit der Polizei?

Einer der Polizisten forderte uns freundlich zum Sitzen auf und führte uns zur Couch. Die beiden nahmen sich Stühle und setzten sich uns gegenüber. Die Kinder standen in der Tür.

Einer der Männer sprach nun sehr ruhig den folgenden Satz: »Ihr Sohn ist tot. Zwei Männer, die Feuerholz sammelten, fanden ihn im Wald.«

Es war, als hätte mir jemand mit dem Vorschlaghammer in den Magen geschlagen. Der Schmerz war so stark, dass ich nach Luft japste. Ich konnte weder Luft holen noch ausatmen. Irgendwann fragte ich nur: »Was? Was!?« Der Polizist sagte, dass die beiden Holzsammler Stephen im Wald gleich gegenüber von unserem Haus an einem Baum hängend gefunden und die Polizei gerufen hätten. Sie wären gekommen und hätten ihn vom Baum abgeschnitten.

Das konnte nicht möglich sein! Ganz sicher eine Verwechslung. Ich konnte nicht weinen. Der Schmerz in meinem Bauch war so stark, dass ich nicht einmal weinen konnte! Ich hörte das Stöhnen und Weinen der Kinder, aber der Schmerz hatte jede Faser meines Körpers blockiert. Ich wollte den Männern unbedingt Fragen stellen, aber ich konnte nicht sprechen. Der Schock und der Schmerz hatten allen Atem aus mir herausgepresst.

Der Polizist sagte, dass Stephen ein Notizbuch mit Nachrichten an uns hinterlassen hätte. Ich könne es jetzt lesen, wenn ich wollte, aber für ein paar Tage müssten sie es mitnehmen. Er reichte es mir. Ich las jede Seite, es klang so sehr nach Stephen, ich musste durch meinen Schmerz hindurch lächeln. An jeden von uns hatte er ein paar Worte voller Fürsorge und Trost geschrieben. Er hatte sogar ein paar Witze gerissen. Das war er, auch wenn mir diese Notizen ein weiteres Mal das Herz brachen. Denn diese Worte bestätigten, dass Stephen nicht mehr am Leben war. Mein Körper konnte die Worte hören und fühlen, aber mein Verstand konnte sie nicht voll erfassen. Vermutlich wartete ich nur darauf, dass Stephen jeden Moment zur Tür hereinkommen und sagen würde: »Es war nur ein Scherz, Mama. Du bist drauf reingefallen, oder?«

Der Polizist teilte uns mit, dass Stephens Körper draußen in einem Ambulanzwagen liegt. Er fragte uns, ob wir ihn gleich hier identifizieren würden. Das müsse sein, entweder hier oder im Leichenschauhaus. Seinen Körper? Ich hatte erst ein einziges Mal in meinem Leben einen toten Körper gesehen und mich danach übergeben müssen. Seinen Körper? Den Körper meines Babys! Stephen hatte mit einer Schlinge um seinen Hals an einem Baum gehangen. Wie konnte ich seinen kostbaren Körper mit einer Schlinge um den Hals anschauen? Wie konnte ich ihn mir tot ansehen? Ich wollte mein Kind nicht tot sehen! Ich konnte mich nicht überwinden, hinaus zu diesem Wagen zu gehen. Mein ganzes Leben lang war ich Beerdigungen und toten Körpern fern geblieben. Ich konnte nicht einmal an tote Körper denken. Wie konnte ich nun ausgerechnet den meines eigenen Sohnes ansehen?

Ich dachte an die Nachbarn, die wir kaum kannten. Es war völlig undenkbar, jetzt nach draußen zu gehen – wenn sie Stephen und mich sehen würden, unsere Familie in diesem Schmerz und in dieser Trauer, wenn man das Laken herunternehmen würde, damit ich ihn zum letzten Mal anschauen könnte … Ich konnte nicht klar denken, ich stand unter Schock, ich war krank. Mit aller Macht klammerte ich mich an das Gefühl, dass Stephen noch am Leben wäre, wenn ich ihn nie tot sehen würde.

Ich wusste nicht, was ich machen sollte. Irgendwie wollte ich ihn auch sehen, aber ich war geschockt und vollkommen erschüttert. Schließlich bat ich Tom, ihn zu identifizieren. Sie gingen nach draußen, und Tom kam mit Tränen in den Augen zurück. In den folgenden

Jahren habe ich ihn immer wieder gefragt, ob Stephens Augen aus ihren Höhlen gesprungen waren. Ich hatte einmal gelesen, dass bei Menschen, die sich erhängten, die Augen herausgedrückt würden. Er beteuerte, dass sie es nicht wären. Aber bis heute bin ich mir nicht sicher, ich weiß es einfach nicht. Der Polizist nahm das Notizbuch wieder an sich. Ich wollte es so gern behalten, aber sie erlaubten es mir nicht. Sie versprachen mir, es später zurückzugeben.

Der Ambulanzwagen fuhr ohne Sirenen wieder davon. Die Kinder weinten und waren am Boden zerstört. Ich umarmte Andrea und Debbie. Andrea schluchzte und schluchzte. Sie und Stephen waren von den vieren am engsten verbunden. Debbie hatte wahrscheinlich noch nicht ganz erfasst, dass Stephen nun nie mehr wieder zurück nach Hause kommen würde.

Als die Männer fort waren, schaute ich an mir herab auf meinen Schoß. Ich trug einen blau und rot gemusterten Flanellrock. Es war mein liebstes Stück, wenn ich gemütlich zu Hause war, warm und bequem. In einem Wutanfall riss ich ihn von meinem Körper und stopfte ihn tief in den Mülleimer. Am allerschlimmsten Tag meines gesamten Lebens hatte ich ihn getragen. Ich fühlte das dringende Bedürfnis zu baden und mir die Haut vom ganzen Körper zu schrubben. Ich wollte nichts weiter als sterben.

Wir mussten einige Leute anrufen – meine Eltern, meine Schwester, Richard, unseren Priester – alle, die Stephen geliebt und gekannt hatten. Ein Anruf folgte dem anderen, alle weinten, ich weinte.

Ich hätte die Mädchen so gern getröstet, doch ich fühlte immer wieder Wellen des Schmerzes wie scharfe Rasierklingen. Ich brachte die beiden zu Bett, hielt sie und versuchte, ihnen zu sagen, dass es Stephen gut ginge. Ich wollte, dass sie sich keine Sorgen machten. Dann fiel ich selbst ins Bett und weinte, bis ich nicht mehr atmen konnte. Dann setzte ich mich auf. Ich war vollkommen wach. Ich wollte aufhören, schnaubte mir die Nase – und weinte erneut. Mein Leben war zu Ende, mein Sohn war tot. Ich wollte auch sterben. »Stephen, Stephen, ich liebe dich, ich liebe dich.« Es war derselbe verzweifelte Schrei, den man seit Jahrhunderten von Eltern hörte, die ein Kind verloren hatten. In meinem Körper brannte es, als hätte man mir eine Fackel in Herz und Magen gestoßen.

Ich weinte und jammerte und stöhnte die ganze Nacht über. Ich versuchte, die Geräusche mit meiner Bettdecke abzudämpfen, ich dachte nicht daran, dass die Mädchen in ihren Zimmern vielleicht das Gleiche taten wie ich. Tom hielt mich fest, während ich wieder und wieder vor mich hin plapperte, dass ich in den Wald hätte gehen sollen, um Stephen zu finden, dass er so viel mehr hatte leiden müssen, als ich dachte. Ich wollte nur noch sterben.

Jedem gab ich die Schuld. Richard hatte ihn mit seinem ewigen bösartigen Gemecker umgebracht. Die Menschen aus der Kirche und ihre harten Urteile hatten ihn getötet. Die grausamen, lieblosen Schüler und Lehrer seiner Schule hatten es geschehen lassen. Vor allem aber: Ich hatte ihn umgebracht! Ich hatte nicht mitbekommen, dass es ihm so schlecht ging, dass er lieber tot sein wollte. Tom hielt mich, tröstete mich und hörte zu. Mein Weinen hielt uns die ganze Nacht wach.

Kurz vor Tagesanbruch schlief ich erschöpft für eine Stunde ein. Ich erwachte und spürte die Sonne auf meinem Gesicht. Ich sah mich um und war glücklich. Ich blickte hinüber zu Tom und beobachtete, wie er schlief. Und dann kam die Erinnerung zurück! Der Schmerz ergriff mein Herz, meinen Magen, meinen Kopf. Ich stöhnte vor Verzweiflung. Ich weinte unaufhörlich. Dabei wachte Tom auf, er hielt mich fest und versuchte, mich zu trösten. Ich war unfähig, mich zu bewegen, ich schaffte es kaum bis ins Bad. Ich wollte liegen bleiben und schlafen und nie mehr erwachen. Stephen war tot. Mein Sohn, mein geliebter Sohn! Er hatte doch alles, wofür es sich zu leben lohnte! So schlecht konnten die Dinge doch gar nicht gewesen sein! Doch, sie mussten mehr als schlecht gewesen sein, sonst hätte er den Tod nicht dem Leben vorgezogen.

Ich versuchte, mich an seine Notizen zu erinnern. Er hatte mir versichert, er würde mit mir kommunizieren, ich solle den Kanal offen lassen. Diese Worte, die er am Ende seines Lebens aufgeschrieben hatte, waren tröstlich, manchmal sogar witzig. Er hatte notiert, dass er die letzten mit dem Strick um seinen Hals geschrieben habe. Ich hatte meiner Mutter erzählt, dass er, während er sterbend dort hing, weitergeschrieben hätte. Wie lange wird er da gehangen haben, bis er erdrosselt war? Später lernte ich, dass er die Notizen natürlich gemacht hatte, bevor er in den Tod sprang, auch wenn er die Schlinge schon um den Hals hatte. Er hatte noch nicht gehangen. Aber für einige Tage hatte ich dieses Bild im Kopf: Er baumelt dort, teilweise schon erstickt, klammert sich an den Stift und schreibt seine letzten Worte.

Am Morgen nach dem Tag, an dem wir die Nachricht von Stephens Tod erhalten hatten, fuhren wir zu Bob, um es ihm persönlich zu sagen. Bob, der ohnehin schon viel durchmachte, musste obendrein auch noch mit dem Tod seines Bruders fertig werden. Kurz vor Stephens Tod war die beiden ins Kino gegangen, sie schienen einen schönen Abend gehabt zu haben. Es war das erste Mal seit langem, dass die beiden wie Kumpels waren.

Endlich wirkten sie wieder wie liebevolle Brüder und Freunde, sie hatten Spaß miteinander. Und wenig später hatte Stephen sich umgebracht. Wie würde Bob das aufnehmen? Ich nahm ihn in die Arme und sagte ihm, dass sein Bruder gestorben sei. Während ich ihn hielt und zu trösten versuchte, schluchzte er völlig unkontrolliert. Ich hatte damals nur ein sehr begrenztes Wissen über solche erschütternden, elementaren Ereignisse wie den Tod, und so sagte ich alle möglichen Dummheiten: dass Stephen das Recht habe, sich umzubringen, und dass wir es verstehen müssten. Erst später begriff ich, dass er natürlich das Recht hatte, sich zu töten, es war sein Leben, aber wir hätten irgendetwas tun müssen, um ihn aufzuhalten, bis er klarer denken konnte und eine sinnvollere Entscheidung hätte treffen können. In den nächsten Wochen war es für Bob besonders schwierig. Der Rest der Familie war beieinander, aber er war für sich allein. Ich hatte ihn immer sehr gern gehabt. Jetzt aber war er plötzlich der einzige Sohn, den ich noch hatte. Ich wollte alles tun, alles, damit es ihm besser ginge.

Nachden ich wieder zu Hause war, wählte ich die Nummer, die mir einer der Polizisten gegeben hatte. Sie hatten noch all die Sachen, die sie bei Stephen gefunden hatten, als sie ihn vom Baum geschnitten hatten. Wir vereinbarten, dass ich am nächsten Tag auf die Dienststelle kommen solle. Außerdem fragten sie mich, welche Anordnung wir für Stephens Leiche getroffen hätten. Das musste ich erst einmal mit Tom besprechen.

In seinen Notizen hatte Stephen von Verbrennen gesprochen. Ich konnte die Vorstellung jedoch nicht aushalten, wie sein Körper dem Feuer übergeben werden würde, aber ebenso wenig wollte ich, dass er ganz allein in der Erde vergraben würde. Erst ein paar Monate zuvor hatte ich gelesen, dass kaum Kinderkörper den Krankenhäusern für die Forschung gespendet würden. In dem Artikel wiesen die Mediziner darauf hin, wie wichtig junge Leichen wären, sie könnten helfen, das Leben anderer Kinder zu retten. Ich hatte damals die ganz naive Vorstellung, dass sie bei dieser Art der Forschung vielleicht den Mund öffnen würden, um in die Kehle zu schauen, sie würden sich die Augen und die Ohren betrachten, den Körper so untersuchen, wie es ein Arzt bei einem allgemeinen Gesundheitscheck machte. Ich war verrückt genug zu glauben, dass sie alle wichtigen Daten aufschreiben würden, um seinen Körper dann für immer als Ausstellungsstück aufzubewahren. Autopsie, das war nur ein Wort, ich hatte überhaupt keine visuelle oder intellektuelle Vorstellung davon. So untröstlich und denkunfähig, wie ich war, entschied ich, seinen Körper der Wissenschaft zu schenken, als einen Akt der Liebe für Stephen und die Kinder der Zukunft. Eigentlich, so sagte ich mir, könnte das Stephens Geschenk an die Welt sein. Um Organe zu spenden, war es schon viel zu spät. Sein Körper war erst zwanzig oder mehr Stunden nach seinem Tod gefunden worden. Aber den toten Körper jetzt zu spenden, das war etwas, welches er und ich nun für andere tun konnten.

Ich teilte dies der Polizei mit, und sie waren bereit, sich um alles zu kümmern. Wir holten seine Sachen ab, und man nannte uns den Namen eines Krankenhauses, in dem wir die Papiere für diese Spende unterzeichnen mussten.

Im Auto umarmte und wiegte ich die Plastiktüte mit Stephens Sachen. Sein Schlafsack und die Kleidung waren auf dem Rücksitz. Diese Tüte enthielt seinen geliebten silbernen Ring, auch seine Uhr war darin, aber sie ging nicht mehr. Ich fand seine Brieftasche, in der nur seine Sozialversicherungskarte steckte, aber darauf hatte er mit seinem Namen unterschrieben, ich hielt sie an meine Wange und weinte. Sie hatten das Seil aufgewickelt und mit zu seinen Sachen gegeben. Ich entrollte es, weil ich sehen wollte, an welcher Stelle der Strick seinen Hals berührt hatte. Aber ich begriff, dass sie ihn ja vom Baum geschnitten und diesen Teil des Seiles natürlich nicht mitgeschickt hatten.

Ich nahm das Notizbuch zur Hand, in dem Stephen seine letzten Worte niedergeschrieben hatte. Auf der ersten Seite stand: »Bitte geben Sie dieses Buch meiner Mutter« ... Oh, Stephen!

Mit einer Mischung aus Schmerz und Angst fuhr ich zum Krankenhaus, um die Formulare zu unterschreiben. Eine übertrieben freundliche Schwester reichte mir die Papiere über die Theke, auf denen ich bestätigen sollte, Stephens Körper der Medizin zu überlassen. Ich war schon bereit, meinen Namen unter das Schreiben zu setzen, als mich plötzlich das Gefühl überfiel, dass ich seinen Körper unbedingt zurückhaben müsste. Ich wollte seinen wunderbaren Leib nicht an irgendjemanden spenden, niemals! Ich musste losrennen, um seinen Körper zu finden, ihn an mich zu reißen, ihn mit nach Hause zu nehmen, ich würde ihn in mein Bett legen, ihn umarmen, festhalten und bis in alle Ewigkeit beschützen.

Panik überwältigte mich, doch ich versuchte, nach außen hin ruhig zu wirken. »Ich möchte den Körper meines Sohnes sehen«, sagte ich zu der Krankenschwester. Mein geheimer Plan war, ihn mir zu schnappen und damit wegzulaufen, ich wollte aber nicht, dass die Schwester irgendetwas davon ahnte.

STEVE DENNIS
[redacted]
NEW ORCHARD
DRIVE.
[redacted]
RIGHT ACROSS
BRIDGE.
GIVE THIS
BOOK TO MY
MOM, PLEASE

STEPHEN DENNIS
[redacted]
NEW ORCHARD
DRIVE
[redacted]
NAHE DER BRÜCKE.
BITTE GEBEN SIE
DIESES BUCH
MEINER MUTTER.

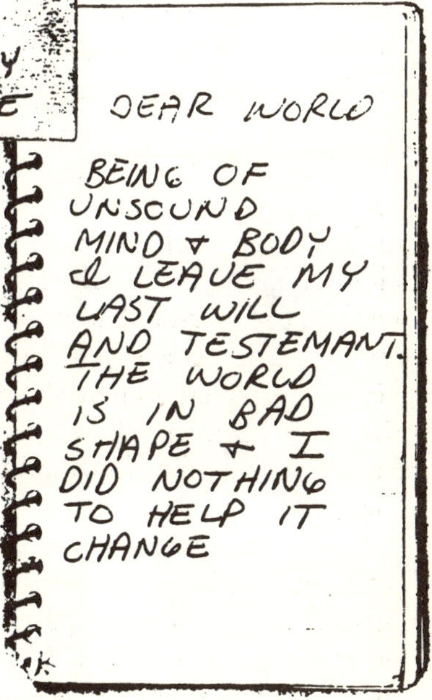

DEAR WORLD

BEING OF
UNSOUND
MIND + BODY
I LEAVE MY
LAST WILL
AND TESTEMANT.
THE WORLD
IS IN BAD
SHAPE + I
DID NOTHING
TO HELP IT
CHANGE

LIEBE WELT,
MIT KRANKEM KOPF
UND KRANKEM
KÖRPER HINTER-
LASSE ICH MEINEN
LETZTEN WILLEN
UND MEIN TESTA-
MENT. DIE WELT IST
IN EINEM SCHLIM-
MEN ZUSTAND –
ICH TAT NICHTS,
IHR ZU HELFEN.

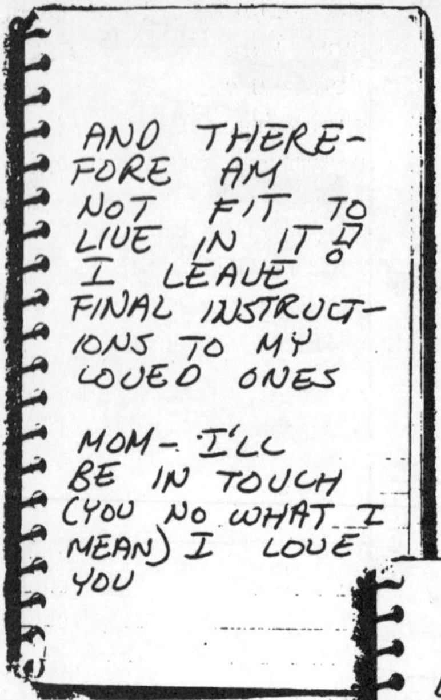

DESHALB: ICH BIN NICHT GEEIGNET DAFÜR, IN DIESER WELT ZU LEBEN! ICH GEBE LETZTE INFORMATIONEN AN MEINE LIEBEN

MAMA –
WIR WERDEN IN KONTAKT BLEIBEN (DU WEISST, WAS ICH MEINE). ICH LIEBE DICH

DAD, VERSUCH ES MIT KARATE, MACH DIE DINGE, DIE DU IMMER MACHEN WOLLTEST. WENN ES EIN LEBEN NACH DEM TOD GIBT, LASS ICH ES DICH IRGENDWIE WISSEN! ICH LIEBE DICH AUF EINE BESONDERE WEISE.

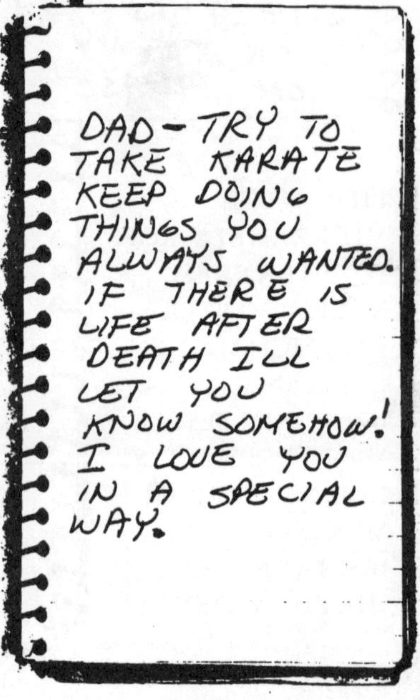

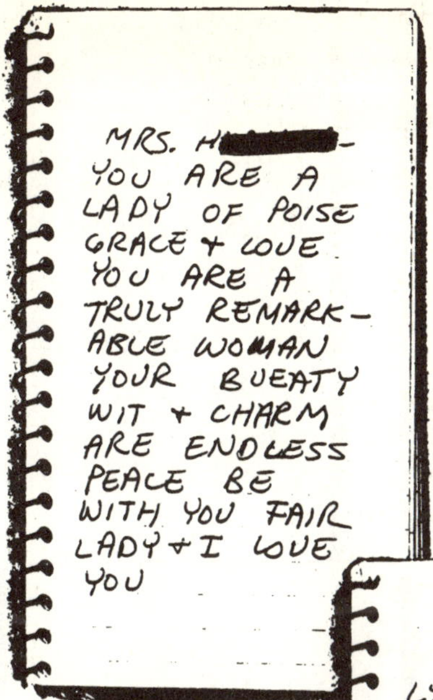

MRS. H[redacted]
SIE SIND EINE LADY VON GELASSENHEIT, ANMUT UND LIEBE, WIRKLICH EINE UNVERGESSLICHE FRAU. IHRE SCHÖNHEIT, IHR GEIST UND IHR CHARME SIND UNENDLICH. FRIEDE SEI MIT IHNEN, SCHÖNE FRAU – ICH LIEBE SIE

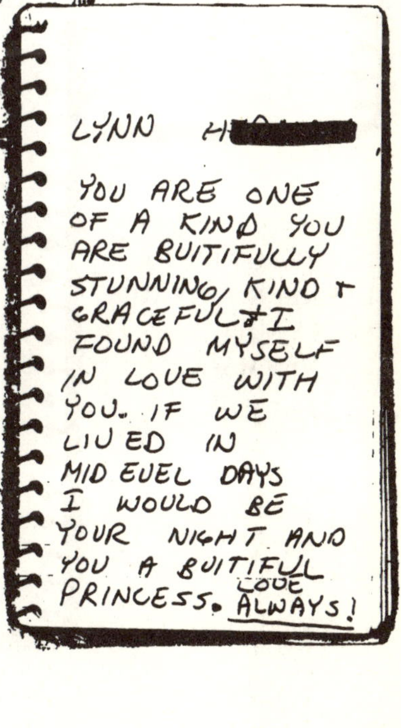

LYNN H[redacted]
DU BIST UNVERGLEICHLICH; DU BIST SCHÖN, FANTASTISCH, LIEBENSWÜRDIG, HÜBSCH, ICH MUSSTE FESTSTELLEN, DASS ICH MICH IN DICH VERLIEBT HABE. WÜRDEN WIR IM MITTELALTER LEBEN, WÄRE ICH DEIN RITTER UND DU EINE WUNDERSCHÖNE PRINZESSIN. IN LIEBE. FÜR IMMER!

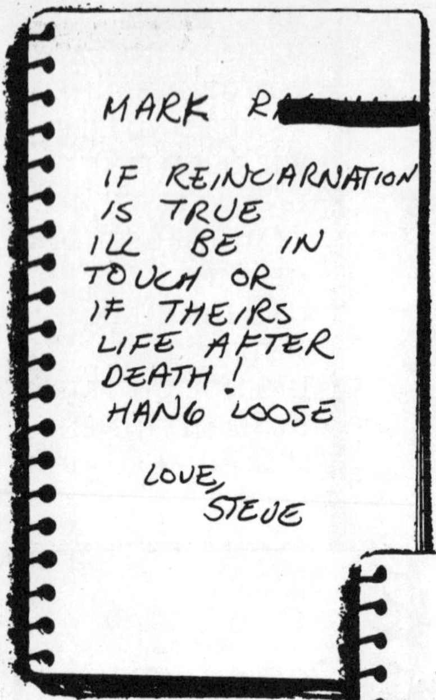

MARK R[redacted]
WENN ES WIRKLICH
REINKARNATION
GIBT, BLEIBEN WIR
IN KONTAKT. ODER
WENN ES EIN LEBEN
NACH DEM TOD
GIBT!
GEH ES LOCKER AN
IN LIEBE, STEVE

TOM,
IMMER MIT EINEM
LÄCHELN. PASS AUF
MAMA AUF!
DAS KARMA-KID

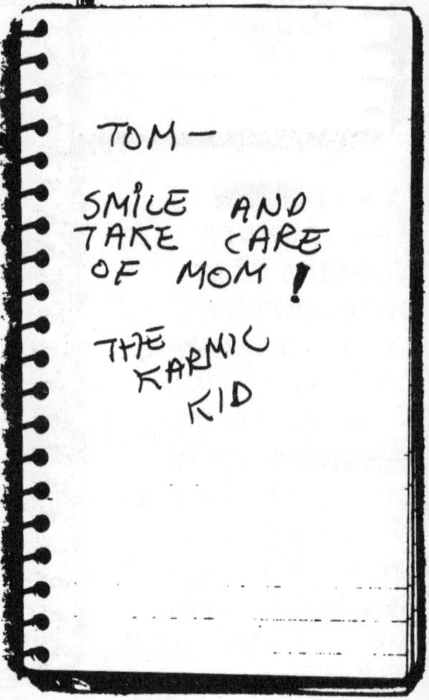

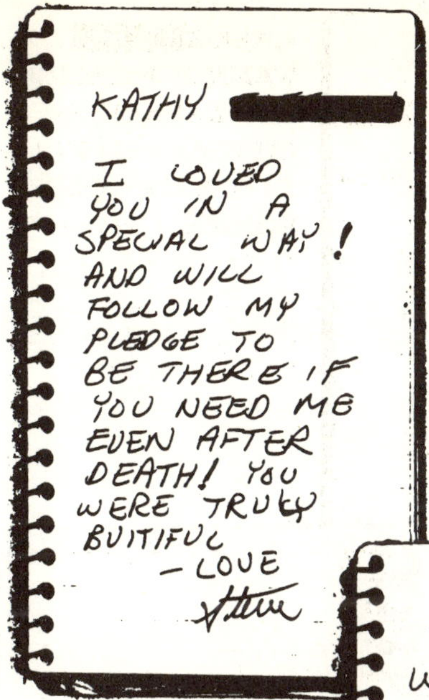

KATHY [redacted]
DICH LIEBTE ICH
AUF EINE GANZ
BESONDERE WEISE!
MEIN VERSPRE-
CHEN GILT: ICH
BIN FÜR DICH DA,
WENN DU MICH
BRAUCHST, AUCH
NACH DEM TOD! DU
WARST WIRKLICH
SCHÖN
IN LIEBE, STEVE

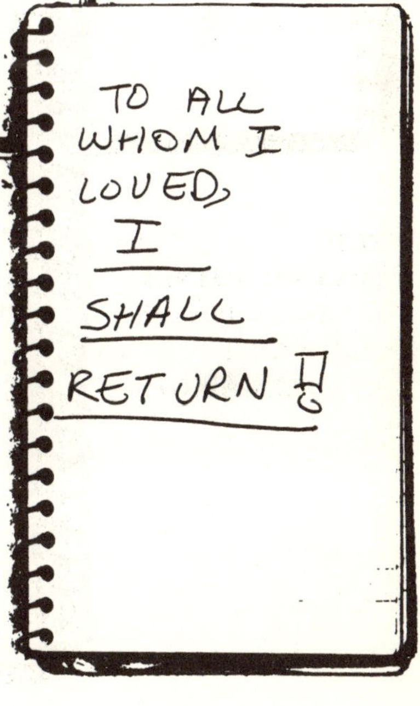

AN ALLE,
DIE ICH LIEBTE:
ICH WERDE
WIEDERKOMMEN!

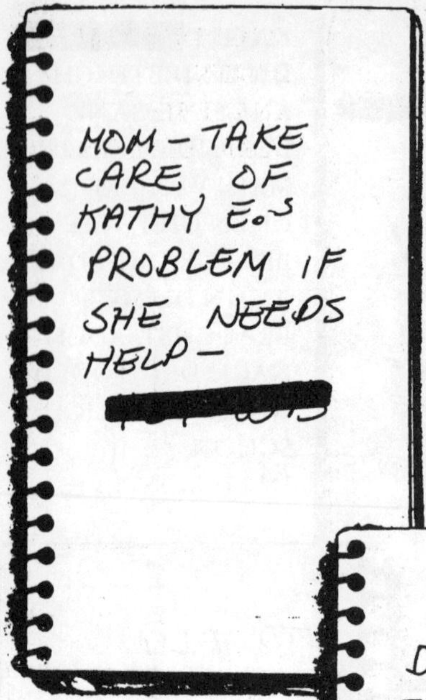

KÜMMERE DICH UM
KATHY E., WENN
SIE BEI IHREM
PROBLEM HILFE
BRAUCHT –
[redacted]

DAD –
GENIESSE DAS
LEBEN.
UND PASS AUF
MRS. H[redacted]
+ LYNN AUF

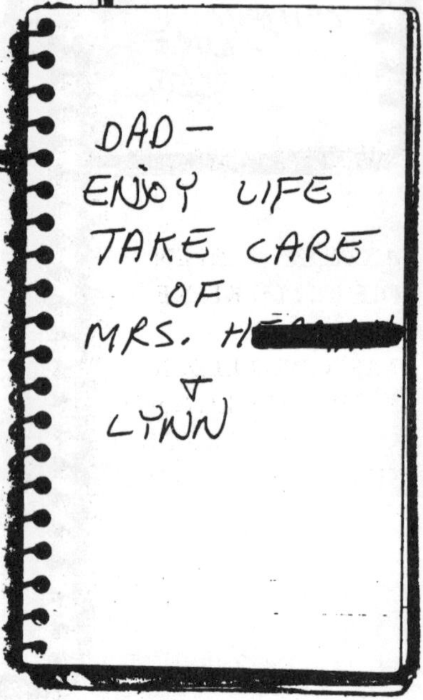

ZEIGT DIESE SEITEN
DENEN,
AN DIE SIE
GERICHTET SIND!

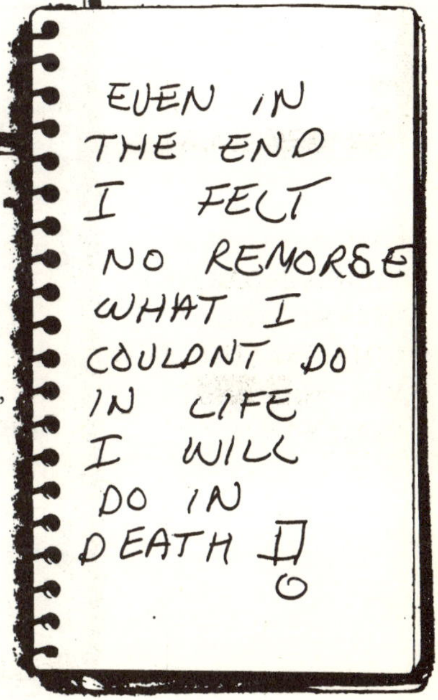

JETZT IM STERBEN
FÜHLE ICH KEINE
REUE,
WAS ICH IM LEBEN
NICHT TUN KONNTE,
WERDE ICH IM TOD
TUN!

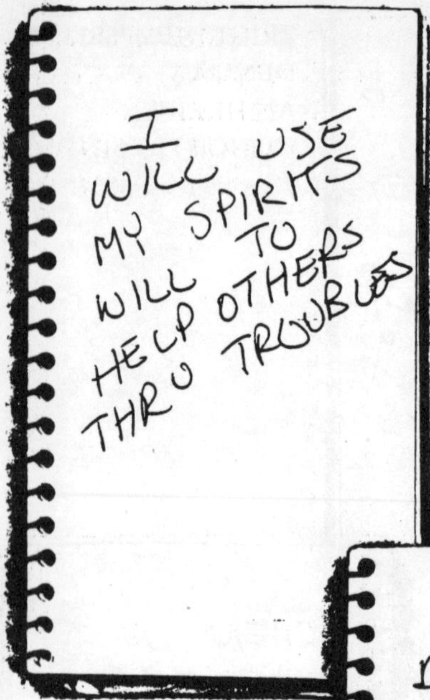

ICH WERDE MEINE GEISTIGEN KRÄFTE NUTZEN, UM ANDEREN IN IHREN SCHWEREN ZEITEN ZU HELFEN.

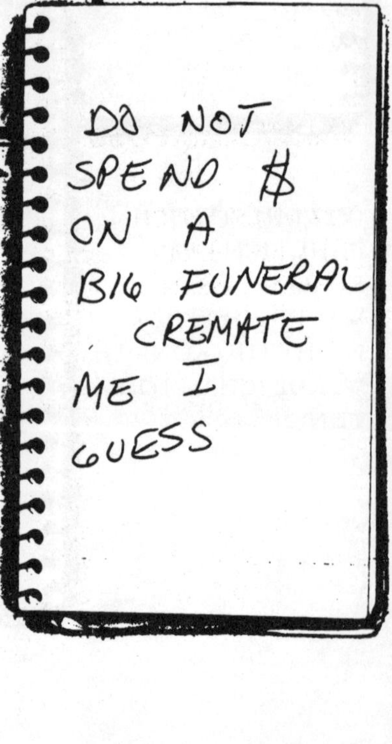

GEBT NICHT SO VIELE $ FÜR MEINE BEERDIGUNG AUS. ICH DENKE, EINE VERBRENNUNG WÄRE GUT.

ICH MUSS NOCH
EIN PAAR BÜCHER
SCHREIBEN –
ALSO LASST DEN
KANAL OFFEN!

ICH WERDE EUCH
DIE WAHRHEIT
WISSEN LASSEN

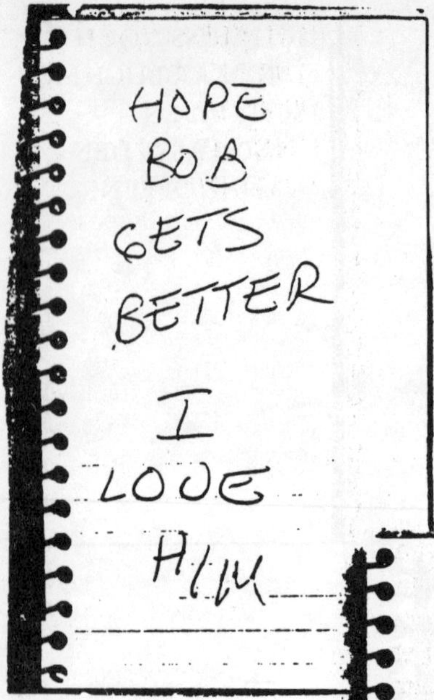

ICH HOFFE, BOB
GEHT ES BESSER.
ICH LIEBE IHN

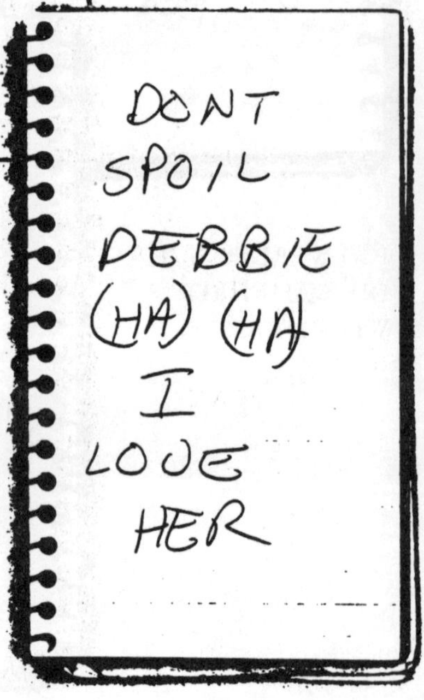

VERDERBT MIR
DEBBIE NICHT
(HA) (HA)
ICH LIEBE SIE

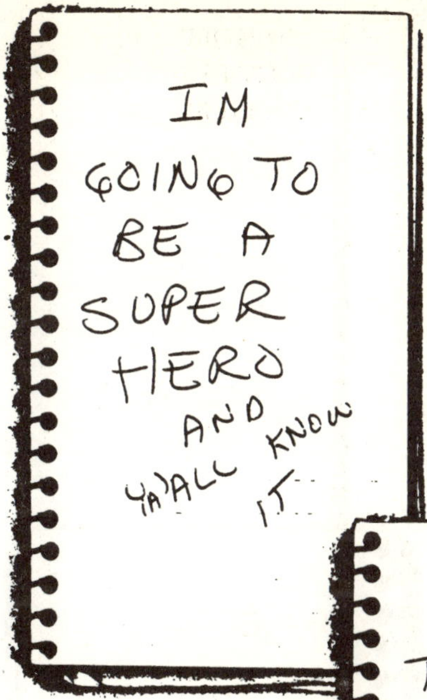

ICH WERDE EIN
SUPERHELD
WERDEN,
UND IHR ALLE
WISST DAS

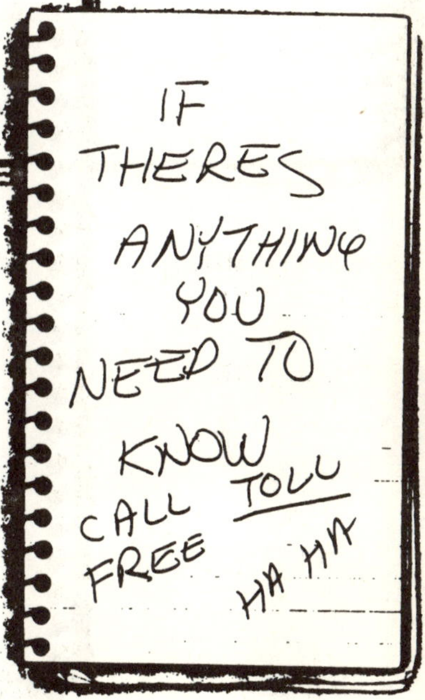

WENN IHR IRGEND-
ETWAS WISSEN
WOLLT,
RUFT MICH
KOSTENLOS AN
HA HA

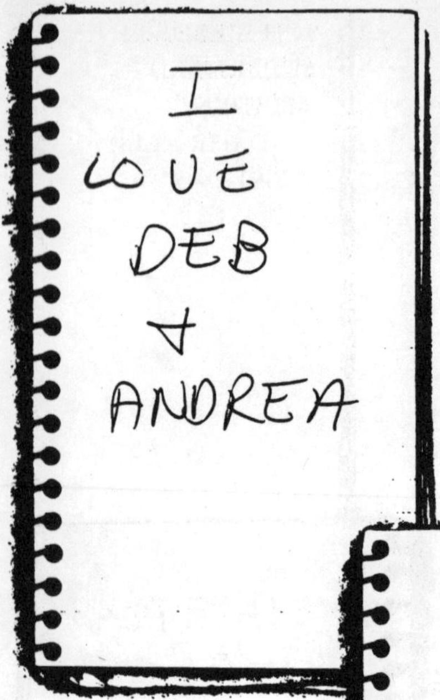

ICH LIEBE DEB +
ANDREA

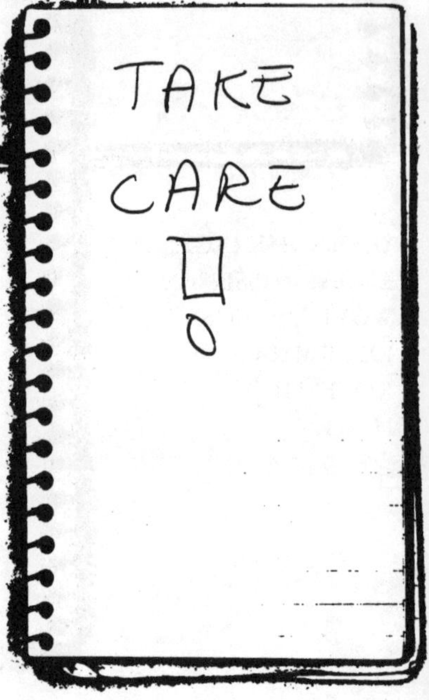

MACHT'S GUT!

ICH LIEBE ...
IN LIEBE
STEVE

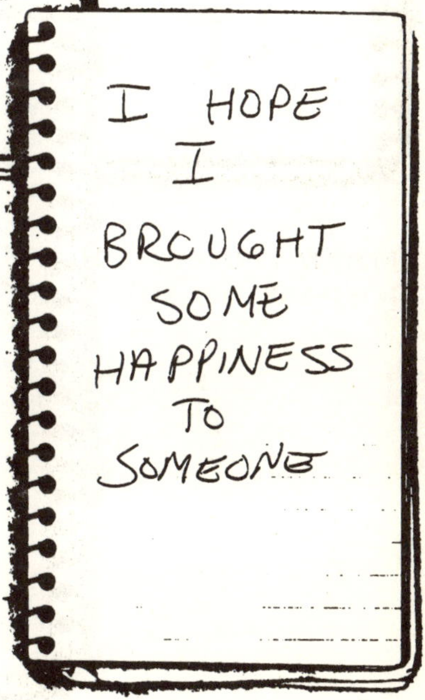

ICH HOFFE, ICH
HABE MANCHEN
ETWAS GLÜCK
GEBRACHT

ICH HABE MEINEN
ABARTIGEN
HUMOR BIS ZUM
ENDE BEHALTEN!

JA,
ICH HABE GEKLAUT

ICH LIEBE KATHY +
LYNN

LEUTE, DIE SICH
ÜBER ANDERE
LUSTIG MACHEN,
SIND EINFACH
SCHEISSE.

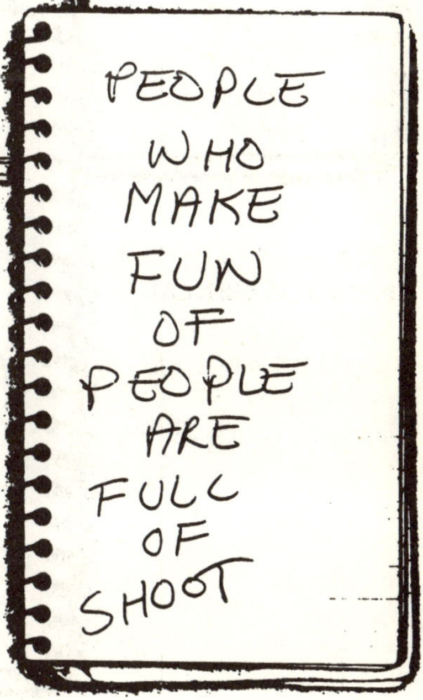

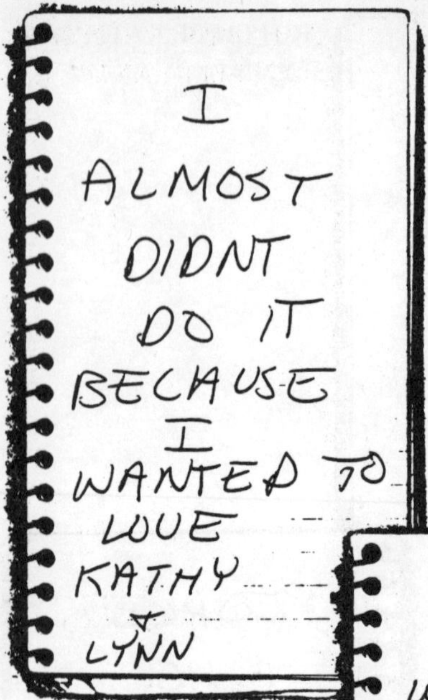

ICH TAT ES FAST
NIE,
DA ICH KATHY +
LYNN LIEBEN
WOLLTE

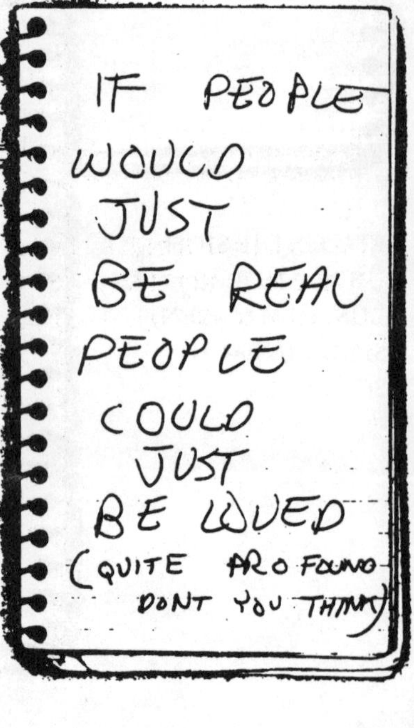

LEUTE, DIE EINFACH
NUR ECHT SIND,
WÜRDEN AUCH
GELIEBT WERDEN
(ZIEMLICH
TIEFSINNIG, ODER?)

MEINE SACHEN SIND AM FELDRAND!

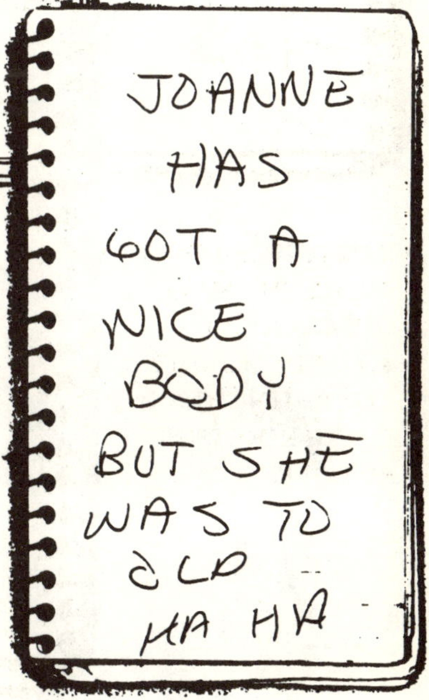

JOANNE HAT EINEN HÜBSCHEN KÖRPER, ABER SIE WAR ZU ALT, HA HA

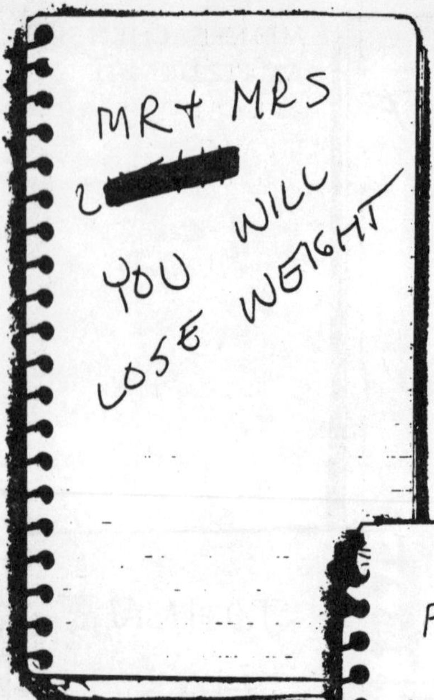

MR + MRS L[redacted]
SIE WERDEN
ABNEHMEN.

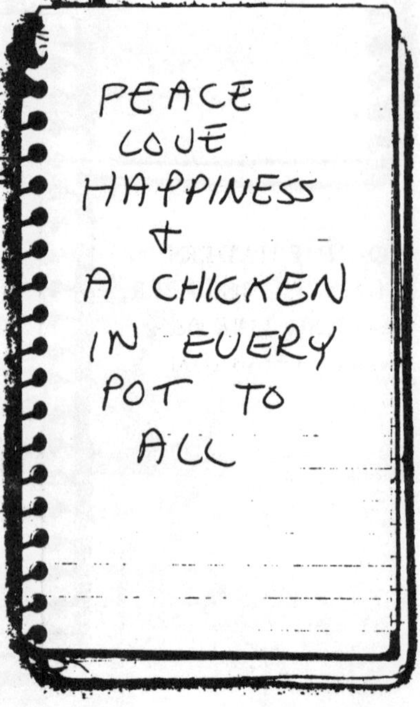

FRIEDEN
LIEBE
GLÜCK
+
EIN HÜHNCHEN IN
JEDEM KOCHTOPF
FÜR ALLE

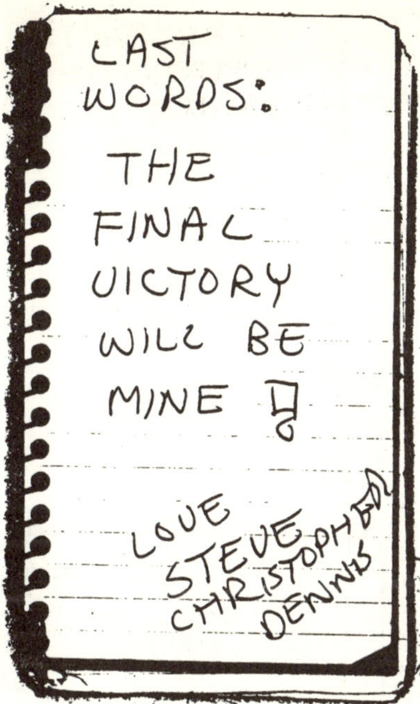

DIE LETZTEN
WORTE:
DER LETZTE SIEG
IST MEINER!
IN LIEBE
STEVE
CHRISTOPHER
DENNIS

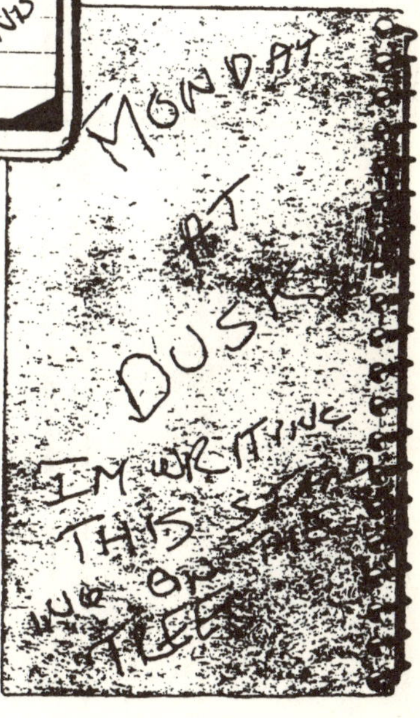

MONTAG IN DER
DÄMMERUNG,
ICH SCHREIBE DAS
AUF EINEM BAUM

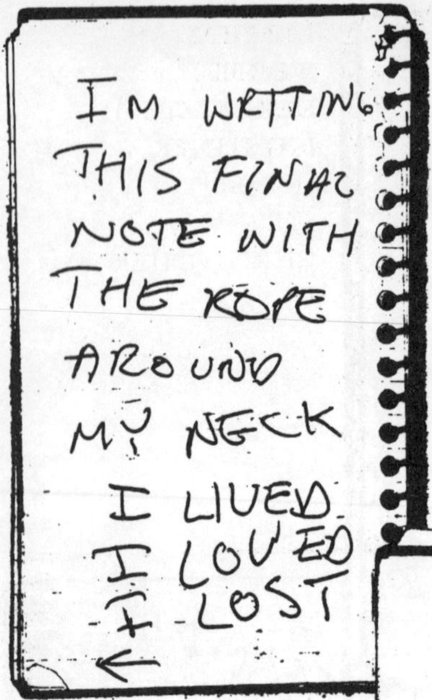

DIESE LETZTEN
WORTE SCHREIBE
ICH MIT EINER
SCHLINGE UM
MEINEN HALS.
ICH LEBTE
ICH LIEBTE
ICH VERLOR

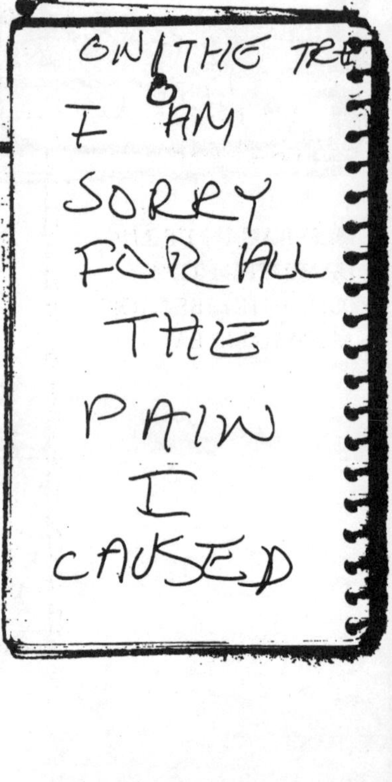

AUF DEM BAUM
BITTE VERZEIHT MIR
DIE SCHMERZEN, DIE
ICH VERURSACHT
HABE

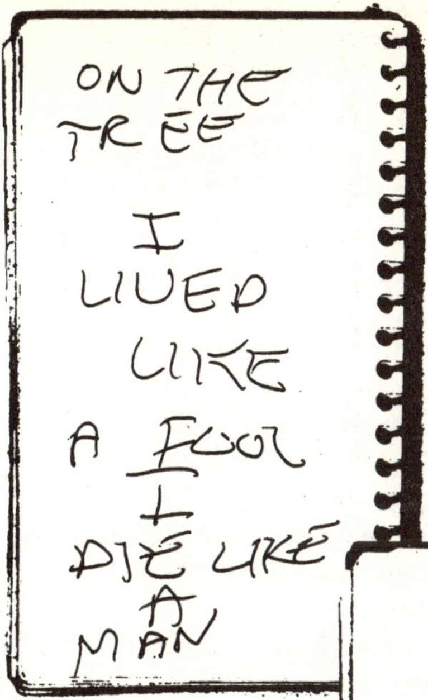

AUF DEM BAUM
ICH LEBTE WIE EIN
NARR
ICH STERBE WIE EIN
MANN

ICH BAT GOTT, MICH
AUFZUHALTEN,
WENN ICH ES NICHT
TUN SOLLTE

»Es tut mir leid, aber Sie können ihn nicht sehen«, sagte sie vorsichtig.

»Bitte! Ich möchte seinen Körper sehen, nur für eine Minute. Ich muss ihn jetzt sehen«, bettelte ich.

Mein Herz wurde mir schwer wie ein Stein, als sie antwortete: »Es tut mir wirklich leid, aber er ist nicht hier. Er wurde schon ins Leichenschauhaus von Baltimore überführt. Von dort aus wird er ins Universitätskrankenhaus kommen.«

Ich fühlte mich, als müsste ich gleich schreien, heulen, kreischen, die Türen des Krankenhauses aufbrechen, durch die Gänge rasen, um Stephens Körper zu finden und aus diesen Räumen herauszutragen. Doch ich wusste, dass sie die Wahrheit sagte. Es gab nichts, was ich tun konnte. Wenn ich jetzt in diesem Leichenschauhaus anrufen würde, um zu sagen, dass sie Stephens Körper nun doch nicht haben könnten, dass ich ihn zurückhaben müsste – sie würden mich für verrückt erklären. Was sollte ich auch mit seinem toten Körper anfangen? Ich konnte es nicht ertragen, wenn er beerdigt oder verbrannte würde. Und ich konnte ihn nicht hier lassen.

Wieder versuchte ich mir einzureden, wie vielen Kindern es helfen würde, wenn die Ärzte an Stephens Leichnam Studien betreiben würden. Er selbst konnte diesen Körper ja ohnehin nicht mehr gebrauchen. Noch immer hatte ich überhaupt keine Vorstellung davon, was während einer solchen Autopsie zu Forschungszwecken geschah und in welchem Zustand sein Körper nachher wäre. Ein Teil von mir fühlte sich schuldig, weil ich seinen Körper weggegeben hatte, ein anderer bemühte sich um die Erinnerung daran, dass dies einigen Kindern, vielleicht sogar vielen Kindern, helfen würde. Über Jahre hinweg erfuhr ich nicht, dass ich hätte darum bitten können, dass sie mir nach der Autopsie seine Asche übergeben würden. Es sagte mir einfach niemand, dass der Körper dennoch verbrannt und beigesetzt werden könnte. Irgendwie schien es so zu sein, als würde Stephens Körper für alle Zeiten am Leben bleiben, nur weil ich ihn spenden würde.

Wir entschieden uns also für eine Gedenkfeier an Stelle einer Beerdigung. Wo aber sollte diese Feier stattfinden? Die meisten seiner Freunde kannte er aus der alten Kirche oder aus der Nachbarschaft, in der wir so viele Jahre lang gelebt hatten. Da Stephen nicht zu der Kirche gehörte, die für Tom und mich so wichtig geworden war, kam sie nicht in Frage, auch wenn man dort sehr gern diese Feier ausgerichtet hätte. Ich besprach mich mit Richard, und gemeinsam entschieden wir, dass es für uns alle und für Stephen das Beste sein würde, wenn wir die Zeremonie in der alten Kirche durchführten – unabhängig davon, was geschehen war. Für Tom und mich stand die Priesterweihe kurz bevor, deshalb sagte ich Richard, dass wir beide die Gedenkfeier leiten wollen, er selbst könne uns dabei unterstützen. Ganz ohne Zweifel würden die Priester dieser Kirche, der wir schon eine ganze Zeit nicht mehr angehörten, diese Veranstaltung nicht mit so viel Liebe und ehrlichem Empfinden abhakten, wie wir es tun würden. Richard willigte widerstrebend ein und verwies uns zur weiteren Besprechung an einen der Priester.

Dieser Geistliche war ein alter Freund von Richard und, so dachte ich zumindest, auch von mir. Er sagte, dass die Kirche sehr glücklich wäre, wenn diese Gedenkfeier in ihren Räumen stattfinden würde, doch wäre es absolut unmöglich, dass Tom und ich diesen Gottesdienst leiten könnten. Ich entgegnete, dass Richard, Tom und ich bereits darüber gesprochen hätten, dass wir übereingekommen wären, dass genau diese Art der Feier den tiefen Spalt zwischen uns heilen könnte. Obwohl wir nun andere Wege gehen würden, waren wir weiterhin sehr vielen Menschen dieser Kirche eng verbunden, und sie nahmen auch weiterhin Anteil an unserem Leben. Vor allem aber war Stephen mein Sohn und als seine Mutter, die zugleich eine Kandidatin für das Priesteramt war, würde niemand diese Gedenkfeier besser und liebevoller abhalten können als ich. Er entgegnete, dass die Kirche das aber nicht erlauben würde und dass auch Richard es nicht wirklich wolle. Wir sprachen nie wieder miteinander.

Richard beschloss, dass die Feier ohne uns abgehalten würde. Ich protestierte heftig, aber ohne Erfolg. Ich musste mir anhören, dass Richard Stephen für geisteskrank erklärte und dass ich versuchen würde, ihn als normal zu verteidigen. Ich argumentierte, dass er sicherlich häufig in einer gedrückten Stimmung gewesen sei, doch er wäre keinesfalls geistig krank. Richard warf mir vor, dass ich an Stephens Tod schuld sei. Er schleuderte mir grausam ins Gesicht, dass Stephen noch am Leben wäre, wenn ich ihn nicht verlassen hätte. Das wiederholte er bei jeder Gelegenheit, sogar den Mädchen gegenüber.

In dieser Zeit hatte ich große Mühe, bei meiner Version der Wahrheit zu bleiben und mich selbst wieder daran zu erinnern, dass Stephen nicht sein Kind war. Richard war es doch gewesen, der nichts als Leid in sein junges Leben gebracht hatte, in unser aller Leben! Er hatte einfach kein Recht dazu, jetzt so zu tun, als hätte diesem Jungen sein großes Interesse und seine ganze Liebe gegolten! Seine Kirche hatte Stephen wie einen Aussätzigen behandelt, nachdem ich ihn verlassen hatte. Keiner von diesen Leuten hatte das Recht, das letzte Ritual für meinen Sohn anzuleiten und Anteilnahme zu heucheln. Als Stephen noch am Leben war, hatten sie nichts getan, um ihn zu unterstützen. Im Gegenteil: Sie hatten ihn beunruhigt und verwirrt. Jetzt war er tot, und es war zu spät, sich um ihn zu bemühen! Ich war wütend, verletzt, und ich fühlte mich hilflos. Sie hatten einfach kein Recht, ohne meine Erlaubnis diesen Gottesdienst abzuhalten. Richard durfte nicht so anmaßend sein! Doch ich sah keinen Weg, wie ich ihn aufhalten könnte.

Es blieb uns nichts weiter übrig, als zu überlegen, wie wir für uns selbst angemessen Abschied von Stephen nehmen könnten. So entschieden wir uns, eine Gedenkfeier bei uns zu Hause abzuhalten, wir nahmen auch nicht das Angebot unserer neuen Kirche an. Wir wollten nur ein paar enge Freunde und Menschen einladen, die Stephen liebten. Richard sollte nicht dabei sein. Wir würden Briefe und Notizen von Stephen lesen, unserer Liebe für ihn Ausdruck verleihen und eine Art Gottesdienst zu Ehren seines kurzen Lebens und seines Todes gestalten, in der Weise, die wir für passend hielten.

Die Gedenkfeier für Stephen war für den 23. März anberaumt. Im Vorfeld hatten wir darum gebeten, dass keine Blumen geschickt würden. Wenn unsere Freunde fragten, was sie stattdessen tun könnten, schlugen wir vor, dass sie für eine gemeinnützige Organisation ihrer Wahl in Stephens Namen spendeten. Am Tag vor der Feier fuhren Tom und ich zum Supermarkt. Ich ging durch die Reihen, lud Lebensmittel und Getränke in den Einkaufswagen, die wir nach der Feierstunde den Gästen anbieten würden. Plötzlich überfiel mich der Schmerz über den Verlust meines Sohnes so heftig, dass mir die Beine wegsackten. Ich stützte mich auf den Wagen, um mich irgendwie aufrecht zu halten. Die Leute gingen mit einem Lächeln an mir vorbei, als wäre nichts geschehen. Ich wollte sie anschreien: »Habt ihr überhaupt eine Ahnung, was passiert ist? Mein Sohn ist tot! Hört auf zu grinsen! Mein Kind ist tot! Hört auf, so glücklich herumzulaufen! Hört doch auf, so blöd zu lächeln!« Warum konnte ich nicht einfach sterben, hier auf der Stelle, und damit diesem Schmerz ein Ende setzen? Wie konnten diese Leute so glücklich sein, wenn mich so schlimme Schmerzen peinigten?

Als wir an der Abteilung mit den Blumen vorbeikamen, musste ich unbedingt einen Strauß mitnehmen – auch wenn ich das den anderen verboten hatte. Ich sah ein wunderschönes Arrangement aus rosafarbenen Rosen, vielen kleinen weißen Blüten und Grün. Diesen wählte ich aus und drückte ihn an mich.

Wir kamen zurück nach Hause, die Mädchen waren da, und bald traf auch meine Mutter ein. Cathie, eine Freundin, hatte für uns das gesamte Haus geputzt. Stephen hatte sie besonders gern gemocht, für sie und ihren Mann hatte er diese witzige Notiz über ihr Gewicht hinterlassen. Als wir ins Haus kamen, rannte Cathie uns entgegen. Aufgeregt rief sie: »Als ihr weg wart, hörte ich Schritte oben aus Stephens Zimmer. Aber als ich hochging, war niemand dort. Ich lief also wieder nach unten, um hier weiterzuputzen, da hörte ich es erneut. Und dann vernahm ich eine Stimme. Es war Stephen! Er bat mich, seiner Mutter eine Nachricht zu hinterlassen.«

Sie las uns etwas vor, das sie sich in der Eile hatte diktieren lassen. Es klang wirklich nach Stephen, ich überlegte aber, ob Cathie nicht einfach nur versuchte, mir etwas Gutes zu tun. Vielleicht war es auch so, dass sie gern eine Stimme hören wollte, dass sie wollte, dass Stephen zu ihr sprach. Ich wusste es nicht. Trotz meiner Skepsis hoffte ich natürlich, dass es wahr sei. Erst Jahre später konnte ich akzeptieren, was für ein Geschenk das war.

Ich dankte Cathie, aber sie konnte in meinen Augen deutlich Zweifel sehen. »Es ist wahr«, jammerte sie, »er ist nicht gestorben. Er lebt. Stephen lebt weiter.« Ich wünschte, ich könnte die Dinge so positiv sehen. Wenn all diese Thesen vom Leben nach dem Tod wahr wären, warum hatte er dann nicht zu mir gesprochen? Ich war seine Mutter! Ich war es, die seine Stimme hören musste. Warum redete er nicht zu mir? Eifersucht, Trauer und Hoffnung kämpften in mir. Wir erzählten allen, was Cathie erlebt hatte, aber irgendwie fühlte ich mich nicht getröstet und erleichterrt. Und ich konnte auch nicht glauben, dass es wahr sei. Ich lief in mein Zimmer und bettelte Stephen innerlich an, zu mir zu sprechen. Dann weinte ich und bat ihn wieder und wieder. Hören konnte ich nichts.

Ich arrangierte die Rosen in einer Vase und stellte sie auf den Sims über den Kamin. Ich brachte eine Karte daran an, auf der stand: »In Erinnerung an Stephen«. Am Tag der Feier tauschte einer unserer geistlichen Freunde diese Karte gegen eine andere aus: »Im Gedenken an Stephen.«

Jeden Tag kamen Karten, Telegramme und Briefe von Menschen, die von Stephens Tod gehört hatten. Einige kamen persönlich vorbei und versuchten, uns zu trösten. Andere hingegen deuteten, wenn auch vorsichtig, an, das Stephen geistig gestört gewesen sein muss. Ich war in der Verteidigungsposition. Ich dachte überhaupt nicht, dass er in irgendeiner Weise geisteskrank war, ich wusste eigentlich nicht einmal genau, was die Leute mit diesem Begriff meinten, aber ich hatte selbst keine Erklärung dafür, warum sich mein Sohn das Leben genommen hatte.

Es gab einige, die sich wegen dieses Selbstmordes so unwohl fühlten, dass sie einfach nicht wussten, wie sie sich uns gegenüber benehmen sollten. Manche von ihnen hätte ich erwürgen können! Zum Beispiel die, die sagten: »Gott wollte Stephen wieder bei sich haben.« Oder die, die mir versicherten: »Gott konnte voraussehen, welche Schmerzen und Leiden in Stephens Zukunft lagen, deshalb rief er ihn nach Hause.« Diese Phrasen klangen nicht nach der Wahrheit.

Eine liebe Freundin schrieb: »Wir trauern mit dir. Wir lieben dich und sind immer da, wenn du uns brauchst.« Ich wusste, dass sie es aufrichtig meinte. Die Mutter eines Freundes von Stephen sandte uns eine Karte mit den Worten: »Der gefangene Vogel ist nun frei.« Auch diesen Gruß fand ich tröstlich.

Ein anderer Freund schrieb: »Ich bin sicher, dass die Zukunft die Antworten auf all seine Fragen bereithält. Jemand, der so sensibel ist, wird ein nächstes Leben voller Glanz und Schönheit erfahren.«

Durch eine solche Art der Anteilnahme war ich immer wieder für ein paar Momente getröstet. Einer der schönsten und auch hilfreichsten Briefe kam von einer Frau aus unserer alten Kirche, die Stephen sehr gut gekannt hatte, sie liebte ihn. Sie erinnerte mich daran, wie Stephen und ich eines Sonntags mit ihrer Familie vor der Kirche gesessen hatten. Stephen hatte ihrer Tochter damals einen Heiratsantrag gemacht. Er war neun, sie war sechzehn. Er bat sie, auf ihn zu warten und ihn zu heiraten, wenn er erwachsen geworden wäre. Diese Geschichte hob meine Stimmung. Es war, als hätte mir jemand ein besonders schönes Geschenk gemacht, da es mir die Erinnerung an etwas zurückbrachte, was ich vergessen hatte und was sonst nie wieder erzählt worden wäre. Für mich waren diese Erinnerungen wie kostbare Juwelen.

Eine andere Freundin, Joanna, an die eine von Stephens Nachrichten gerichtet war, schrieb: »Wie kann ein Mensch den Schmerz eines anderen heilen? Ich kann nur sagen, dass ich dein Leid teile. Erinnere dich daran, dass er immer auch Gottes Kind war. Er war jung an Jahren, aber Jahre sagen überhaupt nichts über einen Menschen wie Stephen aus. Er war eine solch schöne Seele. Alle, die ihn kannten, fühlten sich durch ihn berührt. Keiner von uns wird jemals wieder derselbe sein. Jeder von uns hat jetzt ein neues Bewusstsein dafür bekommen, was Leben heißt. Wir alle fühlen den Schmerz mit dir, und wir alle versuchen in unseren verwirrten Gedanken zu verstehen, was niemals leicht zu begreifen ist: Tod. Dennoch, er ist nicht gestorben, und genau das kann deine Hoffnung sein. Wenn der erste Schmerz vorbei ist und du die Kanäle öffnest, wirst du mit ihm kommunizieren können. Stephen wird immer mit dir sein, und Gott ist immer mit dir. Er fühlt deinen Schmerz. Schau zu ihm, wenn du Linderung brauchst, wenn dir die Gewissheit fehlt, dass der Tod nicht das Ende ist, sondern ein anderer Anfang. Frieden sei mit dir und all meine Liebe.«

Es gab einige Menschen, die Gedichte schrieben oder auf eine andere Weise ihre Gefühle ausdrückten, die Stephens Leben und sein Tod in ihnen ausgelöst hatte. Manche brachten tröstliche Nachrichten von der anderen Seite, die sie in Bezug auf das Geschehene empfangen hatten. Manchmal half mir das durchaus, auch wenn ich innerlich zweifelte, ob diese Meldungen auch authentisch waren. Ich zeigte allen die Notizen, die

Stephen hinterlassen hatte. Dann weinten, lachten und trauerten die Freunde gemeinsam mit mir.

Ich wünschte mir innig, dass irgendjemand aus der alten Kirche oder von sonst wo her, Kinderfotos von Stephen schicken würde. Niemand aber tat das. Es wäre ein solches Geschenk für mich gewesen. Seither versuche ich immer, wenn jemand stirbt, Fotos von diesem Menschen zu finden, die ich dann an seine Hinterbliebenen schicke.

Was mir in dieser Zeit am meisten geholfen hat, waren Begegnungen mit Freunden. Wir saßen zusammen, und wir teilten die Erinnerungen an Stephens Leben miteinander, wenn sie von ihm sprachen, und mir zuhörten, was ich über meinen Sohn erzählen wollte. Außerdem half es mir, wenn wir offen darüber diskutieren konnten, wie er gestorben ist, wenn Fragen gestellt wurden, sobald die Leute ihre Verlegenheit überwinden konnten. Es machte mich wütend, wenn irgendjemand, der sich uns gegenüber schäbig benommen hatte, plötzlich schrieb und damit prahlte, dass er in Stephens Namen eine Spende an irgendeine Einrichtung gegeben hatte. Auf der anderen Seite berührte es mich sehr, als eine größere Firma, mit der wir zusammenarbeiteten, eine Schenkung an ein Kinderkrankenhaus machte – im Namen von Stephen. Meine Gefühle lagen blank. Ich war hin- und hergerissen zwischen Ärger und tiefer Berührtheit. Aber nichts konnte die große innere Leere in mir füllen.

Am Nachmittag des 23. März, es war ein Sonntag, begannen wir mit der Feier. Diane und Henry halfen uns. Wir vier, die den Gottesdienst leiteten, saßen in einer

Reihe vorn auf Stühlen. Unsere Freunde nahmen auf geliehenen Klappstühlen Platz, die das ganze Wohnzimmer, den Eingangsbereich und den Flur füllten.

Ich drehte mich ein bisschen weg und sah aus dem Fenster. Durch meinen Kopf sausten alle möglichen verrückten Gedanken. Ich erinnerte mich daran, wie ich nach Weihnachten die festliche Dekoration wieder in die Kisten verstaut hatte. Auch diese acht besonderen Kerzen für die Kinder waren dabei – und genau diese Kiste fiel mir aus Versehen zu Boden. Eine Kerze brach in der Mitte durch – ein Kind würde beim nächsten Fest ohne Kerze sein. Immer wieder hatte ich nach einem Ständer gesucht, der die zerbrochene Kerze halten konnte, aber ich hatte keinen gefunden. Dabei hätte ich doch begreifen müssen, dass das ein Zeichen war! Nur noch sieben Kerzen. Ein Kind würde sterben. Und nun war ein Kind gestorben!

Um die Feier ohne ununterbrochenes Weinen abhalten zu können, impfte ich mir ein, dass ich bald täglich mit Stephen würde kommunizieren können. Alle Zweifel, die ich diesbezüglich hatte, verbannte ich aus meinem Kopf. Mit meiner ganzen Kraft, meinem Mut und meinem Glauben wollte ich zeigen, dass ein Verstorbener weiterlebte. Sein Bewusstsein würde in einer anderen Dimension weiterexistieren. Wenn es mir möglich sein würde, darauf absolut zu vertrauen – als die Mutter meines geliebten Stephen, der sich selbst umgebracht hatte, der sich an einem Baum gleich auf der anderen Seite der Straße erhängt hatte –, dann musste das viele andere Menschen trösten, die ebenfalls einen geliebten Anverwandten verloren hatten.

Wir warteten, bis alle saßen und wir beginnen konnten. Plötzlich vernahm ich eine Stimme in meinem Kopf: »Geh in dein Schlafzimmer und nimm dort ein Buch. Es ist im siebten Stapel von der Badtür aus, gegenüber von der Wand mit dem Fenster, das siebzehnte Buch von oben. Such es heraus und öffne es.«

Wie kam diese Stimme in meinen Kopf? Es war nicht Stephen. Ich konnte nicht einmal sagen, ob sie zu einem Mann oder einer Frau gehörte. Ganz sicher war es auch keiner meiner drei Geistführer, die ich über die letzten Wochen völlig vergessen hatte. Ich flüsterte Tom zu, was ich gehört hatte, entschuldigte mich und ging durch den Eingangsbereich nach oben ins Schlafzimmer, so wie mir gesagt wurde.

An jeder Wand waren dort Bücher aufgestapelt, manchmal bis halb unter die Decke. Ich zählte die Stapel ab, dann die Bücher. Das siebzehnte nahm ich heraus. Es war *The Wisdom of Gibran*, von Khalil Gibran, dem Autor von *Der Prophet*. Letzteres hatte ich gelesen, aber dieses hier? Ich hatte es niemals zuvor bei uns zu Hause gesehen, geschweige denn in Händen gehalten. Es sah neu aus und wirkte makellos, als wäre es nie aufgeschlagen worden.

Ich öffnete es an einer beliebigen Stelle. Sie war markiert mit einem T, für »Tod«. Ich begann zu lesen:

> *Die Realität des Lebens ist das Leben selbst. Es beginnt nicht im Mutterleib, und es endet auch nicht im Grab. Die Jahre, die vergehen, sind nichts gegen einen Moment in der Ewigkeit des Lebens. Und die Welt der Dinge und alles in ihr ist nichts als ein Traum im Vergleich zu dem Erwachen, dass wir als den schrecklichen Tod benennen.*
>
> *Die Seele ist ein Embryo im Körper des Menschen, und der Tag des Todes ist der Tag der Geburt, für sie ist es die hohe Zeit der Wehen und die reichste Stunde der Schöpfung. Der Tod ist das Ende für den Erdensohn,*

doch für die Seele ist er der Beginn und der Triumph des Lebendigen.
Der Tod beendet alles, doch nicht die Berührung und das Bewusstsein aller gnadenvollen Güte. Und wer zuvor einen Frühling erlebte oder ein paar mehr, der erfährt nun das seelische Sein dessen, der aus der Quelle des Frühlings selbst lebt.

Noch einmal fühlte ich mich inspiriert, das Buch zu öffnen. Diesmal landete ich bei U – »Unsterblichkeit«:

Der Tod auf der Erde, der Tod eines Erdensohnes
ist endlich, für die Seele aber, die unsterblich ist,
ist er nichts als ein Neubeginn,
das siegreiche Wissen, sie ist Sein …

Würde ich nicht die Unsterblichkeit ersehnen, niemals hätte ich die Melodie erlernt, die seit Anbeginn der Zeiten gesungen wird. Ich würde mir das Leben nehmen, und nichts mehr würde an mich erinnern, außer der Asche in meinem Grab.
Dunkelheit ist das Leben, das endet wie die Nacht im ersten Sonnenlicht des Tages. Die Sehnsucht meines Herzens ist es, die mir sagt: Im Grab ist tiefer Frieden.
Wenn dir Unwissende sagen, die Seele würde mit dem Körper vergehen und die Gestorbenen kämen nie zurück, dann sag ihnen: Die Blumen vergehen, doch ihr Samen überdauert, er liegt vor uns als das Geheimnis des ewigen Lebens.

Das war unglaublich! Mein Herz schlug so laut, dass ich es in meinem Kopf hören konnte. Meinen gesamten Körper überzog eine Gänsehaut, Tränen stürzten mir aus den Augen. Ich drückte das Buch an mein Herz und weinte. Ich war so tief bewegt und voller Dankbarkeit. Ich wusste, dass ich dieses Buch nie zuvor gelesen hatte, ganz sicher hatte ich diese Passagen noch niemals gehört. Es war so wunderschön! Irgendjemand war hier, um mir zu helfen. Es war also wahr: Stephen lebte! Bald würde er zu mir sprechen, genauso wie die Stimme, die mich zu diesen wundervollen und tröstlichen Worten geführt hatte.

Ich trocknete meine Tränen, ging wieder nach unten und setzte mich. Das Buch hatte ich bei mir, als die Feier begann. Wir hatten Texte von Stephen vorbereitet. Tom las etwas, das wir in seinem Zimmer bei all seinen Schreibsachen gefunden hatten. Trotz der Tatsache, dass Stephen damals noch sehr jung war, schien gerade der folgende Text von großer Reife zu zeugen. Es war unzweifelhaft Stephens eigene Dichtung. Überall waren Worte durchgestrichen und ausgebessert. Es begann so:

Es wurde vom Wind geflüstert, es wurde über die weiten Ebenen geschrieen, es brach ein in die stille Ruhe der höchsten Berggipfel, und sogar die tiefsten Gewalten der Meere schienen die schreckliche Nachricht vernommen zu haben. Und eine mächtige Welle rollte schäumend auf die Brandung zu und krachte mit einem entsetzlichen Getöse an Land und brachte die Botschaft, dass die feurige Sonne und der freundliche Mond gestorben waren.
In diesem Moment, wie zu keiner Zeit, seit es Menschen gab, war die Ordnung auf dem bescheidenen Planeten mit Namen Erde wiederhergestellt. Ein jeder Mensch stoppte sein argwöhnisches Wachen über sein persönliches Schicksal und streckte die Hand nach

der Hilfe aus, die nur in dem Trost zu finden ist, nicht allein zu sein. Ob schwarz oder weiß, reich oder arm, alle Menschen waren vereint in ihrer Trauer um die Sonne und ihrem Schmerz für den Mond.
Und im Innenhof des Feuertempels, schwarz verhüllt, die Hände nach oben gerissen, ein angstvolles Lied an einen weit entfernten, versteckten Gott singend, stand ein schwacher, ergrauter, religiöser Mann – in einer Zeit, in der keine Religion existierte und man glaubte, Gott sei tot. Als der Mann seine Aufgabe erfüllt hatte, lächelte er, senkte die Arme und reiste weiter. Als er am Tor innehielt, war der zarte Beginn eines Sonnenaufgangs am Horizont zu sehen.

Als ich an die Reihe kam, erzählte ich allen von der Stimme, die ich vernommen hatte. Dann las ich die Passagen aus dem Buch vor, zu dem ich geführt worden war. Die Leute hielten vor Erstaunen den Atem an, und viele Augen füllten sich mit Tränen. Als ich geendet hatte, stand ein Freund von uns auf, der Steve hieß, und bat ums Wort. Er erzählte davon, wie er die Nachricht von Stephens Tod erhalten hatte. Stephen hatte sich umgebracht, hieß es nur, mehr nicht. Er kannte den Jungen gut, und als Vater zweier Kinder konnte er unseren Schmerz nachempfinden. Er setzte sich ins Auto, fuhr aus der Stadt heraus und hielt irgendwo an. Für einige Stunden saß er dann dort, er weinte, war in Gedanken versunken und fühlte sich uns in der Trauer verbunden. Obwohl sich Steve selbst als Agnostiker bezeichnete, wollte er uns gern ein Gedicht von Aaron Hastie Robertson vortragen, das ihn sehr beeindruckt hatte.

Stephen

Einige werden sagen, du flammtest auf an einem schönen Tag
und starbst dann für den Rest der Zeit.
Doch wir sagen, dein Flammen ist noch stärker jetzt
als all die Sterne,
dafür, wie du gegangen bist
und was du bei uns ließest.
Einige werden sagen, dein Leben war viel zu kurz
und hätte länger blühen sollen.
Doch wir sagen, dein Leben ist reicher jetzt
als die üppigen Felder,
für das, was du uns zeigtest
und was wir ernten nun.
Einige werden sagen, dass es an diesem Platz jetzt spukt
der Spuk eines tragischen Todes.
Doch wir sagen, dass einmal ein junger Mann war,
der nahm seine Seele in die Hand
und wandte seine Augen ins Unbekannte,
er tat den Sprung, den alle tun müssen,
doch er tat ihn mutig, er tat ihn gern.
Er gab uns damit Kraft für jeden Schritt,
den wir nun tun,
mit Mut und Frieden
und in Liebe.

Wir alle weinten. Soweit ich es mit meiner damaligen Erfahrung sagen konnte, waren diese Zeilen eines der größten Geschenke für mich. Nach Steve standen Cathie und andere auf, um etwas zu lesen oder einfach ihre Gefühle mitzuteilen. Danach endete die Feierstunde.

Die Freunde blieben noch, es gab Kaffee und Gebäck. Ich hatte das Gefühl, dass es eine sehr glückliche Feier zum Gedenken an ein unglückliches Kind gewesen war, ein Kind, das selbst Hand an sich gelegt und uns früher verlassen hatte, als wir alle hofften, auf eine Weise, die niemand vorhersehen konnte. Von vielen hörte ich, sie fühlten sich getröstet und voller Hoffnung.

Meine Mutter weinte während der gesamten Feier, während des Zusammenseins danach und überhaupt die meiste Zeit ihres Besuches bei uns. Stephens Tod hatte sie sehr schwer getroffen. Egal, was ich über das Leben nach dem Tod auch erzählte, um sie aufzumuntern, es gab ihr keinen Trost.

Ich wünschte, sie würde nicht so viel weinen. Stephen würde sie nicht so unglücklich sehen wollen. Die Tatsache, dass auch ich mich jeden Abend in den Schlaf weinte und meine Tränen zu fließen begannen, sobald ich allein in einem Raum war, schien etwas ganz anderes zu sein. Solange die anderen zufrieden wirkten, konnte ich so tun, als sei ich es auch.

Die Anwesenheit meiner Mutter war allerdings ein Segen, für die Kinder wie für mich. In ihrer Liebe und ihrer Fürsorge konnten wir uns richtiggehend sonnen. Als sie schließlich wieder nach Hause fuhr, war es für uns alle schlimmer als zuvor. Jetzt kam der wahre Schmerz zum Vorschein. Ich wankte umher wie eine lebende Tote.

Nichts konnte mir ein Fünkchen Freude schenken. Nichts konnte mehr so sein wie früher. Wie sollte ich bloß weiterleben?

VI

Schmerz – der unablässige Begleiter

Gram füllt die Stelle des entfernten Kindes,
legt in sein Bett sich, geht mit mir umher,
nimmt seine allerliebsten Blicke an,
spricht seine Worte nach, erinnert mich
an alle seine holden Gaben, füllt
die leeren Kleider aus mit seiner Bildung.

Shakespeare, König Johann

»O mein Sohn! O Absalom! Mein Sohn, mein Sohn!
O Absalom! O wäre ich für dich gestorben!
O Absalom, mein Sohn, mein Sohn!«

2. Samuel 19,1
(König David erfährt vom Tod seines Sohnes)

Nacht für Nacht zog es mich in Stephens Zimmer. Schon auf der Treppe begann ich jedes Mal zu weinen. Ich verspürte das tiefe Bedürfnis, allein für mich in seiner alten Umgebung zu sein. Ich wollte auf seinem Bett sitzen und diesen besonderen Duft einatmen, der das ganze Zimmer erfüllte. Hier konnte ich weinen, ohne dass mich jemand hörte. Immer wieder brachte ich meine Bitte hervor, dass er doch mit mir reden möge. Manchmal überwältigte mich die Verzweiflung so sehr, dass ich zu Gott betete, er möge mir Stephen zurückgeben.

Sein Bett war so, wie er es verlassen hatte, ich hatte es

nicht in Ordnung gebracht. So lag ich dort und drückte mir seine Decke an die Nase. Ich heulte und wimmerte, ich schaukelte vor und zurück, ich schrie seinen Namen in die Kissen. Überall lagen seine getragenen Sachen verstreut herum. Ich hielt mir ein T-Shirt vors Gesicht und versuchte, den schwachen Duft wahrzunehmen, dann inhalierte ich den stärkeren Geruch, der am Ärmel haften geblieben war. Sogar seine Unterwäsche hielt ich mir vor die Nase, um seinen Geruch einatmen zu können.

Nach ein paar Tagen beschloss ich, die Kleidungsstücke, die Stephens Duft trugen, in dichte Plastiktüten zu packen, damit der Geruch niemals verschwinden würde. Jeden Tag öffnete ich diese Tüten, um die Essenz meines Sohnes tief in mich aufzunehmen. Ich probierte gar nicht erst, mir ein rationales Urteil über mein Verhalten abzuringen. Ich konnte meinen Schmerz einfach nicht zurückhalten.

Stückchen für Stückchen, Tag für Tag, kämmte ich das Zimmer durch. Stephens Truhe aus Ahornholz war vollgestopft mit Klamotten, Papierkram und allen möglichen Sachen. Jedes einzelne Kleidungsstück breitete ich vor mir aus und schaute es an. Jedes Blatt Papier faltete ich auseinander, in der Hoffnung, ich würde etwas von ihm Geschriebenes finden, irgendetwas. Sogar aus den leeren Blättern versuchte ich etwas herauszulesen. Stephens Zimmer war voller Bücher, einige waren aus der Bibliothek, einige von uns, einige von ihm selbst. Ich blätterte sie alle durch, eins nach dem anderen – vielleicht würde ich irgendeine Notiz oder ein paar unterstrichene Zeilen finden, die mir die einzige brennende Frage beantworten würde: Warum hat er sich umgebracht? Irgendetwas musste doch zu finden sein, irgendein weiteres Puzzleteilchen, irgendein Teil von ihm. Was ich fand, waren Gedichte von Stephen und Zitate, die er kopiert hatte. Ich suchte mit der Intensität eines Schatzsuchers, der auf der Jagd nach Juwelen ist.

Als ich die folgenden Zeilen, die Stephen geschrieben hatte, las, musste ich trotz meiner Tränen lachen:

Warum ist eigentlich ein Instrument heilig, und ein anderes nur profan? Ist denn eine Orgel wirklich heiliger als eine Gitarre? Was ist, wenn es im Himmel gar keine Orgelpfeifen gibt und die Engel alle Gitarre, Schlagzeug und Tamburin spielen? Was, wenn Gott viele lieber tanzt als schreitet? Wenn die Engel laufend Witze machen, und der Heilige Petrus laut lacht? Was, wenn das Malen mit den Fingern sogar ein Muss ist und die wichtigen Besprechungen auf einem Karussell stattfinden?
Lasst sie Musik aus dem Heiligsten hören und glauben, dass Gott nicht in Jeans dazukommen wird, um sie auszuschalten. Ihr macht euch äußerlich hübsch zurecht – warum versucht ihr euch nicht auch innerlich zurechtzumachen, um Gott nicht eine Fassade zu zeigen, sondern ihm so zu begegnen, wie ihr wirklich seid?

Und später:

Wenn Gott gar nicht zischt, warum spür ich dann all diese Blasen?
Möge dich der Heilige Geist mit seinem Blitz treffen!

In Stephens Kalender fand ich eine beunruhigende Notiz, die er am 24. Februar, einem Sonntag, gemacht hatte:

Gewicht am heutigen Tag: 186 Pfund! Es wird Zeit, dass ich mich selbst reduziere. Immer cool bleiben!

Dann fand ich noch eine Liste mit seinen Zielen:

1. *Alles überschüssige Fett muss weg!*
2. *Ich möchte einen straffen, durchtrainierten Körper.*
3. *Viel Muskelkraft!*
4. *Ich will, ohne schlapp zu machen, schnell rennen können.*
5. *Schnelle Reflexe!*
6. *Ich werde ein sehr guter Karate-Kämpfer sein!*
7. *Ich will kräftige und gut geformte Hände.*

Alle Blätter oder Papierschnipsel, die Stephens Namen trugen, von ihm geschrieben waren oder auch nur eine Unterstreichung von ihm erhalten hatten, sammelte ich auf einem Stapel. Sein Papierkorb war voller Blätter, Umschläge und Müll – ich sah mir jedes Stück genau an und fand richtige Schätze darunter: ein Bild, das Stephen mit der Schreibmaschine gestaltet hatte, eine halb fertige Arbeit für die Schule, die Verpackung eines Wurstsnacks, den er gegessen hatte, einen alten Kaugummi, der noch immer den Abdruck seiner Zähne zeigte.

Ein paar mit Schreibmaschine beschriebene Seiten zeugten von Stephens liebevollem und edlem Geist und von seinen Gefühlen für ein Mädchen, dem er so etwas nie hätte sagen können:

In der Stille meiner Träume fühlte ich deine Tränen und sah eine zarte Schönheit in deinen Augen aufblitzen. Ich berührte deine Hand und fühlte dich nah bei mir, ich erzählte dir von dem Geheimnis, dass ich im Wind spüren konnte, und von der Majestät einer sternenklaren Nacht. Ich sah den Wind mit deinen Haaren spielen und tief in deinen Augen war ein Funkeln. Ich sah, wie du dich mit der Grazie eines Panthers bewegst, mit der Geschmeidigkeit eines Tigers, und ich stellte mir vor, wie du hinaufschwebst, weit über die Welt, voller Mystik und Liebe, getragen vom Wind, der um deine Schönheit herumwirbelt. Als ich dich so sah, spürte ich eine Verbundenheit, die von deiner Seele ausging, und ich versuchte zu sprechen, denn ich wollte dir alles sagen, was ich über das Leben und die Liebe wusste. Vor allem aber, dass ich wusste, was es heißt, dich zu lieben. Du hörtest mich still an und sprachst mit sanften Worten, mich daran erinnernd, dass Liebe kein schnell wieder vergessenes Versprechen ist, sondern ein erinnerter Kuss oder eine Berührung oder ein Seufzer, die zwei Menschen in einer glücklichen Zeit miteinander teilten. Ich schaute dich schweigend an. Du lächeltest, und dann wurde mein Traum schwächer, und du entferntest dich. Ich wollte dir folgen, deinen Namen rufen, aber alles, was ich sagen konnte, war: »Mach's gut, meine Liebe.«

Ich durchwühlte jede Schublade seines Schreibtischs und fand Stifte, Skizzen, kleine Fitzelchen seines Lebens. Es machte mich glücklich, dass er so unordentlich war und nichts weggeworfen hatte, dass er seinen Papierkorb nie geleert hatte und überhaupt jeden Kram aufheben musste. Ich sah sogar unter den Teppichkanten nach, schlug sie so weit zurück, wie es ging, fand dort aber nur Papierschnipsel und ein paar Münzen.

Immer, wenn ich irgendeine Notiz meines Sohnes fand, verschlang ich sie gierig. Häufig stachen sie mir wie Messer ins Herz. Zum Beispiel das Folgende:

Gott, bitte vergib mir, dass ich immer nur zu Dir bete, wenn es mir günstig erscheint oder ich mich sicher fühle, es zu tun. Vater, bitte vergib mir. Bitte reinige mich und mach aus mir einen brauchbaren Menschen, der Deine Liebe zu schätzen und dankbar anzuerkennen weiß.

Und dann fand ich ein paar Worte, die er kurz vor seinem Tod geschrieben haben musste:

Nähre deine geistige Stärke, damit sie dich im plötzlich hereinbrechenden Unglück führen kann. Klammere dich nicht an den Schmerz, und er wird verschwinden.

Jede Tasche seiner Hosen und Jacken krempelte ich um. Meine Augen irrten von einem der zurückgelassenen Gegenstände zum nächsten. Ich kam mir vor wie ein Eichhörnchen, von einer Stelle zur nächsten huschend, schnüffelnd, grabend und sammelnd. Zwischendurch lag ich auf Stephens Bett und weinte in seine Kissen. Ich weinte, bis meine Augen blutrot und geschwollen waren, bis es in meinen Ohren rauschte und meine Kehle rau brannte. Ich fühlte keinerlei physischen Schmerz. Der Schmerz in meinem Herzen und in meinem Geist war so heftig, dass ich tagelang weder Hunger noch Durst verspürte.

Auf dem Schreibtisch stand ein Rekorder, in dem ich zwei Kassetten, die Stephen aufgenommen hatte, fand. Auf der ersten, datiert vom 10. April 1973, sprach er über sein mangelndes Selbstbewusstsein und die Dinge, die ihn bewegten: Er wollte nicht so dick sein und sich Mädchen gegenüber nicht so unsicher fühlen. Auf der anderen Kassette war neben seinen Worten auch Musik, die er aus dem Radio aufgenommen hatte, und ein Stück eines Kung-Fu-Filmes, den wir zusammen angeschaut hatten. Ich spielte die Bänder wieder und wieder und versank im Klang von Stephens Stimme. Jedes Wort, jeder Satz waren für mich wie ein Geschenk.

Ich fühlte mich in meinem Schmerz und meiner Qual völlig alleingelassen. Und natürlich hatte noch niemals irgendjemand auf der Welt ein solches Elend durchleben müssen! Manche sagten, dass sie meine Gefühle verstehen würden. Aber sie hatten doch überhaupt keine Ahnung! Hatte irgendeiner von ihnen etwa sein Kind verloren? Ich hatte völlig verdrängt, wie schmerzerfüllt eine Kollegin gewesen war, deren Tochter nur wenige Monate zuvor ermordet worden war. Ich hatte vergessen, dass Richards Mutter erleben musste, wie ihre Zwillinge im Alter von acht und zwölf Monaten starben. Es war einfach nicht mehr in meinem Kopf, dass Kinder bei Unfällen starben, dass sie ermordet, vergewaltigt und entführt wurden. Ich war so in meinem eigenen Schmerz versunken, dass ich nicht mehr realisierte, dass auch andere Menschen ihre Kinder oder geliebten Angehörigen verloren hatten.

Irgendwo hatte ich gelesen, dass viele Eltern, denen ein Kind gestorben war, alle Fotos ihres Schatzes wegwerfen. Das konnte ich nicht! Ich versuchte hingegen, alle Fotos, die jemals von meinem Sohn gemacht wurden, zu bekommen. Wieder und wieder schaute ich sie an. Ich kramte alle Negative, die noch im Haus waren, hervor. Dann saß ich mit einem Vergrößerungsglas davor und sortierte all die heraus, auf denen Stephen zu sehen war – und sei es nur, dass sie eine Hälfte von ihm oder seinen Arm oder sein Bein zeigten. Ich ließ sie entwickeln, vervielfältigen und vergrößern. Der Film vom letzten Weihnachtsfest war auch noch nicht entwickelt worden. Ich brachte ihn ins Fotogeschäft und ließ ihn per Express bearbeiten. Seit ich Richard verlassen hatte, hatten wir kaum noch fotografiert. Fast alle Bilder von Stephen waren älter als zwei Jahre. Der Weihnachtsfilm war der aktuellste, und ich konnte es kaum erwarten, endlich die Bilder zu sehen.

Als ich die Fotos abholte, riss ich sofort den Umschlag auf. Es gab nur zwei Bilder, auf denen Stephen von der Seite zu sehen war. Er hatte beim Fest immer wieder darum gebeten, nicht fotografiert zu werden, bevor er sich nicht etwas zurechtgemacht hätte. Er sagte, er würde sich für die Fotos umziehen gehen, wenn wir alle die Geschenke aufgemacht hätten – er hatte es aber nicht getan. Ich war bitter enttäuscht und weinte. Ich erinnerte mich an die intuitive Bemerkung, die Billy vor dem Fest geäußert hatte: »Mach in diesem Jahr unbedingt viele Weihnachtsfotos! Die Dinge werden nie wieder so sein, wie sie sind …«

Niemand konnte mich trösten. Meine Freunde versuchten es – ihr Lächeln und ihre Worte, ihre Versicherungen, dass es Stephen gut gehen würde, halfen mir für den Moment, in dem sie bei mir waren. Wenn sie dann gegangen waren, lief ich wieder in Stephens Zimmer. Ich riss mir die falschen Masken vom Gesicht und legte den dicken Schutzpanzer ab. Wie sollte ich den anderen verständlich machen, dass ich es gewesen war? Ich hatte ihn getötet! Die Wahrheit war, dass ich ihn ermordet hatte. Ich hatte meinen Sohn dazu gebracht, sich umzubringen! Ich hatte ihn an diesem letzten Tag gezwungen, zur Schule zu gehen. Ich hatte Tom losgeschickt, um ihn zu bitten, diese Sporttasche zu Hause zu lassen.

Ich hatte ihn beschuldigt, dass er stehlen würde. Ich hatte alles daran gesetzt, meine Ausbildung beenden zu können und deshalb kaum Zeit für die Bedürfnisse meines Kindes gehabt. Ich hatte diese närrische Vorstellung, dass die Dinge in seiner Schule auch ohne mein Eingreifen besser werden würden. Mein ganzes Leben lang würde ich daran zu tragen haben, was für eine Versagerin ich als Mutter und als Mensch war. Die ganze Welt sollte das wissen. Ich hatte meinen eigenen Sohn getötet. Während ich behauptete, ihn zu lieben, brachte ich ihn dazu, sich das Leben zu nehmen!

Wenn ich versuchte, das nahen Freunden oder der Familie verständlich zu machen, unterbrachen sie mich jedes Mal und sagten, dass ich für seinen Tod nicht verantwortlich sei. Stephen hatte diese Entscheidung allein für sich getroffen, und ich sollte aufhören, mich selbst anzuklagen. Ich wollte das aber nicht hören! Ich wollte meiner tiefen Schuld Ausdruck verleihen dürfen, doch niemand ließ mich. Dabei tobte diese Schuld doch Stunde für Stunde in meinem Herzen und in meinen Gedanken. Stephen könnte noch am Leben sein! Richard, selbstgerecht wie immer, bestätigte mir das bei jedem seiner Besuche: »Wenn du mich nicht verlassen hättest …«

Manchmal wollte ich die Uhren zurückdrehen und wieder bei Richard sein. Wenn es Stephen zurückbringen würde, hätte ich es getan. Viele Male malte ich mir in meiner Fantasie aus, wie es sein könnte. Dann wiederum, wenn ich mich daran erinnerte, in welcher Hölle wir damals über Jahre hinweg gelebt hatten, konnte ich den bloßen Gedanken daran nicht ertragen, dass es wieder so sein würde – auch wenn es mir Stephen wiederschenken würde. Und nun fühlte ich mich erst recht schuldig: Was war ich denn für eine Mutter, wenn ich dieses Opfer nicht für meinen Sohn bringen würde? In den vernünftigen Momenten wusste ich, dass ich in dieser Ehe damals keinen Tag länger hätte leben können. Ich wusste auch, dass es Stephen nicht unbedingt gerettet hätte, wenn ich bei Richard geblieben wäre.

Ich konnte an nichts anderes als an Stephen denken. Er war so gut, so liebevoll, so zärtlich. Es konnte doch gar nicht *so* schlimm für ihn gewesen sein! Er hatte sich nie beschwert. Er war ganz normal und völlig in Ordnung, also absolut in der Lage, die Dinge zu meistern, wie schlimm sie auch sein mochten.

Wie lächerlich! Er war *nicht* okay! Er war über jedes vernünftige Maß hinaus hin- und hergezerrt worden. Er hatte sich eigenhändig umgebracht! Das Leben musste für ihn die Hölle gewesen sein. Wir alle hatten ihn getötet.

In dieser Zeit träumte ich häufig von Stephen. Stephen lief nach Norden. Stephen sprach mit uns. Stephen lebte. Stephen war tot. Meistens erlebte ich ihn im Alter zwischen zwölf und dreizehn, manchmal war er jünger. Egal, was sich zeigte, jeder dieser Träume war ein Geschenk für mich, einfach weil ich Stephen sehen, weil ich mit ihm reden, weil ich ihn sogar umarmen durfte. In diesen Momenten war er am Leben! Wenn ich dann im Glückstaumel dieser Begegnungen erwachte und mich erinnerte, dass er tot war, begann ein neuer Tag damit, dass ich mein Kopfkissen nass weinte.

Nach Stephens Tod wurden mir die anderen drei Kinder noch kostbarer. Es wäre mir nie zuvor in den Sinn gekommen, dass eines meiner Kinder vor mir sterben könnte. Irgendwie waren sie mir immer unverwundbar erschienen. *Wir* erschienen unverwundbar. Unfälle, Tod, Selbstmord – so etwas passierte nur anderen Leuten. Nie wieder würde ich Toms Kindern meine ganze Aufmerksamkeit schenken, ich würde von nun an immer streng darauf achten, dass meine Kinder zu ihrem Recht kamen. Ich würde gern behaupten, dass ich das in Zukunft auch tat, aber in Wirklichkeit änderte sich nicht viel.

Debbie entwickelte plötzlich große Angst davor, allein zu Hause zu sein. Sie musste morgens immer eine halbe Stunde allein warten, wenn wir schon auf dem Weg zur Arbeit waren und sie aber noch nicht zur Schule konnte. Ebenso gab es ein paar Minuten, nachdem sie von der Schule zurück war, Andrea aber noch nicht da war. Also meldeten wir Debbie für diese kurzen Zeiten vor und nach der Schule in einem Hort an. Immer wieder erklärte ich ihr, dass sie zu Hause sicher war und dass es dort nichts zu befürchten gab. Andrea schien den Tod ihres Bruders leichter zu verkraften, obwohl sie der Schmerz sicher noch tiefer getroffen hatte. Stephen und sie waren einander so nah gewesen, sie hatten einander so sehr geliebt! Ich hatte mit den Schulleitungen von beiden Mädchen gesprochen, um sie über den Tod von Stephen zu informieren. Man kümmerte sich dort sehr liebevoll um die Kinder und bemühte sich, es ihnen in dieser Zeit etwas leichter zu machen. Es war ohnehin zu spät, aber wir sahen jetzt den großen Unterschied zur Largo High School, auf die Stephen gegangen war: Nicht ein einziges Mal rief ein Lehrer oder der Direktor an, um mit uns über den Tod ihres Schülers zu sprechen.

Manchmal wollte ich nichts anderes, als auch zu sterben. Ich dachte mehrmals darüber nach, mich umzubringen, einfach nur, damit dieser Schmerz aufhören würde. Ich betete zu Gott, mich sterben zu lassen, während ich weinend auf Stephens Bett lag.

Aber ich war für drei andere Kinder verantwortlich, und so gern ich zu meinem Sohn gegangen wäre, niemals würde ich auf diese Weise die anderen im Stich lassen können.

Gerade in dieser schrecklichen Zeit der furchtbaren Trauer bat ich Gott am Ende meist nur um eines: Er solle mich *nicht* sterben lassen, damit die Kinder nicht zu Richard müssten. Ich glaube, jeder Monat, den ich überlebte, war damals eine Gnade Gottes.

Ich war vollständig in meinem Schmerz gefangen. Ich hatte mir wochenlang auch nicht mehr die Zeit genommen, meinen inneren Führern zu lauschen. Dann aber las ich das Buch eines Mannes, dessen erwachsener Sohn sich ebenfalls umgebracht hatte. Dieser Sohn hatte mit seinem Vater von der anderen Seite aus kommuniziert – er hatte Sicherheitsnadeln verbogen und durch »Medien« gesprochen. Das war ein Lichtblick für mich! Wenn andere Leute sich vom Jenseits her bemerkbar machen konnten, dann würde das Stephen auch möglich sein! Auch wenn er keinen Körper mehr hatte, würden wir dennoch wieder miteinander reden können. Ich musste alles darüber herausfinden, wie Stephen gedacht und gefühlt hatte. Und ich musste ihm unbedingt sagen, wie sehr ich ihn liebte. Ich musste seine Stimme hören.

Mit diesen Wünschen im Herzen nahm ich fünf große Sicherheitsnadeln und legte sie offen in einem bestimmten Muster auf einen hohen Schrank im Schlafzimmer. Ich notierte mir alles genau in meinem Tagebuch. Natürlich hätte ich sie auf ein Tischende oder irgendwo anders hin legen können, wo sie leichter zu erreichen und leichter zu sehen gewesen wären, aber in einem Haus mit Kindern, die sie dann immer anfassen würden, wäre das schwierig. Schließlich wollte ich genau wissen, ob

Stephen sie bewegt hätte, wenn sich ihre Lage verändert hätte.

Wenn ich mich aufs Bett stellte und mich streckte, konnte ich die Sicherheitsnadeln sehen und prüfen, wie sie lagen. Außer Tom erzählte ich niemandem davon, da ich nicht wollte, dass die Kinder vielleicht ihre Nachforschungen anstellten. Tag für Tag überprüfte ich meine Nadeln – sie veränderten ihre Lage aber nicht. Sie hatten sich niemals auch nur ein Millimeterchen verrückt. Irgendwann sortierte ich sie um und schloss sie, wieder notierte ich alles genau in meinem Tagebuch. Aber nichts passierte. Ich verlor allmählich den Mut. In all den Büchern klang es immer so einfach, mit Verstorbenen zu reden. Ich fand es überhaupt nicht einfach!

Nahe daran aufzugeben, aber immer noch jeden Tag die Sicherheitsnadeln überprüfend, kletterte ich eines Abends zum gewohnten Check auf das Bett. Diesmal lagen alle Nadeln an einer anderen Stelle! Sie waren immer noch geschlossen, aber bewegt worden. Ich war völlig überrascht. Dann aber schaltete sich mein Verstand ein. Irgendetwas stimmte hier nicht. Vielleicht gab es irgendeine logische Erklärung. Ich fragte die Kinder, ob sie die Sicherheitsnadeln angefasst hätten. Alle antworteten, dass sie sie nicht berührt hätten. Auch Bob, der an diesem Wochenende zu Besuch war, fragte ich. Und er sagte: »O ja, ich habe etwas gesucht, dann fand ich alle diese Nadeln da und habe sie in die Hand genommen, um sie mir anzuschauen.« Enttäuscht arrangierte ich die Sicherheitsnadeln neu, aber sie bewegten sich niemals.

Seit ich vor der Feierstunde diese Stimme gehört hatte, wartete ich ungeduldig darauf, dass sie sich wieder melden würde, oder dass ich Stephen vernehmen könnte oder mir irgendein Zeichen gegeben würde. Doch nichts dergleichen geschah.

Da sich die Sicherheitsnadeln kein bisschen bewegten, musste ich etwas unternehmen. Ich wollte um jeden Preis wissen, wie es Stephen jetzt ging. Ich brauchte unbedingt meine Bestätigung, ob es ihm gut ging. Endlich wurde mir klar, dass ich meinen geistigen Führern diese Frage stellen konnte. Sie hatten mich immer richtig geführt und mir auf alle meine Fragen geantwortet oder versucht, aus anderen Quellen die Antwort zu erhalten. Eigentlich waren sie genauso »tot« wie Stephen. Sie hatten keine Körper, sprachen aber mit mir, als hätten sie welche. Sie würden mir helfen können, Stephen ausfindig zu machen. Sie würden mir zeigen, wie ich Kontakt zu ihm aufnehmen könnte. Mit ihnen würde ich herausfinden, was mit meinem Sohn geschehen war. Ich konnte es kaum erwarten, mich endlich in Ruhe hinzusetzen, auf Empfang zu schalten und den Kontakt zu ihnen zu erbitten.

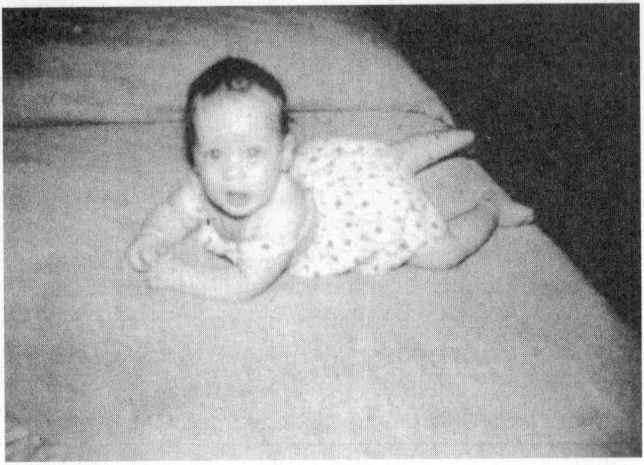

Stephen, vier Monate alt, im April 1959

Stephen, fünf Monate, und Bobby, dreieinhalb Jahre, 1959

Bobby, knapp fünf, und Stephen, 18 Monate, im Sommer 1960

Stephen, 18 Monate, beim Versuch, den Hasen meiner Eltern in Tennessee zu küssen, 1960

Bobby, fünfeinhalb, und Stephen, zwei, kurz vor meiner Heirat mit Richard im Dezember 1960

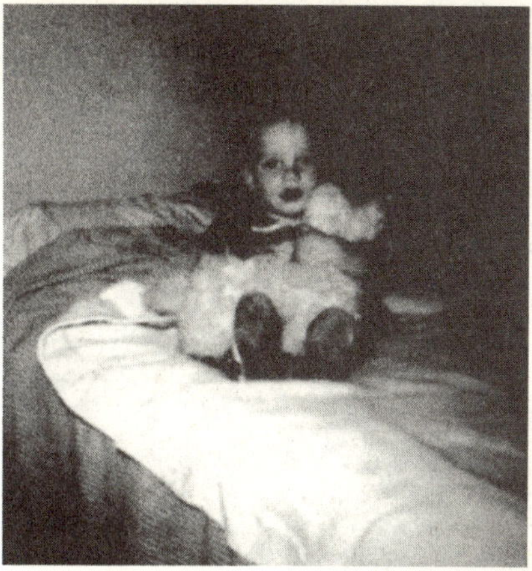

Stephen, zwei Jahre, zurück aus dem Krankenhaus nach seinem Sturz, 1961

Stephen mit drei Jahren vor Richards Elternhaus in Missouri, Sommer 1961

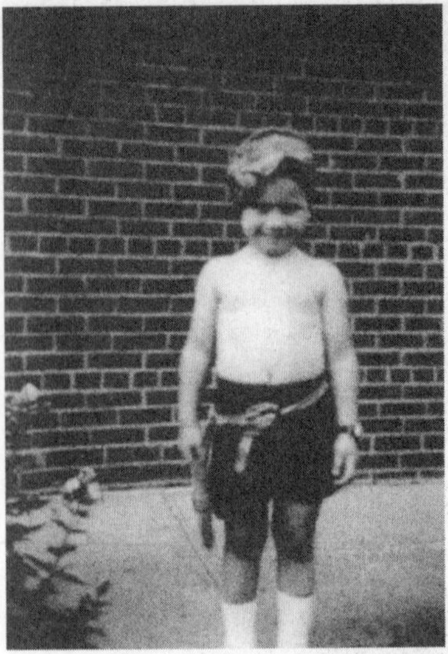

Der dreieinhalbjährige Stephen in einer seiner vielen Verkleidungen, 1962

Stephen zu Ostern 1962

Stephens erster Fisch. Damals war er vier Jahre alt.

Stephen, fünf, mit mir und Bobby, acht, im Dezember 1963

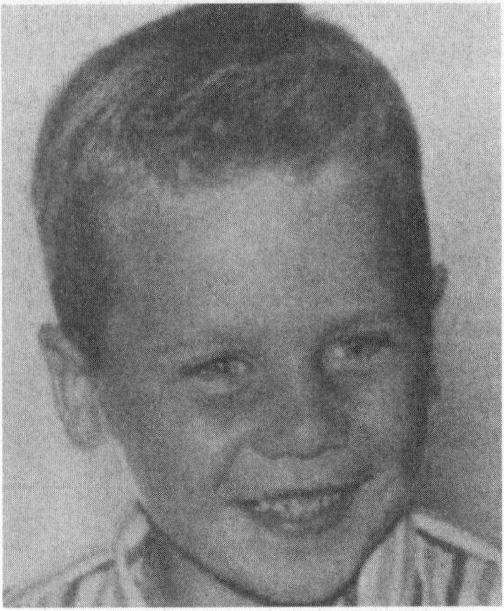

Der sechsjährige Stephen, 1964

Stephen, sechs, mit Gladiatorenhelm, Schwert und Umhang

Stephen, sechs Jahre, mit seiner dreijährigen Schwester Andrea, 1964

Stephen mit zehn Jahren beim Trompetensolo in der Kirche, Washington, D.C., 1968

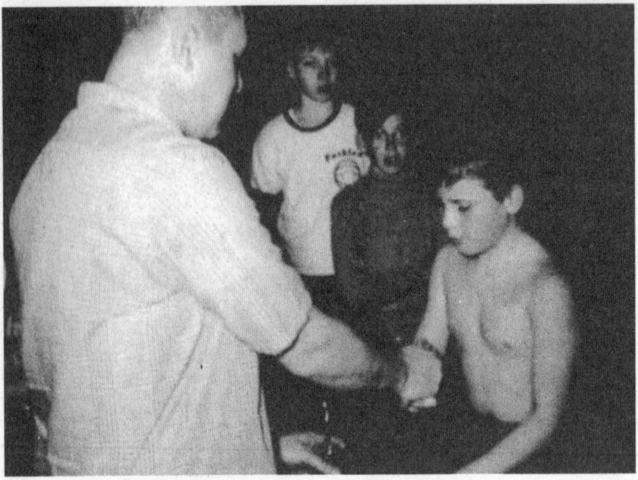

Mit zehn Jahren als Gewinner des Basketballturniers der Schule, 1968

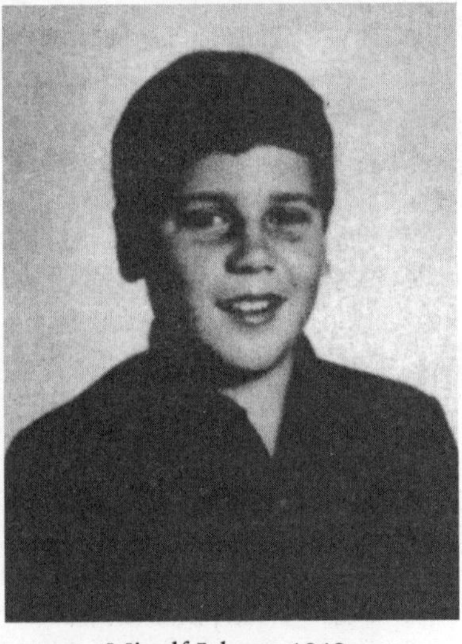

Mit elf Jahren, 1969

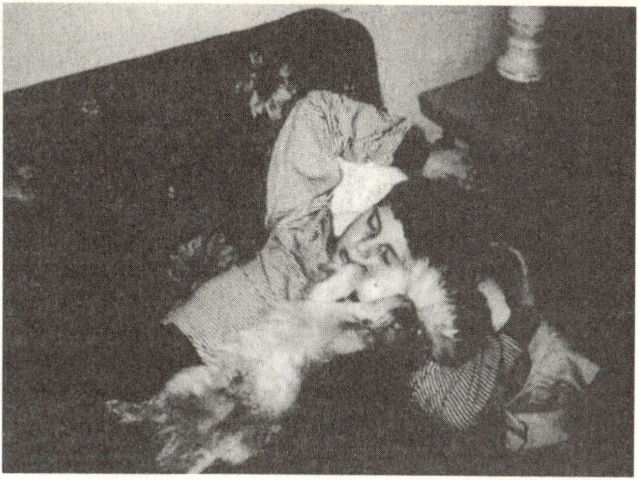
Stephen, elf, schlafend mit seinem Pekinesen Pudgie

Bob, vierzehn, Debbie, drei, Stephen, elf, und Andrea, acht, 1969

Die vierjährige Debbie und der zwölfjährige Stephen in Rockville, Maryland

Stephen mit fast dreizehn an seinem ersten Schultag an der neuen Schule 1971

Stephen mit dreizehn

Bob, Debbie, Stephen und Andrea 1971

Mit zwölf besieht sich Stephen Insekten und Gräser unter dem Mikroskop. Neben ihm sein Hund, 1971

Mit zwölfeinhalb angelnd in Algonquin Park, Kanada, im Sommer 1971

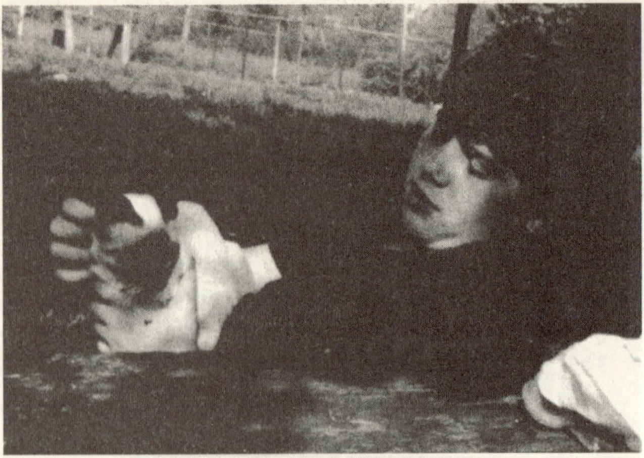

Stephen mit Debbies Katze, 1971

Stephens letztes Schulfoto, er ist hier fast vierzehn, 1972

Das letzte Foto von Stephen, er ist fünfzehn, Weihnachten 1973

Unsere Familie heute. Hinten: Bob, Andrea, ich, Herb; zweite Reihe: Bobs Tochter Melissa, Debbie, Bobs Tochter Vanessa und sein Sohn Robert. Auf Debbies Schoß sitzt ihre Tochter Krystalyn

I Like School

I like every thing about School. It is a wonderful place, Im glad I can go to School. I like my techer veary much. Sudjeks in shhall are interesting to me. Work is hard that is true but it is good you have work to do I like home work.

I like reading and math and spelling and the other Subjeks in scholl. Reses is fun that is true. We play all sorts of games at school Add that all together I dont think you can add all the things you do at shool together, but add as much as you can and you will find a good School I think

Steve D

ICH LIEBE SCHULE
ICH LIEBE ALLES AN DER SCHULE. ES IST SEHR SCHÖN DORT. ICH BIN FROH, DAS ICH IN DIE SCHULE GEHEN KANN. ICH FINDE MEINE LERER SEHR GUT. WAS WIR LERNEN, FINDE ICH RICHTIG INTERRESANT. MAN MUSS HART ARBEITEN, ABER DAS IST GUT SO. ICH MACH SEHR GERN HAUSAUFGABEN.
ICH LIEBE LESEN UND MATHE UND SCHREIBEN UND ALL DIE ANDERN FÄCHER. DIE PAUSEN MACHEN SPASS, KLAR. WIR SPIELEN ALLES MÖGLICHE IN DER SCHUHLE. WENN MAN DAS ALLES ZUSAMMENFAST, ICH DENKE ABER, MAN KANN GAR NICHT ALLES, WAS MAN IN DER SCHULE MACHT, ZUSAMMENFASSEN, ABER WENN MAN ALLES ZUSAMMENFAST, WAS MAN KANN, DANN KANN MAN SAGEN: SCHULE IST GUT.
STEVE D.

Das ist Stephens Liebeserklärung an die Schule, die er mit acht Jahren schrieb.

IM NOT
GOING IN
TODAY! I
WILL NOT BE
MISSING ANYTHING
IMPORTANT! AND I
JUST CANT GET
IT TOGETHER TODAY

ICH KOMM HEUTE NICHT REIN! ICH MÖCHTE NICHT, DASS ICH WAS WICHTIGES VERLIERE! UND HEUTE KANN ICH MIT KEINEM ZUSAMMEN SEIN.

Diese Notiz legte Stephen Anfang 1974 vor mein Schlafzimmer.

& NOT BEING ABLE TO CALL,
I MISS YOU VERY MUCH AND
I WOULD LIKE TO SAY A
FEW THINGS THAT I PROBABLY
COULDNT TELL YOU ON THE
PHONE, TO ME YOU ARE THE
MOST BUITIFUL PERSON I KNOW
AND ALTHOUGH YOU DENY IT YOU
ARE VERY KIND AND SENSITIVE

ICH SCHAFFE ES NICHT, DICH ANZURUFEN, ICH VERMISSE DICH SEHR, UND ICH WOLLTE DIR EINIGES SAGEN, WAS ICH AM TELEFON BESTIMMT WIEDER NICHT ÜBER DIE LIPPEN BEKOMME, FÜR MICH BIST DU DER SCHÖNSTE MENSCH, DEN ICH KENNE, UND AUCH WENN DU ES ABSTREITEN WILLST, DU BIST SEHR NETT UND EINFÜHLSAM

Stephens unvollendeter Brief an ein junges Mädchen, geschrieben am 26. Februar 1974, nur 20 Tage vor seinem Tod

DEAR KATHRINE E[redacted]

IN THE YEAR 1974, ON THE 26TH DAY, SECOND MONTH, THERE SAT IN A CERTAIN KINGDOM KNOWN AS SIXTH PERIOD ALGEBRA CLASS A CERTAIN REAL LIVE PERSON NAMELY SIR STEVEN, A NOBLE YET ACUTELY INSANE KNIGHT. UPON BECOMEING HIGHLY BORED THIS PARTICULAR KNIGHT TOOK PEN IN HAND, AND THINKING HIGHLY SEX ORIENTED THOUGHTS HE DID DICTATE A LETTER OF PARCHMENT TO THE MOST LOVELY AND KIND PRINCESS IN THE ENTIRE KINGDOM. THIS LETTER DID CONTAIN UTTER GIBBERISH AND THUS BEING COULD ONLY BE DECIPHERED BY A SPEAKER OF FLUENT CHIPMUNK. UPON BEING TRANSLATED THE LETTER PRECEDED AS THUS: ⟶

§ TURN UNTO SECOND PAGE OF PARCHMENT

LIEBE KATHERINE E.
IM JAHRE 1974, AM 26TEN TAG DES ZWEITEN MONATS SITZT IN EINEM GANZ BESTIMMTEN KÖNIGREICH, BEKANNT ALS MATHEUNTERRICHT, EINE REALE PERSON MIT NAMEN SIR STEPHEN, EIN EDLER, ABER AKUT WAHNSINNIGER RITTER. VOR LANGEWEILE NIMMT DIESER SPEZIELLE RITTER SEINEN STIFT IN DIE HAND, ER DENKT EINIGE SEHR SEXUELL ORIENTIERTE GEDANKEN UND BRINGT EINEN BRIEF AN DIE LIEBLICHSTE UND FREUNDLICHSTE PRINZESSIN DES GANZEN KÖNIGREICHS AUF DAS PERGAMENT. DIESER BRIEF ENTHÄLT EIN FÜRCHTERLICHES GEPLAPPER UND KANN NUR VON JEMANDEM DECHIFFRIERT WERDEN, DER FLIESSEND DIE SPRACHE DER EICHHÖRNCHEN SPRICHT. ÜBERSETZT BEGINNT DER BRIEF WIE FOLGT:
BITTE AUF DIE ZWEITE SEITE DES PERGAMENTES BLÄTTERN.

VII

Die Suche nach Stephen

Ich weiß nicht, warum Sorgen kommen
und heiße Tränen fließen.
Ich weiß nur, Gott ist noch immer Gott
und wache über allem.

John Gilbert

Während die anderen vorm Fernseher hockten, stieg ich die Treppen zu Stephens Zimmer hoch. Ich schloss die Tür hinter mir und setzte mich an seinen Schreibtisch. Sein Tod lag nun drei Wochen zurück, und der Raum war noch immer erfüllt von seinem Duft. Ich blickte über all die Schätze, die er nie wieder berühren würde. Normalerweise hätte mich das zum Weinen gebracht, jetzt aber fühlte ich mich seltsam wohl und in Frieden. Ein Zustand, der selten geworden war.

In mir stieg eine Aufregung hoch, ein Gefühl der Erwartung. Von Minute zu Minute wuchs meine Überzeugung, dass ich bald in der Lage sein würde, Stephen zu hören und mit ihm zu reden. So wie ich es in all den Monaten früher immer getan hatte, fing ich mit einem Gebet an: »Gott, ich bitte um Führung aus den höchsten spirituellen Sphären …« Dann bat ich darum, mit Stephen zu sprechen. Ich legte meine Finger auf die Tastatur der Schreibmaschine, um sofort alles aufschreiben zu können, was ich hören würde. Ich wartete voller Konzentration. Warum war mir das alles nicht früher in den Sinn gekommen? Meine geistigen Führer waren doch auch »von der anderen Seite«, für sie würde es ein

Leichtes sein, mir zu einem Kontakt mit Stephen zu verhelfen.

Ich wartete. Es geschah nichts. Ich betete wieder und wartete weiter. Nichts. Ich dachte kurz, ich würde ein paar Worte hören, dann wieder absolute Stille. Es fiel mir immer schwerer, meine Gedanken zu beruhigen. Sie rasten wie wild durch alle Winkel meines Kopfes und schleppten alle möglichen Erinnerungen heran. Alles drehte sich um Stephen. Ich platzierte meine Finger wieder und wieder auf die Tastatur, ich flehte meine Führer an, mit mir zu sprechen, mir von Stephen zu erzählen und ihn zu mir zu bringen, damit ich ihn hören könnte …

Ich hörte nichts. Ich fühlte keinerlei Präsenz um mich herum. Nichts als das Gewöhnliche und Alltägliche war in diesem Raum zu spüren. Was hatte ich falsch gemacht? Warum waren meine Geistführer verschwunden? Wo waren sie alle? Wo war Stephen? In mir lauerte eine riesige Leere. War es nicht schlimm genug, dass Stephen gegangen war? Nun hatten mich auch meine Helfer verlassen. Ich wartete eine Weile und probierte es noch einmal. Wieder nichts. Ich begann zu weinen.

In den nächsten Tagen war ich wieder in der Schule und in der Kirche, um meine Ausbildung fortzusetzen. Ich erzählte den Lehrern und Mitschülern von der Leere in mir. Ich offenbarte immer alles, was ich auf dem Herzen hatte. Vor allem musste ich meine Sorge loswerden, dass mir der Weg zu meinem Sohn verschlossen war. Sie trösteten mich und versicherten, dass Stephen sich melden würde, sobald er dazu in der Lage wäre. Ein guter Freund meinte, dass ich emotional noch viel zu aufgewühlt wäre, um wirklich etwas wahrnehmen zu können. Alle sagten sie das Gleiche: Stephen ginge es gut, er lebe nun in der geistigen Welt und ich müsse Geduld haben. Ihre Worte aber halfen mir nicht.

In mir begannen Zweifel zu nagen, ob mein Weg überhaupt der richtige sei. Schließlich hatte ich all meine Freunde aus der alten Kirche verloren, als ich mich auf diesen neuen Weg begab. Ich liebte alles, was ich hier lernte, und wusste, dass mir mein eigener Weg so viel Freude gebracht hatte. Aber vielleicht irrte ich mich auch. Vielleicht hatte die frühere Kirche ja recht, dass meine neue Richtung Teufelszeug war. Eine Strafe Gottes vielleicht sogar. Ich konnte keinen Frieden finden, weder in der Schule noch in der Kirche noch zu Hause oder bei der Arbeit. Das einzige, was mich irgendwie durchhalten ließ, waren meine Kinder. Innerlich war ich tot, ebenfalls gestorben. Ich war für Toms Unterstützung dankbar, aber auch er konnte mich natürlich nicht vergessen lassen, dass mein Sohn nicht mehr war. Und jetzt hatten mich auch noch meine Geistführer verlassen.

Stephen war nun auf den Tag genau einen Monat tot. Ein furchtbarer Tag, meine Schmerzen waren größer als je zuvor. Es war am frühen Abend, draußen war es bereits dunkel. Ich war allein, alle waren irgendwohin gegangen – Tom mit seinen Kindern, die Mädchen mit Richard. Ich wollte zu Hause bleiben. Ich ging ins Wohnzimmer und setzte mich in den blauen Sessel, von dem aus Stephen so gern ferngesehen hatte. Ich hatte das Zimmer umgestaltet, so wie ich eigentlich jeden Raum des Hauses – mit Ausnahme von Stephens Zimmer – umgeräumt hatte. Es schien mir leichter, die Erinnerungen zu ertragen, wenn die Umgebung nicht mehr genau so aussah wie damals, als Stephen noch hier wohnte. Ich dimmte das Licht, lehnte meinen Kopf gegen das Polster und begann zu beten und zu meditieren.

Ich betete für Stephen, ich bat Gott, ihn zu beschützen, wenn ich es schon versäumt hatte. Ich flehte ihn an, Stephen zu sagen, wie sehr ich ihn liebte. Dann fiel mir ein, dass ich Gott um ein Zeichen bitten könnte. Er könne mir doch vielleicht bedeuten, dass es Stephen gut ging, dass der Tod wirklich nicht das Ende wäre und dass mein Sohn in den geistigen Sphären *wirklich* weiterexistierte. »Bitte, Gott, gib mir ein Zeichen, dass Stephen lebt und dass es nur sein Körper ist, der starb.« Ein paar Sekunden später, nachdem ich mein Gebet beendet hatte, zersprang in der Lampe neben mir mit einem lauten Knall die Glühbirne. Der Raum wurde schwarz.

Ich sprang auf, rannte durch die Eingangshalle ins Schlafzimmer und in mein Bett. Alle Decken zog ich mir über den Kopf. Es war so schrecklich! Ich hatte um ein Zeichen gebeten, aber jetzt gefror mir vor Angst das Blut in meinen Adern. Es war niemand außer mir im Haus, und ich kam nicht eher wieder unter den Decken hervorgekrochen, bis ich ein Auto in der Einfahrt hörte. Jetzt nahm ich meinen Mut zusammen und ging zurück ins Wohnzimmer. Die Glassplitter der zerborstenen Glühbirne lagen in einem ordentlichen Muster auf dem Tisch um die Lampe herum. Kein einziges war irgendwohin in den Raum oder auf den Boden geschleudert worden. Tom und ein paar Freunde, denen ich später davon erzählte, versicherten mich, dass ich das Zeichen erhalten hätte. Aber ich hatte Zweifel. Vielleicht war es doch nur ein simpler Unfall gewesen.

Eine Woche später saß ich schließlich wieder allein im Wohnzimmer. Diesmal hatte ich zwei Lampen eingeschaltet. Ich fühlte mich so friedlich wie schon lange nicht mehr. Wieder betete ich zu Gott, er möge auf Stephen aufpassen und ihm sagen, wie sehr ich ihn liebte.

Es vergingen etwa zehn Minuten, während ich still da saß und mit geschlossenen Augen betete. Da fühlte ich eine Hand auf meiner rechten Schulter. Sie kam von hinten – ein Finger nach dem anderen legte sich spürbar ab, dann hatte ich den Eindruck einer ganzen Handfläche, die sanft auf meiner Schulter lag. Ich drehte mich um, um zu sehen, wer da war. Doch ich konnte niemanden entdecken. Angst hatte ich nicht. Ich schloss wieder die Augen, und die Hand blieb liegen. Ein wohliges Gefühl durchströmte mich. Ich weinte auch nicht. Vielleicht war es Stephen, vielleicht nicht. Ich hatte keine Ahnung, wem diese Hand gehören konnte, aber auch das verängstigte mich nicht. Bald schon verschwand der leichte Druck auf meiner Schulter. Wieder drehte ich mich um, sah aber auch diesmal niemanden. Ich ging zu Bett und konnte zum ersten Mal seit Stephens Tod tief und lange schlafen.

Ein paar Abende später lag ich im Bett und hörte meine geistigen Führer sprechen. Wieder kamen ihre Stimmen aus drei Richtungen, sie waren aber in meinem Kopf und übertönten meine eigenen Gedanken. Sie sagten mir, dass es Stephen gut ginge, dass es aber nicht so einfach sein würde, mit ihm Kontakt aufzunehmen, da er auch von seiner Seite aus erst lernen müsste, wie man zwischen den Dimensionen kommuniziert. Sie erklärten mir, dass er von Helfern unterrichtet würde und vor allem auch sein eben abgeschlossenes Leben auswerten müsse. Er wäre deswegen auch auf der Gedenkfeier, die wir für ihn abgehalten hatten, gewesen. Meine Führer versprachen mir, sich bald wieder zu melden. Sie würden mich wissen lassen, wie es Stephen nun erginge. Ich war so dankbar und fühlte mich so befreit, dass ich zu weinen begann.

Unter Tränen fragte ich, warum ich sie vorher nicht hören durfte. Die drei sagten, dass meine Gefühle derart durcheinander und aufgewirbelt gewesen waren, dass sie keine Chance gehabt hätten, mich zu erreichen.

Eine Weile noch konnten wir sprechen, und ich fragte sie, warum sie mich nicht gewarnt hätten, dass Stephen sich umbringen wollte. Doch wie sie mir erklärten, war ich so sehr im Alltagsgeschehen gefesselt und mit den familiären Problemen beschäftigt gewesen, dass ich ihnen einfach nicht mehr zugehört hatte. Auch meinen Träumen hatte ich in dieser Zeit keinerlei Beachtung geschenkt. Meine Geistführer hatten versucht, auf diesem Wege zu mir zu gelangen, sie hatten mir bis in die Träume Botschaften gesandt, aber sie konnten meine Aufmerksamkeit nicht erlangen. Außerdem wäre es sehr schwierig gewesen, den Lauf der Dinge zu ändern, da dieses zerstörerische Muster sehr tief in Stephen verankert war.

Als die Stimmen schließlich verstummten, begann ich wieder zu zweifeln. Was, wenn ich mir diese Stimmen und ihre Worte nur ausgedacht hatte, einfach weil ich unbedingt etwas hören wollte? Was, wenn Stephen in der Hölle schreckliche Qualen erleiden musste, wie es viele Religionen einem Selbstmörder prophezeiten? Selbst die esoterischen und metaphysischen Autoren, die ich las, besaßen ganz unterschiedliche Auffassungen vom Weiterleben nach dem Selbstmord. Manche Bücher, wie beispielsweise Dantes *Göttliche Komödie*, die ja mit dem Kapitel *Hölle* beginnt, sprechen davon, dass der Tote in einer glühend heißen Hölle schmoren müsste. Andere meinten, die Selbstmörder müssten sich die Schmerzen der Hinterbliebenen ansehen – und das wäre ihre Hölle. Wieder andere schrieben, dass sie schlafen würden, kurz erwachen und dann weiterschlafen, bis sie ihr schreckliches Tun verstanden hätten und bereit seien, in einem neuen Körper zur Erde zu kommen, um es diesmal besser zu machen und den Fehler auszugleichen. Dann gab es noch die Autoren, die davon ausgingen, dass Selbstmörder so lange keinen Schritt in ihrer spirituellen Entwicklung vorankommen würden, bis der ursprüngliche Zeitpunkt ihres natürlichen Todes eintritt.

Ich hatte das Gefühl, ich würde verrückt werden. Viele Erkenntnisse aus dem metaphysischen Bereich hatten mir wertvolle Hinweise und Hoffnung geschenkt. Ähnlichen Trost aber fand ich jetzt nicht, als es um das Thema Suizid ging. Keine einzige Zeile war über Kinder geschrieben worden, die sich das Leben nahmen. Was geschah mit denen? Ich verschlang alles, was ich finden konnte und was mir irgendwie damit zusammenzuhängen schien. Doch nirgends gab es einen Ansatz, der mir ein wenig Hoffnung geben konnte. Es gab nichts.

Der Nebel in meinem Hirn lichtete sich nach und nach, und ich konnte meine Geistführer nun öfter hören. Immer wieder sagten sie, dass es Stephen gut ginge. Man arbeite mit ihm, und er rekapituliere sein Leben. Sobald er so weit wäre, würde er mit mir sprechen. Er hätte nichts auszustehen, weder würde er in einer Hölle schmoren, noch hätte er irgendwelche Strafen zu erdulden. Ich erfuhr, dass man ihn sogar einige Male zu uns gebracht hatte, wir aber nicht in der Lage waren, seine Gegenwart zu bemerken.

Ich betete darum, dass das alles wahr sei. Wenn Stephen ab und zu hier in den Räumen mit uns gewesen war – warum hatten mich meine Geistführer nicht darauf aufmerksam gemacht? Dann hätte ich ihn fühlen und mit ihm sprechen können. Das war nicht fair! Ich fragte nach dem Grund.

Meine Führer berichteten, dass sie oft versucht hätten, mich auf Stephens Anwesenheit hinzuweisen. Manchmal hätte ich, sobald er in den Raum gekommen war, sofort an ihn gedacht und zu weinen begonnen. Manchmal war das Weinen wirklich meine Reaktion darauf, dass ich ihn unbewusst hier wahrgenommen hatte. Außerdem erklärten sie mir, dass Stephen in einigen Situationen durchaus in der Lage war, sich bemerkbar zu machen, er hatte mich sogar laut angesprochen und meinen Namen genannt.

Plötzlich fiel es mir wieder ein! Zwei Wochen zuvor war etwas Ungewöhnliches geschehen: Ich saß nachts in der Mitte meines riesigen Bettes und fühlte mich furchtbar. Ich war allein, ich weinte, betete, ich war verwirrt und in so tiefer Trauer, dass ich gerade noch so funktionierte. Wie so häufig sprach ich laut zu Stephen. Ich rief ihn, er solle zu mir kommen, ich bat ihn flehentlich, sich zu zeigen. Aber wie immer geschah nichts.

Plötzlich vernahm ich von der linken Seite, wie von oben kurz unter der Decke, den deutlichen Ruf: »Mama!« Sofort drehte ich mich in die Richtung, aus der dieser Ruf gekommen war, aber niemand war dort. Laut rief ich: »Stephen, bist du das? Bist du hier?«

Die Stimme antwortete nicht. Ich starrte immer wieder zu der Stelle im Raum, aus der sie gekommen war, ich suchte das ganze Zimmer nach irgendetwas Auffälligem ab. Wieder und wieder versuchte ich Stephen anzusprechen oder etwas zu hören. Und dann fiel mir auf, dass der Ruf eigentlich gar nicht wirklich wie seine Stimme geklungen hatte. So saß ich für viele Minuten da, glaubte, zweifelte und konnte mich selbst einfach nicht davon überzeugen, dass es Stephen gewesen war. Viel zu sehr war ich in mir selbst und meinen wirren Gedanken versponnen, als dass ich mich wirklich meinen Führern hätte öffnen können. Nie zuvor hatte ich an dem gezweifelt, was ich gehört hatte. Es waren einfach Fakten! Doch wenn es wirklich Stephen gewesen war, dann hätte ich doch auch seine Stimme erkennen müssen. Immer wieder ging ich in Gedanken zu diesem Moment zurück, in dem ich ihn gehört hatte. Aber ich konnte diesen Ruf nicht noch einmal so deutlich vernehmen, als dass es mir Sicherheit gegeben hätte. Schließlich bestätigten meine Führer, dass es Stephen gewesen war. Neue Hoffnung flammte in mir auf.

Während ich nach Antworten suchte, fiel mir ein, dass ich von Medien gehört hatte, die mit Toten kommunizieren konnten. Vielleicht, so dachte ich, würde ich ein solches Medium mit dieser Gabe finden, das mir den Kontakt zu Stephen verschaffen könnte. Ich würde diesem Menschen keinerlei Informationen über meinen Sohn und das, was geschehen war, geben und einfach schauen, was passiert. Ich hörte mich ein wenig um, und bald hatte ich eine ganze Liste von Medien oder »Sensitiven«, die mir meine Mitstudenten empfehlen konnten.

So verabredete ich mich mit einer dieser Personen bei ihr zu Hause. Ich war erstaunt, als mir eine völlig normal aussehende und ganz gewöhnlich gekleidete Frau entgegenkam. Wahrscheinlich hatte ich mir einen solchen Menschen viel exotischer vorgestellt. Sie bat mich in ihr Haus und erklärte mir, dass sie die Gabe habe, die »Geister«, wie sie es nannte, zu hören.

»Sie haben jemanden verloren, den Sie sehr liebten, oder?«, begann sie.

Überrascht antwortete ich: »Ja.«

»Ist Ihr Vater gestorben?«

»Nein«, sagte ich.

»Ihre Großmutter oder Ihr Großvater?«, forschte sie weiter nach.

»Nein.«

»Ah ja, jetzt kann ich es sehen: Es geht um Ihr Kind«, sagte sie und strahlte. »Sie haben ein Kind verloren.«

Mein Herz tat einen Sprung. »Ja.«

Nun fuhr sie fort: »Ich kann es sehen – es ist ein kleines Kind.« Sie deutete mit der Hand die Höhe von etwa einem Meter an.

Meine Hoffnungen lösten sich in Luft auf. »Nein«, sagte ich. Stephen war kein Baby mehr und natürlich größer als einen Meter. So schnell es ging, ohne allzu unhöflich zu werden, verließ ich die Dame, da sie nichts sagen konnte, was wirklich zutraf. Ich war ziemlich entmutigt, aber ich suchte weiter.

Ich ging vielleicht zu einem halben Dutzend weiterer Medien. Keinem gelang es, Stephen zu erreichen. Ich zweifelte nach wie vor nicht daran, dass es möglich war, mit Verstorbenen zu kommunizieren. Aber ich hatte keine Ahnung, wo ich jemanden, der diese Gabe wirklich hatte, finden konnte.

Einer meiner Mitstudenten gab mir schließlich das Buch *Always, Karen* von Jeanne Walker. Es war die Geschichte eines Paares, dessen einzige Tochter Karen an Krebs starb. Die Eltern waren so verzweifelt, dass sie daran dachten, sich das Leben zu nehmen. Dann aber lernten sie Reverend George Daisley kennen, einen Geistlichen und Sensitiven aus Santa Barbara in Kalifornien. Daisley offenbarte Hunderte aussagekräftiger Details über das Leben von Karen, und es war mit Sicherheit auszuschließen, dass ihm diese Informationen von irgendeinem Menschen gegeben worden waren. Beim Lesen dieses Buches war ich mir sicher, dass Reverend Daisley wirklich in der Lage war, den Kontakt zu anderen Ebenen des Seins herzustellen.

Wieder fühlte ich die Hoffnung in mir wachsen. Jetzt

musste ich nur noch herausfinden, wie ich an George Daisley herankommen konnte. Ich schrieb an Jeanne Walker und erzählte ihr, was mit meinem Sohn passiert war. Daraufhin gab sie mir Reverend Daisleys Adresse und Telefonnummer.

Ich rief ihn an. Am Telefon klang seine Stimme streng, aber freundlich. Er erklärte mir, dass er niemals über die Entfernung arbeiten würde, wenn ich aber einmal in Kalifornien wäre, würde er mich gern bei sich begrüßen. Ich sagte ihm nicht, warum ich eine Session bei ihm wollte, versicherte ihm aber, dass ich eines Tages kommen würde. Es war etwas, woran ich mich eine Zeit lang festhalten konnte. Obwohl Daisley fast 4500 Kilometer entfernt wohnte, schwor ich mir, einen Weg zu finden, wie ich ihn aufsuchen konnte. Derweil versicherten mir meine Geistführer erneut, dass Stephen wohlauf und bald in der Lage wäre, sich bei mir zu melden. Alles wurde leichter.

Warum aber konnte ich nicht aufhören, zu weinen und zu trauern? Warum vermisste ich ihn so sehr? Es war, als wäre er zum Campen gefahren, hätte sich etwas verspätet, während ich hier saß und auf seine Heimkehr wartete. Aber er kam nicht heim. Niemals mehr. Ich hielt es nicht mehr aus, ihn nicht sehen, nicht umarmen, nicht sprechen zu können. Manchmal dachte ich, dass es einfacher wäre, sich an den christlichen Glauben zu halten: Er war tot, lag in der Erde und schlief, bis er am Jüngsten Tag wieder erwachen würde.

Ich war aber davon überzeugt, dass dies nicht der Wahrheit entsprach, oder besser gesagt: Es war nicht meine Wahrheit. Ich hatte zu viel gelesen, selbst zu viele Erfahrungen gemacht, als dass ich das noch glauben konnte. Ich wusste, dass nur Stephens Körper gestorben war. Ich wusste, dass seine Seele lebte. Nur ahnte ich nicht, wo sie sich aufhielt und wie ich sie erreichen konnte. Mir kam das ein bisschen so vor, als sei er gekidnappt worden, und ich wusste nicht, wohin ihn seine Entführer verschleppt hatten. Ich war mir so sicher, dass er »am Leben« war, aber wie alle Eltern, deren Kinder verschwunden waren, spielte ich tausend Szenarien durch, was ihm alles zugestoßen sein könnte. Wo war Stephen? Mit wem war er zusammen? War er glücklich oder unglücklich, in Gefahr oder in Sicherheit? Es war so quälend, aber in dieser Qual lag immer die Hoffnung, dass ich ihn eines Tages tatsächlich finden würde.

Ich gestehe, dass ich Stephen in diesen Monaten fast zu einem Helden hochstilisierte. Seither habe ich sehr viel über Selbstmord und Tod gelesen und bin intensiv beraten und unterstützt worden. Heute weiß ich, dass es ganz normal ist, wenn Eltern ihr totes Kind eine Zeit lang als etwas Heiliges ansehen. Wahrscheinlich habe ich einfach versucht, etwas Besonderes aus seinem Tod zu machen. Stephen sollte nicht so sein wie Hunderte anderer Kinder, die sich das Leben nahmen. Es war mein Versuch, die Situation zu meistern und den Schmerz zu ertragen. Es hat mich aber auch für eine lange Zeit davon abgehalten, das Ganze zu verstehen, um selbst zu heilen.

Während dieser Wochen lief mein Unterricht weiter. Wenn ich nicht lernte, las ich jedes Buch über das Leben nach dem Tod, das ich bekommen konnte. Noch immer fand ich kaum etwas über Suizid und gar nichts über den Selbstmord von Teenagern. Ich wusste nicht einmal, ob es Statistiken darüber gab, wie viele Kinder sich in welchem Alter das Leben nahmen. Ich kannte keinen einzigen Menschen, der ein Kind auf diese Weise verloren hatte, oder einen Erwachsenen aus der Familie oder einen Freund. Auch eine Organisation, die sich um die betroffenen Hinterbliebenen kümmerte, kannte ich nicht. Niemand konnte mir irgendetwas darüber sagen. Ich hatte das Gefühl, ich sei der einzige Mensch auf der Welt, dem dieses Schicksal widerfahren war. Dass ich damit so allein war, verstärkte noch einmal mehr meine Schuldgefühle. Ich begann zu glauben, dass es eine solch schlechte Mutter nicht noch einmal auf der Erde geben würde – nur ich war derart bösartig und falsch, nur ich hatte mein Kind in den Selbstmord getrieben.

Nun musste endlich etwas passieren. Es hatte keinen Sinn, wenn ich weiter von Medium zu Medium reiste, da die Enttäuschungen so schmerzhaft waren, dass ich jedes Mal resigniert nach Hause fuhr. Manche dieser Medien brachten wunderbare Einzelheiten über mich und meine Familie hervor, waren aber nicht in der Lage, mit einem Toten Kontakt aufzunehmen. Ich wollte nichts als Informationen über Stephen, die aber bekam ich nicht. Einige waren sehr bemüht und aufrichtig, sicher bis zu einem bestimmten Grad auch hellsichtig, doch niemand konnte mir auch nur ein einziges Wort von meinem Sohn übermitteln. Alles, was ich hatte, waren die wenigen Informationen von meinen Geistführern und ihr Versprechen, dass ich bald mit Stephen würde reden können. Manchmal aber misstraute ich diesem Trost, denn er war ja schließlich nur durch mich selbst hindurch gechannelt worden.

Die anderen Kinder brauchten mich jetzt. Es schien ihnen zwar gut zu gehen, aber ich wollte keinesfalls noch einmal derartig blind gegenüber ihrem Leben sein. Wir sprachen viel über ihren Bruder, aber es blieb schwierig für sie. Sie konnten einfach nicht verstehen, warum er sich umgebracht hatte. Ich versuchte es zu erklären, aber meine Worte klangen hohl. Ich verstand seine Tat ja selbst nicht.

Eines Tages fand ich beim Staubsaugen in Andreas Zimmer einen Zettel, der mir vollends das Herz brach. Auf einem zerknüllten, linierten Blatt, gewellt von eingetrockneten Tränen, hatte sie geschrieben: »20. März 1974. Stephen, ich werde dich immer lieben. Bitte versuch mir zu erklären, warum du das getan hast. Ich verstehe es nicht. Vielleicht ist es dumm, aber ich kapier es einfach nicht. Für immer in Liebe, Andrea.«

Meist war ich abends in Stephens Zimmer. Ich streckte mich auf seinem Bett aus, berührte all seine Sachen und versuchte mir vorzustellen, wie es war, als er hier lebte. Unzählige Male hörte ich die beiden Kassetten an, die er aufgenommen hatte. Ich lauschte konzentriert seiner ernsten Stimme, mit der er sich selbst positive Affirmationen für sein Training, die Gewichtsabnahme und die Stärkung seines Körpers gab.

Wenn ich diese Bänder anhörte, konnte ich Stephens Schmerzen, seine Träume und seine Ängste spüren. Sie waren in Alexandria, Virginia, aufgenommen, wo wir wohnten, als Stephen vierzehn Jahre alt gewesen war. Er sprach langsam und maßvoll, so wie uns seine Stimme immer in Erinnerung war:

> *4. April 1973.* Ab heute versuche ich, möglichst jeden Tag etwas auf Band zu sprechen und meine Gedanken aufzuschreiben. Ich weiß sehr gut, dass ich nicht perfekt bin, aber ich fange jetzt an, besser zu werden. Niemand ist wirklich perfekt. Alle Leute machen im-

mer mal wieder Fehler. Ich hoffe, dass es helfen wird, wenn ich das hier spreche. Zumindest wird es nicht schaden.
Eigentlich drehen sich alle meine Probleme momentan darum, dass ich abnehmen will. Allerdings muss ich zugeben, dass ich es noch nicht allzu streng versucht habe. So wie heute: Den ganzen Tag über, bis ich nach Hause kam, habe ich nichts als ein paar Sonnenblumenkerne gegessen. Dann aber verschlang ich drei Eier und vier Scheiben Toast, was nicht besonders gut für mich ist. Danach aß ich noch etwas Müsli und ein Brot mit Erdnussbutter und Marmelade. Na ja, und noch mal Brot mit Erdnussbutter und Milch und … So läuft das natürlich nicht besonders gut. Aber es wird aus mir selbst heraus kommen müssen, von innen her.
Was ich so den Tag über mache – ich trainiere Karate und versuche noch ein paar andere Dinge zu lernen: Judo und Aikido. Ich bin wirklich sauer wegen meines Gewichts. Irgendwie geraten die Proportionen durcheinander. Es läuft einfach nicht gut. Auch mein Karate ist nicht so gut, ich bin überhaupt nicht in Form. Ich bin total gehemmt und unsicher, vor allem, wenn Mädchen in der Nähe sind. Dabei mag ich Mädchen, ich finde, sie sind cool, aber ich muss einfach alles an mir echt straffen, wenn ich nur an sie denken will. Vielleicht sollte ich mehr schwimmen. Ich muss gut 15 Kilo abnehmen. Ich stelle jetzt ein Programm auf, nach dem ich trainieren und lernen kann, meinen ganzen Körper fit zu machen. Ich werde viel Karate trainieren, denn wenn ich erwachsen bin, möchte ich ein guter Karate-Kämpfer sein. Ich lese gerade *Billy Jack* und genauso möchte ich sein: wie Billy Jack, in einem Reservat leben oder etwas Ähnlichem. Oder

eine eigene Schule aufmachen, in der ich Kindern helfen kann, wenn sie Probleme haben. Es gibt so viele Idioten in der Welt. Und für viele bin ich der Idiot, so ist das halt …

Hier endete das, was er selbst gesprochen hatte, und es folgten einige Songs: »I believe, I believe, I believe, I believe, I'm falling in love. It's too late to turn back now …« Dann: »I can't get you out of my mind …« »There's something wrong with me, something in your face that keeps me hanging around, something wrong … I want to live, I want to give …«

Auf einer Seite der anderen Kassette hatte er sich ein Selbsthilfeprogramm zusammengestellt:

Konzentriere dich, kläre deinen Geist, reinige ihn von allem und konzentriere dich. Leere deinen Geist und atme tief, sehr tief. Atme tiefer, lass den Atem bis an die tiefste Stelle deines Körpers dringen, lass ihn wieder nach oben strömen und schicke ihn nach draußen. Atme tief mit einem klaren Geist. Konzentriere dich auf das, was ich dir jetzt sagen werde.

Du hast die Chance, der wunderbare Mensch zu werden, von dem du träumst und den du dir erhoffst. Das braucht einige Anstrengung, und du musst diese Anstrengung auf dich nehmen. Konzentriere dich jetzt und höre, was du zu tun hast. Du musst aufhören, zu essen. Du möchtest überhaupt nicht essen. Es ist nicht gut für dich, zu essen. Du möchtest nicht essen. Für eine Zeit brauchst du nicht mehrmals am Tag essen. Du möchtest nicht essen, du willst überhaupt kein Essen. Alles Essen schmeckt furchtbar. Es zieht dich nach unten.

Was du willst ist trainieren. Du willst dich bewegen.

Bewegung, den Körper formen, bis du die Proportionen von Conan dem Barbaren hast. Du willst dich bewegen und nicht essen. Du willst kein Essen. Essen ist schlecht für dich. Es macht dich fett und hässlich. Es macht dich hässlich und fett. Ernähre deinen Körper so, dass du bald wie Spiderman oder Conan der Barbar aussiehst. Wenn du nicht isst, wirst du abnehmen, und wenn du trainierst, wird dein Körper kraftvoll und schnell. So kraftvoll. So stark, dass du nie wieder jemanden fürchten brauchst. Dafür werden die Leute dich fürchten. Du wirst alle Kraft haben. Du wirst gut aussehen, die Mädchen werden sich für dich interessieren. Denke nur an Lynn und Kathy und daran, was diese Mädchen für dich empfinden werden, wenn du gut aussiehst. Sie werden dich toll finden, und du wirst glücklich sein.

Du möchtest kein Essen, denn Essen ist schlecht für dich. Es schmeckt dir nicht mehr. Wenn du morgens aufwachst, wirst du kein Verlangen nach Essen haben. Am Morgen und am Nachmittag wirst du nicht hungrig sein. Du wirst nichts anderes wollen als trainieren. Du wirst deinen Körper trainieren und bewegen und formen wollen. Für die nächsten drei Wochen wirst du, wenn du morgens aufwachst, nichts essen wollen. Das einzige, was du ab jetzt essen möchtest, sind Grapefruits und Äpfel, Früchte und Säfte. Kein fetthaltiges Essen mehr. Du wirst hässlich werden, wenn du fettes Essen zu dir nimmst, hässlich und fett. Das Fett wird an dir herunterhängen, und alle Leute werden dich meiden. Du willst nicht essen, du willst gut und schön aussehen. Du wirst nicht mehr ans Essen denken, wenn du morgens aufwachst. Du willst trainieren. Dein Training ist gut für dich.

Konzentriere dich und denke an den Erfolg. Ein

starker, kraftvoller Körper, schnelle Bewegungen, Attraktivität für die Mädchen, gut aussehen, sich gut fühlen. Konzentriere dich. Du konzentrierst dich auf deinen neuen Körper und auf die Mädchen, die dich toll finden werden, und auf dein Training ... und nun kommst du langsam zurück. Du wirst dich erfrischt fühlen, du wirst Lust haben, zu trainieren und dich zu bewegen. Du wirst dich frei bewegen und nicht hungrig sein.

Wie sehr er innerlich gelitten hat, ohne dass es jemand von uns bemerkt hätte! Die Mahlzeiten müssen die Hölle für ihn gewesen sein. Er wurde so oft daran erinnert, dass er dick war oder dick werden würde. Wie oft wurde er beim Essen gerügt! Sein Selbstbewusstsein bröckelte und verschwand immer mehr. In seiner prägenden Zeit, als wir mit Richard lebten, wurde so viel Wert auf Äußerlichkeiten gelegt, dass Stephen kein Gefühl für seine inneren Werte entwickeln konnte. Richard und ich hatten dieses empfindsame Kind zerstört, er durch Erniedrigungen und emotionalen Missbrauch, ich durch Vernachlässigung und meine Ignoranz gegenüber seiner Sensibilität und seinen Bedürfnissen.

Als ich Stephens vertraute Stimme hörte, überfluteten mich erneut die Erinnerungen. Wie gern hätte ich ihn noch ein einziges Mal gesehen! Gedanken, über die ich keinerlei Kontrolle hatte, marterten mich. War Stephen wirklich geisteskrank gewesen, so wie Richard es behauptete und auch andere es anklingen ließen? »Alle Selbstmörder sind gestört«, hörte ich mehr als einmal. Er hatte überhaupt nicht krank gewirkt, sicher etwas deprimiert, aber nach meinem Verständnis keinesfalls geistig gestört. Natürlich konnte ich da nicht hundertprozentig sicher sein, und genau das quälte mich sehr. Er wurde so sehr geliebt. Wusste er das denn nicht? Hatte ich ihm nicht an jedem Tag seines Lebens gesagt, wie sehr ich ihn liebte? Würde er wirklich anfangen, von der »anderen Seite« aus Bücher zu diktieren, so wie er es angekündigt hatte? Ich wusste es nicht, und mein Hirn war müde, all das immer wieder auseinanderzunehmen und erneut zusammenzusetzen.

Man sagt, dass ein Selbstmörder nur ein einziges Mal stirbt, die Hinterbliebenen ihn aber in ihren Gedanken noch Tausende Male zu Tode kommen lassen. Damals wusste ich das noch nicht. Doch wenn ich an Stephen dachte, sah ich ihn hängend, baumelnd, die Augen aus ihren Höhlen herausgedrückt, die Zunge aus dem Mund hängend, das Genick gebrochen, erstickend, das Gesicht vor Qual verzerrt, manchmal aber auch schnell sterbend. Bilder, wie er stundenlang litt, kamen mir wieder und wieder in den Sinn.

Man sagt auch, dass ein Selbstmörder die Kellertüren öffnet und alle Leichen, die die gesamte Familie dort liegen hat, für jeden sichtbar werden lässt. Wie wahr! Jede schlechte, böse oder wenig liebenswürdige Tat wurde aus dem Keller hervorgeholt und zur genauen Prüfung an Tageslicht gezerrt. Jedes Kindheitserlebnis, jedes Detail des Zusammenlebens, jedes Wort wurde neu erinnert. Jede Aktivität, bei der ich dabei war, wurde auseinandergepflückt, zusammengesetzt und neu zerlegt. Und jedes Mal, wenn ich Stephen sterben sah, erfuhr ich den Todeskampf in seiner ganzen Intensität auch in mir. Ich konnte diese Gedanken nicht stoppen, so sehr sie mich auch quälten. Ich versuchte alles, um sie aus meinem Kopf zu bekommen, damit ich beten und innerlich wieder gesund werden könnte. Doch diese Erinnerungen und schmerzhaften Bilder nahmen kein Ende. Manchmal hatte ich das Gefühl, diese Gedanken würden mir das Gehirn verbrennen. In den wenigen Momenten, in denen es mir gelang, mich von ihnen zu befreien, schien es wiederum so, als wäre von Stephen überhaupt nichts mehr übrig. Und Erinnerungen – welche auch immer – waren mir lieber als gar nichts. Die Erinnerungen waren doch alles, was mir geblieben war!

Wir alle, die Stephen liebten, forschten nun bei uns selbst nach, was wir getan hatten, das ihn in den Selbstmord getrieben hatte. Und wir fanden immer mehr. Es war so leicht, sich schuldig zu fühlen! Viel schwieriger war, sich an das Gute zu erinnern, das man ja auch ab und zu getan hatte. Vor allem für mich. Ich hatte ihm dieses Leben gegeben. Er aber hatte entschieden, es im Alter von fünfzehn Jahren selbst zu beenden. Ich hatte als Mutter, als Elternteil, als Mensch versagt. Ich müsste tot sein und er noch am Leben! Ich bot diesen Tausch an, ich bot Gott mein Leben für das Wunder, dass er Stephen zurückbringt. Er hatte doch alles, wofür es sich zu leben lohnte. Mein Leben hingegen war zu Ende. Egal, wie man darüber denken mochte, Tatsache war, dass Stephen es vorzog, sich zu töten, als weiterhin mit uns, mit mir zu leben. Ich war es, die das Leben für ihn absolut unerträglich gemacht haben musste.

Ich sehnte mich so sehr danach, im Büro den Hörer abzunehmen und zu hören: »Hi, Mama, ich bin's.« In jeder Menschenmenge suchte ich Stephen. Doch nie erblickte ich einen Menschen, der wie er aussah. Ein paar Monate nach Stephens Tod kam ab und zu ein früherer Auszubildender zu Besuch – das war das einzige Mal, dass mich jemand zumindest vage an Stephen erinnerte. Hier gab es ein paar Gemeinsamkeiten, zunächst einmal registrierte ich, dass er auch Steve hieß. Eigentlich sahen sich die beiden gar nicht so ähnlich, aber wann immer dieser junge Mann in der Nähe war, konnte ich meine Augen nicht von ihm wenden.

Eines Tages im Mai klingelte im Büro das Telefon, und Debbie schrie am anderen Ende in den Hörer: »Komm schnell nach Hause! Komm ganz schnell nach Hause!« Ich beruhigte sie, dass ich gleich losfahren würde, und fragte, was passiert sei. Sie sagte: »Mom, Stephen war hier! Ich habe ihn gesehen. Er hatte seine Karateklamotten an, stand am Herd und kochte. Er schaute mich an, und ich sah ihn an. Er sagte nichts. Und dann verschwand er wieder. Komm schnell heim!«

Ich sprang ins Auto und fuhr nach Hause. Debbie empfing mich an der Tür, und ich umarmte sie lange. Sie redete so schnell, dass ich sie kaum verstehen konnte. Sie erzählte noch einmal, dass sie im Wohnzimmer gesessen hatte, und als sie aufsah, war Stephen da. Er stand in seinem Karateanzug hinterm Herd in der Küche. Er lächelte sie an und verschwand dann.

Ich fragte sie wieder und wieder, und sie erzählte die Geschichte immer wieder in dieser Version mit denselben Details. Sie war ein bisschen erschreckt, aber sie wusste jetzt plötzlich sicher, dass es Stephen gut ging und dass er lebte. Sie war immer noch traurig, aber längst nicht mehr so verzweifelt wie zuvor. Sie erzählte noch oft von diesem Erlebnis. Es war ganz sicher heilsam für sie, es hatte das Mädchen verändert. Sie hatte von da an auch keine Angst mehr, allein im Haus zu bleiben.

Warum war Stephen nicht auch mir erschienen? Ich war dankbar, dass Debbie diese Erfahrung so geholfen hatte. Aber in meinem Schmerz sehnte ich mich auch nach einer solchen Begegnung, nach der Chance, ihn noch ein einziges Mal zu sehen.

Unser Leben war monatelang düster und schwer gewesen. Tom beschloss nun, einen Trip durch das Land zu planen – den ganzen Juli lang würden wir unterwegs sein. Gemeinsam mit den Kindern würden wir den gesamten Westen anschauen, Toms Mutter in Kalifornien besuchen und bei der Gelegenheit versuchen, George Daisley zu treffen. Mir war nicht gerade nach einer langen Tour in einem Auto voller Kinder zumute. Ich hatte auch keine Lust auf Sightseeing. Aber ich wollte sehr gern Reverend Daisley aufsuchen, und so war ich bereit, alle Strapazen auf mich zu nehmen, um zu ihm zu kommen. Ich rief ihn an und konnte einen Termin für die Zeit vereinbaren, in der wir laut Plan dort sein müssten. Wieder sagte ich ihm nur meinen Namen und sonst nichts. Wenn er wirklich mit Verstorbenen kommunizieren konnte, dann würde er alles Nötige auch ohne meine Hilfe herausbekommen können.

Im Juli machten wir uns mit einem gut ausgerüsteten Wohnmobil auf den Weg. Alle Kinder waren mit von der Partie, außer Bob, der arbeiten musste und überdies eigene Pläne hatte. So waren wir sechs Kinder und zwei Erwachsene für drei Wochen in einem Gefährt. Lunchpakete hatten wir immer dabei, denn wir fuhren jeden Tag acht Stunden oder länger. Abends verteilten wir uns in einem Motelzimmer in den Betten und Schlafsäcken. Es war nicht gerade das, was ich mir unter Urlaub vorstellte. Ich war bald völlig am Ende.

Stephen war erst vier Monate tot. Ich war noch mitten in der Trauer. Toms Kinder forderten ihren Vater wie sonst auch immer. Ihre Mutter hatte ihnen irgendwelche Ängste in Bezug auf mich eingeredet, so dass wir niemals richtig warm miteinander wurden, wie sehr ich mich auch um sie bemühte und mit ihnen spielte. Für mich waren Andrea und Debbie das einzig Angenehme auf dieser Tour. Alle schienen den Urlaub zu genießen, nur ich nicht. Trotzdem versuchte ich, glücklich auszusehen und mir nichts anmerken zu lassen, aber in den schönen Momenten konnte ich nur daran denken, wie sehr Stephen diesen Trip genossen hätte. Das war nicht fair, Gott! Es war nicht gerecht, dass er nicht mit uns sein durfte. Warum waren Toms Kinder am Leben, während Stephen tot war? Stephen war viel freundlicher und liebenswürdiger als jedes von ihnen. Warum Stephen? Ich weiß, dass meine Gedanken damals abartig waren, und ich dachte auch nicht oft in dieser Weise – aber es tat so schrecklich weh! Jede winzige Kleinigkeit erinnerte mich an meinen Sohn. Ich wusste, dass ich damit aufhören musste, aber ich konnte nicht. Die vier Monate, die Stephen nun schon weg war, kamen mir wie eine Ewigkeit vor.

Meine Lebensgeister hatten mich verlassen. Ich hatte als Mutter und als Mensch vollkommen versagt. All meine Freude am Leben war verschwunden. Ich wollte nicht sterben, weil ich für meine anderen Kinder da sein musste. Aber es tat so entsetzlich weh, zu leben. Ich fühlte mich abgrundtief schuldig und sah keinen Ausweg aus meinem qualvollen Zustand. Ich versuchte es, aber die Schmerzen wollten nicht aufhören.

VIII

Stephen, du bist es!

Unsere Geburt ist nur Schlaf und Vergessen.
Die Seele steigt mit uns auf, unser Lebensstern,
woanders hatte sie ihren Platz, von weit her kommt sie,
nicht im vollkommenen Vergessen, nicht in völliger
Nacktheit.
Umgeben von Schleiern der Herrlichkeit
kommen wir von Gott, unserem Zuhause.

William Wordsworth

Schon immer wollte ich die westlichen Bundesstaaten sehen. Sie waren unbeschreiblich schön. Dennoch machte mir der Ausflug ohne Stephen keine Freude. Als wir Kalifornien erreicht hatten, war ich jeglicher Lebenslust beraubt und wollte auch George Daisley schon gar nicht mehr treffen. Kein Medium hatte Stephen erreichen können, und wahrscheinlich würde es auch keines geben, dem es gelingen könnte. Ich glaubte auch meinen inneren Führern nicht mehr, wenn sie mir sagten, dass Stephen wohlauf sei und schon üben würde, um bald Kontakt aufzunehmen. Es war mir nicht immer möglich, sie zu hören, und wenn ich sie hörte, führte meine Skepsis dazu, dass es mich kaum noch trösten konnte. Wie sollte ich sicher sein, dass ich Stephen überhaupt jemals sprechen würde? Dass er sich bereits gezeigt hatte, existierte vermutlich nur in meiner Einbildung und war eben das, was ich gern als Realität ansehen wollte.

Vielleicht starben die Menschen einfach und dann war alles zu Ende. Wahrscheinlich waren all diese metaphysischen Thesen nur Hirngespinste. Mein Studium für die Priesterschaft war fast beendet, bald würde ich geweiht werden – aber ich war mir nicht mehr sicher, ob ich das alles, was ich dort gelernt hatte, überhaupt noch glauben konnte. Wieso dachte ich überhaupt, dass meinem Sohn, der sich absichtlich getötet hatte, erlaubt würde, sich von der anderen Seite aus bei mir zu melden? War es nicht eher wahrscheinlich, dass er in der Hölle litt, dass er verdammt war und dass ich das einfach nur nicht wahrhaben wollte? Vielleicht wollte ich ihn auf diese Weise am Leben erhalten, um der einzig wahren Tatsache nicht ins Auge sehen zu müssen: Er war tot. Allmählich fühlte ich mich gegen meine Zweifel machtlos.

Von Los Angeles fuhren wir zu Daisleys Haus in Santa Barbara. Es war ein wunderschöner Tag und eine angenehme Fahrt, wir redeten über die Bäume an der Straße. Die Kinder waren mit dabei, und wir hielten öfter an, um Fotos zu machen. Auf dieser Tour machte ich Hunderte Bilder von den Kindern. Überhaupt hatte ich sie seit Stephens Tod viel öfter auf Fotos festgehalten, als wollte ich alles nachholen, was ich bei Stephen versäumt hatte.

Wir fanden Daisleys Haus in einer ruhigen Allee mit großen Häusern, etwas zurückgesetzt von der Straße, baumumstanden auf weitem Rasen. Reverend Daisley lebte in einem sehr schönen Anwesen, dessen friedliche Atmosphäre wir schon spürten, bevor wir aus dem Wohnmobil stiegen. Ein äußerst gepflegter weißhaariger Mann, eine jugendliche Erscheinung mit sonnengebräunter Haut und einem Goldzahn, kam mit leichten Schritten auf uns zu. Er begrüßte uns und stellte sich als George Daisley vor. Er war über siebzig, und mir gefiel sein deutlich britischer Akzent. Seine Freundlichkeit hatte etwas Entspannendes. Er bot den Kindern an, im

Garten zu spielen, während wir ihm einen Hügel hinter dem Haus hinab zu einem kleinen Gästehaus folgten. Dort hielt er seine Sitzungen ab.

Ich hatte Daisley nichts über die Gründe für unser Kommen verraten. Als wirkliches Medium würde er das alles wissen oder leicht herausfinden. Nun saßen wir ihm gegenüber auf einer Couch. Er selbst hatte auf einem Stuhl in der Mitte des Raumes Platz genommen. Er erklärte, dass er in der Lage wäre, sich dem Hören ganz zu öffnen und als Kanal für die Botschaften aus anderen Dimensionen zu agieren. Er würde uns sagen können, was er aus der geistigen Ebene empfangen würde. Dabei wäre es hilfreich, wenn wir wahre Aussagen immer sofort bestätigen könnten und ihm ebenso mitteilten, wenn etwas nicht stimmig sei. Er stellte keine Fragen und schlug vor, dass wir mitschreiben sollten, da er nicht wollte, dass wir ein Diktiergerät mitlaufen ließen. Tom bot sich als Schreiber an.

Reverend Daisley begann mit einem Gebet und lud die geistige Welt ein, mit uns zu sein. Ich saß dabei und verspürte keinerlei Optimismus. Wie oft war ich bei solchen Sessions gewesen – ich erwartete nicht mehr viel. Mein Vertrauen war schwer erschüttert worden.

Im Vorfeld hatte ich etwas getan, was sicherlich nicht fair ist: Ich hatte ein Foto von Stephen aus dem Album genommen und es in mein geblümtes Schminktäschchen gelegt. »Okay, Stephen«, sagte ich und setzte mich vor der Abfahrt nach Santa Barbara noch einmal für ein Gebet hin. »Wenn du wirklich da bist, wenn du zu uns durchdringen kannst und wenn es wirklich du bist, dann erzähle Reverend Daisley von diesem Foto. Es ist ein Test, sag ihm, wo ich das Bild hingetan habe.«

Der Reverend fing nun an, seinen Kopf zu drehen und sich im Raum umzuschauen. Seine Augen waren weit geöffnet. »Steve. Wer ist Steve? Steve ist hier.« Es überraschte mich, seinen Namen zu hören. Ich sagte, dass Steve mein Sohn ist. Und er fuhrt fort: »Er möchte Sie wissen lassen, dass er okay ist. Sie sind eine solche Sorgentante. Er denkt, dass Sie die weltweit sorgenvollste Sorgentante sind. Steve möchte Ihnen dafür danken, dass Sie immer laut zu ihm sprechen, wenn Sie in Ihrem Zimmer auf dem Bett sitzen. Er mag es, wenn Sie ihn hörbar ansprechen. Aber er möchte auch, dass Sie die untere Schublade des Nachttisches öffnen und all seine Sachen, die Sie darin aufbewahren, wegwerfen. Er wird sie nicht mehr brauchen, und Sie können damit auch nichts anfangen. Werfen Sie sie weg.«

Ich begann, laut zu schluchzen. Neben all den richtigen Details, die Daisley nannte, konnte ich nämlich auch fühlen, dass Stephen im Raum war. Und natürlich würde er sich selbst Steve nennen, wie er es immer getan hatte. Er würde nicht Stephen sagen, wie ich es tue. Es stimmte, ich habe jeden Abend auf dem Bett gesessen und laut zu ihm gesprochen. Ich hatte tatsächlich all seine wertvollen Schätze in die untere Nachttischschublade geräumt, so wie er es sagte.

Daisley sprach weiter: »Stephen sagt, dass Sie acht Fahrräder in der Garage haben. Erst neulich habe er Tom dabei beobachtet, wie er das Türschloss auswechselte.« Ich versuchte, meinen Tränenstrom zu stoppen und wandte mich an Tom: »Stimmt das? War es kaputt?« Er sagte nur: »Ja.« Immer noch ein bisschen skeptisch musste ich aber zugeben, dass wir wirklich acht Fahrräder haben – es könnte natürlich auch gut geraten sein. Dann aber akzeptierte ich es. Wie viele Leute haben schon acht Fahrräder in der Garage stehen?

»Stephen sagt, dass er sich freut, dass Tom einige seiner Kleidungsstücke tragen kann.« So viele Medien hatten mir Stephen als ein Baby oder ein kleines Kind beschrieben. Vielleicht hatten sie den Eindruck, dass ich nicht wie die Mutter eines Teenagers aussehe. Reverend Daisley aber lag richtig, Tom konnte wirklich Sachen von Stephen tragen. »Er sagt, er sei auf dem Weg hierher mit Ihnen im Auto gewesen. Auch er habe die schönen Bäume bewundert. Und er bittet darum, dass Sie Mike von ihm grüßen.« Mike ist Toms ältester Sohn, den Stephen sehr mochte.

Ich kann kaum beschreiben, was in mir vorging. Ein Teil von mir stellte jede Information, die Daisley hervorbrachte, erst einmal in Frage. Andererseits aber konnte ich Stephens Anwesenheit deutlich spüren – seine Seele, seinen Geist oder was auch immer. Mir fiel auf, dass ich genau das auch häufig zu Hause fühlen konnte, wenn ich in der Zeit nach seinem Tod allein im Zimmer saß. Aber ich hegte immer starke Zweifel, ob das wirklich er sein könnte. Jetzt war es nicht mehr zu leugnen. Ich musste die ganze Zeit weinen. Ich war so dankbar, so berührt von dieser feinen spirituellen Energie im Raum und der Präsenz von Stephen.

Stephen schien weiter zu reden, denn der Reverend übermittelte: »Ihr wisst, dass ich immer ein Motorrad haben wollte. Hier kann ich jederzeit eins nutzen, wenn ich will.«

Ich sagte: »Ich glaube nicht, dass er je den Wunsch geäußert hat, Motorrad zu fahren.«

Doch Tom unterbrach mich: »O doch, das hat er. Wir haben ab und zu darüber gesprochen.«

Dann sagte Stephen: »Danke auch für die Rosen zu meiner Feier.«

O nein, das stimmte wirklich nicht! »Wir hatten keine Blumen, es gab diese Feier, aber ausdrücklich ohne Blumen«, sagte ich zu Daisley.

»Stephen«, der Reverend wandte sich zu seiner Rechten. »Deine Mutter sagt, es hätte zu dieser Feier gar keinen Blumen gegeben.«

Er war kurz still und sprach dann weiter: »Er bittet mich, Ihnen zu sagen: ›Erinnerst du dich an die rosafarbenen Rosen, die auf dem Kaminsims standen, Mama?‹«

Die rosa Rosen! Die Rosen, die ich im Supermarkt gekauft und dann auf den Sims gestellt hatte. Die hatte ich völlig vergessen. Es konnte also nicht sein, dass dieser Mann einfach meine Gedanken las – ich hatte es vergessen. Ohne jede Kontrolle schluchzte ich los.

»Bitte versuchen Sie, nicht allzu emotional zu sein, das erschwert es mir, den Kontakt zu halten«, bat George Daisley.

Ich versuchte es. Ich versuchte es wirklich. Aber in mir schäumten und sprudelten die Gefühle, ich spürte Stephens Anwesenheit, ich empfing seine Liebe, und es war so schwer, dabei nicht von Emotionen überwältigt zu werden. Nun sagte Daisley: »Stephen fordert Sie auf, das geblümte Täschchen zu öffnen und mir das Bild zu zeigen, das Sie dort hineingelegt haben.« Das geblümte Täschchen? Welches Bild? Für einen Moment hatte ich sogar meinen kleinen Test vergessen! Dann aber öffnete ich das Täschchen, um die Information zu bestätigen. Zum ersten Mal musste ich lachen. Gott segne dich, Stephen. Du bist da – und du hast mich gehört!

Stephen erzählte noch einiges über Leute aus dem Bekanntenkreis, die Familie, sich selbst und die Arbeit, die vor uns lag. »Ich hatte dir ja gesagt, Mama, dass ich dir helfen werde, ein paar Bücher zu schreiben. Lass den Kanal offen. Und hör auf, so viel zu zweifeln!«

Der Reverend wandte sich jetzt direkt an mich: »Meine Liebe, Sie wissen, dass Sie das, was ich hier mache, auch selbst können. Und vieles mehr. Stephen wird Ihnen helfen. Sie haben viel Arbeit vor sich, und Sie haben eine Menge Helfer dabei. Edgar Cayce ist hier. Er sagt, dass er ebenfalls mit Ihnen arbeiten möchte.«

O nein! Nicht Edgar Cayce! Warum musste er das sagen! So viele Medien meinten, sie müssten unbedingt noch eine bekannte Person wie Cayce anschleppen, protestierte ich im Stillen.

»Cayce hat eine Nachricht für Sie, aber zuerst würde er Ihnen gern beweisen, dass er es wirklich ist«, fuhr Daisley fort. Nachrichten von Stephen waren eine Sache. Aber welche von Edgar Cayce – das war etwas komplett anderes. Ich begann wieder zu zweifeln.

Durch den Reverend zählte uns Cayce nun fünf Bücher auf, die wir zu Hause hatten. Er sagte, dass ein bestimmtes davon nur ich gelesen hatte, ein anderes nur Tom, ein drittes keiner von uns, und die übrigen beiden hatten wir beide studiert. Er lag mit allem richtig. Dabei waren zwei der Bücher kaum bekannt, eines hieß *How to develop your ESP*, es war von Suzy Smith, die uns erst vor kurzem ein Exemplar signiert hatte.

Cayce ergänzte: »Sie haben drei Kameras auf Ihrer Reise dabei. Dabei ist niemand von Ihnen ein wirklich guter Fotograf, so wie ich es auch nicht war.« Er lachte. »Wenn Sie jetzt einfach mal annehmen, dass ich es wirklich sein könnte: Ich habe eine Nachricht für Sie.« Er machte eine Pause, dann sprach Daisley laut und deutlich weiter: »Ich möchte mit Ihnen arbeiten, und es gibt da etwas, das Sie für mich bei meinem Vorhaben tun könnten.« Er endete damit, dass er versprach, sich wieder zu melden und dass er mir helfen würde.

Ich war erstaunt. Was in aller Welt tat dieser Mann – »etwas, das Sie für mich bei meinem Vorhaben tun könnten«.

Die Session war beendet. Mein Herz floss über vor

Dankbarkeit für diesen wundervollen Mann, der seine reichen Gaben so liebevoll und auf eine spirituelle Weise mit uns geteilt hatte. Es gab sie wirklich – diese Brücke zwischen Erde und Himmel, auf der wir gehen können. Es gab sie! Seit diesem Montag, dem 18. März, seit diesem schrecklichen Tag fühlte ich zum ersten Mal wieder wahre Hoffnung in meinem Herzen.

Die Fahrt nach Hause verlief nun für mich viel besser. Es wurde Zeit, dass ich mich an die Arbeit machte – an unsere Arbeit, an Stephens und meine. Stephen hatte keinen physischen Körper mehr, er war nicht länger Stephen Christopher, der auf der Erde lebte, mein geliebter Sohn. Ich würde lernen müssen, das zu akzeptieren und ohne eine Berührung seines Körpers auszukommen. Nie wieder würde ich ihn umarmen können, nie mehr würde ich seine Wärme spüren, nie mehr seine Zärtlichkeit. Er hatte jetzt einen nicht-physischen Körper, den ich nicht sehen konnte. Trotz allem aber konnte ich seine Gegenwart spüren, ich konnte ihn auf eine ganz andere Weise hören und fühlen. Jetzt endlich konnte unsere Konversation beginnen. Es würde nicht das Gleiche sein wie vor seinem Tod, aber es würde jetzt genug sein müssen. In mir keimte die Hoffnung, dass unsere schmerzvollen Erfahrungen nun etwas hervorbringen könnten, das anderen Menschen helfen würde.

Endlich begann ich, meine wachsende Offenheit für das Spirituelle und all die Geschenke, die ich in diesem Bereich bereits erhalten hatte, wirklich zu nutzen. Nach meinem Besuch bei George Daisley begannen Stephen und ich mit unserer Konversation, Stück für Stück bauten wir eine Brücke zwischen den Dimensionen, in denen wir lebten.

Manchmal war mein Gefühl für Stephens Präsenz so klar und eindeutig, dass sich meine Zweifel völlig zerstreuten. In diesen Momenten war mein Glaube unerschütterlich. Dann wieder verstrickte ich mich in irgendwelche Zweifel, so dass ich befürchtete, den Verstand zu verlieren. Wann immer es möglich war, saß ich an der Schreibmaschine. Ich betete und bat darum, dass Stephen die Möglichkeit erhalten würde, jetzt mit mir zu sprechen. Dann wurde ich still, meditierte und öffnete mich für das Hören. Meist dauerte es nur wenige Momente, und ich konnte seine Anwesenheit fühlen. Dann sagte ich laut zu ihm: »O Stephen, ich kann dich fühlen. Ich liebe dich. Ich liebe dich. Es tut mir so leid für all den Schmerz, den wir dir zugefügt haben. Ich liebe dich so sehr.«

Oftmals antwortete er dann: »Ich liebe dich auch, Mama«, so wie er es immer getan hatte. Auch seine Stimme hörte ich im Innern meines Kopfes, sie »überstrahlte meine Gedanken«, wie Stephen das ausdrückte. Man könnte es als Telepathie bezeichnen, wie wir miteinander sprachen. Ich hörte seine Worte in mir – Worte, die ich nicht wählte oder dachte, sie schoben einfach meine eigenen Gedanken beiseite. Stephen erklärte, dass Wesen wie er mit einer anderen Frequenz schwingen, viel schneller als die physischen Körper. Deshalb ist es auch so schwer, sie mit den physischen Augen zu sehen. Es ist nicht unmöglich, aber es ist sehr schwierig. Er erklärte mir, dass sich das Sehvermögen für diese und andere Dimensionen verbessern würde, wenn man seine Energien durch Gebete, Meditationen und andere Methoden gereinigt und ausgebildet habe.

Wann immer meine Kanäle offen und ich ohne Zweifel und störende Gedanken bei der Sache war, teilte mir Stephen faszinierende und hilfreiche Dinge mit. Oftmals bewies das, was er da sagte, wie nebenbei die Wahrhaftigkeit unserer Gespräche. Wenn ich ihn hingegen bat, mir einen Beweis zu liefern, damit ich die Kommunikation über die irdischen Grenzen hinweg wirklich als wahr anerkennen könne – dann kam erst einmal nichts mehr. Erst wenn ich wieder ohne Verlangen nach Beweisen einfach zuhörte und annahm, was eben kam, dann stellten sich von selbst so viele Indizien ein, die unser Tun als wirklich existent bestätigten und keinen Raum für Zweifel ließen.

Ich habe im Laufe der Zeit die Führung aus der geistigen Welt auf jede nur erdenkliche Weise getestet und überprüft. Zweifel und Skepsis haben in mir gegen Hoffnung und Trost gekämpft, jede Seite war mal Sieger und mal unterlegen.

IX

Ihm zuhören

Wenn ich gestorben bin, trauere nicht
um mich mit deinen Tränen.
Denk nicht an den Tod mit Sorge und mit Angst.
Ich bin dir so nah, dass jede deiner Tränen
mich benetzt, mich quält – du denkst mich tot …
Wenn du aber lachst und singst im freudigen Entzücken,
wird meine Seele nach oben schweben, ins Licht.
Lache und sei dankbar für alles,
was das Leben gibt.
Und ich bin sicher, der Tod wird
deine Freude lebend teilen.

Unbekannter Autor

Was ich Ihnen jetzt mitteilen möchte, kommt nicht von mir, eher wurde es durch mich vermittelt. Es kommt von Stephen. All diese Dinge ließen auch die Stimmen der Wahrheit in meinem Herzen und meiner Seele erklingen. Sie halfen mir sehr, das Leben zu verstehen, indem sie mir klar machten, was dieser Übergang bedeutet, den wir Tod nennen.

Ich habe mich intensiv mit dem Thema Selbstmord auseinandergesetzt. Ich habe herauszufinden versucht, warum sich Kinder oder Teenager das Leben nehmen, und ich bat Stephen, mir aus seiner Dimension zu erklären, was er davon hält. Dadurch kam ich in die Lage, mit der Zeit immer besser zu verstehen, was da geschieht. Ich weiß jetzt, dass Stephen lebt, doch ich möchte nicht für einen Augenblick so tun, als wäre es mir nicht lieber, wenn er in seinem »alten« Körper so wie früher vor mir sitzen würde.

Zunächst einmal ist die telepathische Kommunikation nämlich viel anstrengender und zudem zeitaufwendiger als das direkte, laute Miteinandersprechen. Dennoch bin ich mir sicher, dass es jeden Aufwand lohnt, es zu lernen. Und hat man es einmal gelernt, dann wird es immer leichter.

Stephen und meine Geistführer bezeichnen diese Art der Kommunikation als die »Brücke zwischen unseren Dimensionen«. Wir alle haben einen Zugang dazu. Es ist die gleiche Brücke, über die wir im Schlaf gehen, sie verschwindet in dem Moment aus unserem Bewusstsein, wenn wir wieder aufwachen. Sie ist es auch, die uns mit allen anderen Seelen, denen der Lebenden und denen der Toten, verbindet. Sie sagen auch, dass wir in unserem Bewusstsein immer vollkommen wach sein können, selbst im Schlaf. Dann ist es uns nicht einfach nur möglich, mit unseren Lieben zu sprechen, die keinen physischen Körper mehr haben, sondern wir können uns an unser wahres Sein erinnern und uns in diesem Bewusstsein all die brach liegenden Kräfte unseres Geistes erschließen.

Während Stephen zu mir sprach, wuchs in mir jeden Tag ein Stück mehr Vertrauen. Gern möchte ich seine Worte an Sie weitergeben:

»Mama, ich kann es gar nicht oft genug sagen: Ich bin hier! Ich bin nicht tot. Ich lebe. Ich bin freier und lebendiger als früher, als ich einen Körper hatte. Einzig und allein mein physischer Körper ist nicht mehr da. Ich wünsche mir, dass du den Menschen ein klareres Verständnis für das vermitteln kannst, was sie als Tod bezeichnen. Der Tod ist nicht das Ende, es bedeutet nichts anderes, als dass man aus seinem Körper heraus- und in die geistige Ebene hineingeht. Sie ist unser wahres Zuhause. Es ist ein Heimkommen. Wir alle teilen uns für eine Zeit ein Zuhause auf der Erde, dort lernen und wachsen wir. Und wenn die Zeit gekommen ist, kehren wir in unser wahres Zuhause zurück. Wir ziehen unseren Körper aus, um es mal so zu formulieren, lassen ihn zu Boden fallen und gehen durch die nächste Tür, bekleidet mit unserem spirituellen Körper, der eigentlich die ganze Zeit über auch in unserem irdischen Körper verborgen war.

Ich möchte dir erzählen, was zu meinem Tod geführt hat und was dann beim Sterben geschah. Ich weiß, dass du das wissen willst, obwohl du gleichzeitig auch Angst von der Wahrheit hast. Für Eltern ist es immer schrecklich, wenn sie plötzlich mit dem Tod ihres Kindes konfrontiert sind und sich nicht einmal verabschieden konnten. Es gab keine Umarmung, kein Lebewohl. Sie verstehen nicht, warum sich das Kind umgebracht hat. Viele Kinder hinterlassen keine Nachricht, und wenn sie es doch tun, dann haben sie sie im Ärger geschrieben, dann wollten sie jemandem wehtun oder ihm die Schuld geben. Das spiegeln diese Notizen dann natürlich wider. Die Eltern sind verzweifelt. Keine ihrer Fragen wird beantwortet. Was sie immer und immer wieder, oftmals über Jahre, rufen ist: ›Warum? Warum? Warum hat mein Kind das getan? Warum habe ich es nicht aufgehalten? Warum habe ich es in den Tod getrieben?‹ Da die letzten Worte dieser Kinder in der Verzweiflung und ohne jede Hoffnung geschrieben werden, beziehen die Eltern alles auf sich. Sie machen sich schwere Vorwürfe für den Rest ihres Lebens. Und viele der Abschiedsbriefe enthalten natürlich auch absichtlich die versteckte oder offene Anklage an Eltern, Verwandte und Freunde.

Ich möchte dir gern erklären, warum ich mir das Leben genommen habe. Ich kann dir aus meiner Perspektive und auch aus der vieler anderer junger Menschen sagen, was Selbstmord bedeutet. Du hast so viel darüber gelesen. Wenn wir das und meine Erfahrungen zusammennehmen, dann können wir – du und ich, wir beide zusammen – anderen Eltern helfen und ebenso den Kindern, die der Meinung sind, dass ihnen nur ein einziger Weg bleibt, um ihre Probleme loszuwerden: der, sich ganz aus dem Leben zu schleichen.

Mama, ich kann fühlen, wie du dich innerlich wappnest, wie du den Bauch anspannst, weil du dir nicht sicher bist, ob du mit all dem umgehen kannst, was ich dir sagen werde. Einiges davon wird wirklich nicht leicht zu verkraften sein. Manches wird deine Fehler und Versäumnisse benennen. Vieles wird sich auch um ganz andere Dinge drehen. Du brauchst dich jedenfalls nicht dafür anzuklagen, dass ich mich umgebracht habe. Es war meine eigene Entscheidung, ob richtig oder falsch. Heute weiß ich, dass es absolut falsch war. Und ich selbst habe die Verantwortung dafür zu tragen, dass ich mich umgebracht habe.«

Stephen hatte recht. Ich *hatte* Angst. Von seinem Leiden zu hören, würde für mich sein, als stieße mir jemand ein Messer ins Herz. Allein seine spürbare Gegenwart gab mir die Kraft, ihm weiter zuzuhören.

»Du hast oft gesagt, dass es keinerlei Anzeichen dafür gegeben hätte, dass ich unglücklich oder gar selbstmordgefährdet gewesen sei. Heute aber weißt du, dass das nicht wahr ist, weil du dir die Umstände genauer angesehen hast«, fuhr Stephen fort. »Du siehst die Dinge heute völlig anders als damals. Zu der Zeit, als ich mich umbrachte, hast du wirklich keinerlei Indizien dafür erkennen können. Du konntest auch keine Bücher zu diesem Thema finden. So wenige Autoren haben sich mit dem Suizid von Jugendlichen und mit den zuvor erkennbaren Warnsignalen beschäftigt. Wenn du aber das bisschen, was es dazu gibt, gefunden und gelesen hättest, wärst du sicherlich viel schneller durch den Prozess der Trauer gekommen und hättest früher verstanden, worum es geht. Andererseits aber hättest du dann nicht derart beharrlich versucht, den Kontakt zu mir herzustellen. Wahrscheinlich hättest du dann eher das Gefühl bekommen, das alles schnell hinter dir lassen zu wollen. In gewisser Hinsicht wurdest du vor den Texten, die das in dir auslösen würden, bewahrt. Deine Führer haben sich sehr bemüht, alle Bücher, die dich entmutigt hätten, von dir fernzuhalten. Anderes Material wiederum haben wir versucht, dir sichtbar in den Weg zu legen. Manchmal hat das funktioniert, manchmal nicht.

Meine Entscheidung, mir das Leben zu nehmen, war falsch. Aber trotz dieses Fehlers wurde ich hier mit der wunderbaren Möglichkeit beschenkt, mit dir und anderen zu arbeiten. Zusammen haben wir die Chance, vielen Menschen zu helfen – du von deiner Seite aus und ich von meiner. In Wirklichkeit sind wir nämlich gar nicht so weit voneinander entfernt.«

Stephen fing nun an, mir die Wahrheit über unser und vor allem über sein Leben zu erzählen.

»Zuerst will ich dir einiges von dem erklären, was mir hier geholfen hat, die Dinge besser zu verstehen. Ich hasste alles, was in der Zeit passierte, als du Richard verließest. Bei ihm fühlte ich mich schlecht und nichts wert. Er hatte so viel an mir auszusetzen, und es tat mir manchmal so weh, dass ich mich in meinem Zimmer unter der Decke verkriechen und weinen wollte. Manchmal wünschte ich mir, er wäre tot – und dann fühlte ich mich wieder schuldig wegen solcher Gedanken. Am Ende aber wusste ich ja, dass ich das alles akzeptieren musste. Als du dann von ihm weggingst, konnte ich verstehen, wie schlecht du dich fühlen musstest, aber meine Welt brach zusammen. Es wäre okay gewesen, wenn er ausgezogen wäre – aber nein, wir mussten uns eine neue Bleibe suchen, weit weg von meinen Freunden und unserer Gegend. Niemand von uns wollte das. Du wusstest damals schon, dass du viel härter um das Haus hättest kämpfen müssen. Aber du tatest es nicht, und damit begannen die Schwierigkeiten.

Erinnerst du dich daran, wie dich die Leute von der Kirche für das verdammt haben, was du jetzt gelesen hast, und wie sie über deine neue Ausbildung meckerten? Es wurde noch schlimmer, als du mit Tom zusammenkamst. Ich konnte ihn nicht leiden und hoffte, dass ihr euch schnell wieder trennen würdet. Dann könnten wir zurück in unser Haus ziehen, ohne Richard. Ich hatte von Anfang an kein Vertrauen zu Tom. Als ich tot war, bliebst du bei ihm, weil er sich so gut um dich kümmerte. Ich hätte kotzen können, denn um mich hat er sich nie bemüht. Und dir war eigentlich immer klar, dass du ihm nicht wirklich trauen kannst.«

Diese Worte über meine Beziehung zu Tom schlugen eine sehr schmerzhafte Saite in mir an. Vielleicht wusste ich tief in mienem Inneren wirklich schon lange, dass mit diesem Mann irgendetwas nicht stimmte. Aber es war einfach zu schwierig für mich, mir das einzugestehen. Es sollte noch eine Zeit dauern, bis ich die Wahrheit hinter Stephens Worten erkannte.

»Solange ich denken kann, war Bobby damit beschäftigt, mich zu ärgern und zu quälen«, fuhr Stephen fort. »Dabei wollte ich nur, dass er mich mag, denn ich liebte ihn wirklich. Und dann habe ich seine beiden Wüstenmäuse umgebracht. Ich fühlte mich schrecklich, aber er hatte mich so oft geärgert und herumgeschubst und wieder geärgert – ich war einfach total wütend. Ihm selbst konnte ich nichts entgegensetzen, also tötete ich etwas, das er mochte, damit es ihm wirklich wehtat. Nachher fühlte ich mich so furchtbar, denn ich liebte diese kleinen Tierchen doch auch. Es war ein Kurzschluss, da ich mich durch Bob unglaublich unter Druck gesetzt fühlte.

Weißt du, Mama, Richard war immer nur auf der Suche nach Fehlern, er war herrschsüchtig und herzlos zu uns allen, vor allem aber zu Bob. Um seine eigenen Schmerzen nicht zu spüren, ließ Bob alles an mir aus. Das wusstest du genau, und du versuchtest halt auf deine Weise, ihm und mir zu helfen. Aber du hast ja selbst entsetzlich unter der Situation gelitten. Dir ging es selber schlecht, und manchmal hast du das eben an uns ausgelassen. Von hier aus kann ich das alles sehr klar erkennen und dir viel besser erklären, als es vorher möglich gewesen wäre. Richard war auch nur das Opfer von Opfern. Seine Eltern waren von ihren Eltern unterdrückt worden und ließen ihre ganze Frustration dann an ihm aus. Er wiederum gab es an dich weiter und quälte uns alle. Die Sünde der Eltern, die auf ihre Kinder achten sollten, richtig? Du wusstest vieles davon schon damals, aber du warst zu schwach, um etwas an der Situation zu ändern.«

Seine Worte waren schrecklich wahr. Die Erkenntnis quälte mich entsetzlich! Ich musste mir eingestehen, dass ich meine Kinder in einer Umgebung großgezogen hatte, in der Gewalt und Verzweiflung herrschten.

Stephen sprach weiter: »Ich möchte, dass du weißt, wie ich mich als Kind gefühlt habe. Ich möchte dir auch erzählen, wie ich die Dinge sehe, seit ich jetzt von dieser Dimension aus alles rekapituliert habe. Und was ich an dem Tag durchgemacht habe, als ich mich umbrachte. Natürlich werde ich es so sanft wie möglich versuchen, aber es wird dir sicher trotzdem wehtun. Ich hoffe einfach, dass anderen Kindern dadurch ein Licht aufgehen wird, dass sie einen anderen Weg als den Suizid suchen. Vielleicht bringt es auch die Eltern dazu, ihre Kinder besser zu verstehen und von diesem Schritt abzuhalten. Meine völlig unsinnige Tat bekäme dann wenigstens nachträglich einen Sinn, wenn es uns mit diesem

Buch gelingt, dass auch nur ein einziger Mensch nach der Lektüre ein bisschen nachdenkt und sich für sein Leben entscheidet. Oder wenn nur eine Mutter oder ein Vater es lesen, sich in ihr Kind einfühlen und ihm helfen können, das Leben anzupacken und sich nicht einfach davonzumachen.

Du hast meinen Tod nicht zu verantworten. Was an dem Morgen, als ich mich letztendlich für den Tod entschied, geschah, hat meinem Entschluss nur noch etwas hinzugefügt. Es war aber nicht der einzige Grund, absolut nicht. Der Grund lag auch nicht in den Fehlern Richards oder bei Tom oder darin, dass mich meine Lehrer ignorierten. Jeder von euch hat eine Rolle in meinem Leben und in meinem Sterben gespielt, die Entscheidung aber habe ich gefällt, ich ganz allein. Das ist die Wahrheit, und es ist völlig egal, ob die zurückgelassenen Notizen jemandem die ganze Schuld aufladen wollen. Es liegt immer in der Verantwortung dieser Seele, egal, in welchem Alter der Mensch ist, denn auch ein kleines Kind ist eine alte Seele. Sich selbst anzuklagen vergrößert nur den Schmerz und auch die Schuld – wenn sich die Angehörigen damit quälen, dass das, was sie taten oder nicht taten, den anderen in den Tod getrieben hätte.«

Während ich Stephen zuhörte, wurde mir etwas sehr Wesentliches klar: Er hatte mir niemals gehört. Er gehört immer sich selbst, er ist eine eigenständige Seele. Dass beim eigenen Kind zu akzeptieren ist für Eltern verdammt schwer! Was Stephen mir hier über sein Wesen offenbarte, beantwortete mir schon viele Fragen.

»Mama, als ich mir mein ganzes Leben von hier aus noch einmal ansah, musste ich feststellen, dass ich eine sehr schwere Zeit vor meiner Geburt in deinem Bauch hatte.« Stephen wusste, wovon er sprach, sofort überfluteten mich die Erinnerungen an die Todesängste, die ich als Schwangere damals durchlitten hatte. »Du wolltest kein weiteres Kind und hast peinlich genau darauf geachtet, nicht schwanger zu werden. Die Arbeit anzupacken, die wir jetzt tun, das allerdings hatten wir schon vor deiner Inkarnation ausgemacht. Mit ›wir‹ meine ich dabei eine Gruppe von Seelen, die gemeinsam ein Projekt verfolgen. Erst sollte Bob kommen, dann ich. Wir haben unsere Lektionen miteinander zu lernen, man nennt so etwas auch Karma. Dieses Karma kann positiv oder negativ sein, und so hatten auch wir ein bisschen gutes und ein bisschen weniger gutes Karma, mit dem wir umgehen müssen. Ohne Körper, als Seele, habe ich darauf gewartet, dass ich zu dir durchdringen konnte. Dabei habe ich nur die Gedankenkraft genutzt, um dir bestimmte Informationen zugänglich zu machen. Und dass du damals letztlich doch schwanger geworden bist, war harte Arbeit von uns, denn wir mussten eine kleine Schwäche deinerseits abpassen.

Mach dir bewusst, dass wir uns im Schlaf und in den Träumen immer treffen, ob wir nun gerade in einem Körper leben oder nicht inkarniert sind. Dann können wir bestimmte Strukturen klarer erkennen und wissen, welche Entscheidungsmöglichkeiten es gibt. Immer haben wir den freien Willen, um zu wählen, und bestimmte Gefühle zeigen uns deutlich an, was wir tun sollten oder lieber nicht. Oftmals wissen wir dann nicht, warum wir uns jetzt gerade so fühlen und nicht anders, wir verstehen es nicht. Aber wir hören deutlich die Stimme unserer Intuition, wir werden von unserem Höheren

Selbst geführt oder von Resten unseres Traumbewusstseins. Damals hat dich deine Intuition schon ahnen lassen, dass ich nicht für lange Zeit bei dir sein werde. Dir wurde schon gezeigt, dass ich vielleicht nicht allzu gut mit meinen Aufgaben umgehen werde und mich entscheiden würde, das Erwachsenenalter gar nicht erst zu erreichen. Du wusstest in deinem Innern, dass du nicht mit Bill zusammenbleiben würdest und dass es einige weitere Schwierigkeiten geben könnte.

Während du mit mir schwanger warst, hast du dir allerlei Beschwerden ›erschaffen‹, bis zu dem Punkt, an dem du an Gewicht zugenommen hast, um die vielen unbewussten emotionalen und körperlichen Schmerzen nicht so intensiv fühlen zu müssen. Deine Geistführer und ich arbeiteten fieberhaft daran, deine Aufmerksamkeit zu erregen, aber du warst weit weg und wolltest nicht hören. Also konnte ich nur hilflos zusehen, wie du dich im Leid verstrickt hast. In dieser Zeit der Schwangerschaft erhieltest du während des Schlafes und in Phasen der Bewusstheit auf einer höheren Ebene Unterricht. Auch über mein Leben und das, was kommen könnte, wurden dir dabei Informationen gegeben.

Wir konnten deine feste Überzeugung, bei meiner Geburt zu sterben, gar nicht ernst nehmen. Es war nur deine Angst, weil du Bobby so sehr liebtest und von Schwangerschaft und Geburt einfach viel zu wenig wusstest. Mit deiner Angst vor Schmerzen und vor dem Tod war eine natürliche, entspannte Entbindung gar nicht möglich. Während der Wehen und der Geburt waren wir alle bei dir, du hast dabei oft deinen Körper verlassen und mit uns gesprochen.

Meine Gefühle waren sehr gemischt. Jetzt sollte ich also wieder als kleines Baby auf die Erde kommen und heranwachsen. Bevor ich diesen Weg antrat, sah ich mir meine vergangenen Leben an und konfrontierte mich mit den Aufgaben, die ich noch nicht erfüllt hatte und die mir diesmal wieder begegnen würden. Auch meine Gaben und Fähigkeiten machte ich mir bewusst: Ich würde einen gut funktionierenden Verstand und einen kräftigen Körper bekommen, meine Art wäre freundlich und liebenswürdig. Ich sah, dass die Leute mich mögen würden. Nur ich selbst würde mich nicht leiden können. Ich hatte an den Themen ›Selbstliebe‹ und ›Selbstwertgefühl‹ zu arbeiten. Ich konnte auch sehen, dass das Essen für mich in Stresszeiten eine Art Trost werden würde und ich aufpassen musste, nicht übermäßig zuzunehmen. Die Ängste und Sorgen, was andere über mich denken könnten – das waren keine leichten Themen, die ich mir vorgenommen hatte. Und nicht zu vergessen mein Umgang mit Bob und Richard. Vielleicht hilft es dir ein bisschen, Mama, wenn ich dir sage, dass unser beider Karma überwiegend positiv war.

Als ich dann auf der Welt war, spürte ich eine wundervolle Verbindung zwischen Bob und mir. Ich sprach auf einer geistigen Ebene mit ihm, er hörte mich und antwortete auf dem gleichen Weg. Babys sind immer vollkommen bewusst. Das mag dich verwundern, aber es ist so. Sie bekommen alles mit, was um sie herum passiert, sie bemerken alles, ob es nun laut gesagt oder nur gedacht wird. Ein Kind hört wirklich jedes Wort, jede Idee oder Meinung, jeden Gedanken. All das hinterlässt in ihm tiefe Eindrücke. Wenn sich Eltern darüber im Klaren wären, würden sie viel achtsamer in ihren Gedanken und Äußerungen sein.

Mama, ich muss dir sagen, dass ich damals mit zwei, als ich in der Kirche stürzte, beinahe gestorben wäre. Und zwar, weil ich es wollte: Ich konnte einiges von dem sehen, was in der Zukunft auf mich wartete, und ich wollte das einfach nicht erleben müssen. Im Schlaf versicherten mir meine Helfer dann, dass ich es schaffen könnte. Ich war mir allerdings nicht so sicher. Ich habe damals nicht versucht, mich umzubringen, aber ein großer Teil meiner Lebenskraft ging verloren. Als ich von der Treppe rutschte, war ich gar nicht mehr mit meinem Körper verbunden. Meine Geisthelfer, deine Gebete und die der Gemeindemitglieder waren das Zünglein an der Waage. Ich sah mir meine Möglichkeiten an und entschloss mich, zu bleiben.«

Stephen beschrieb mir nun einige Hintergründe, die vermutlich die wenigsten Eltern verstehen. »Es ist in Wirklichkeit so, dass wir immer die Gedanken der anderen wahrnehmen. Manchmal ist das dann auch der Grund dafür, weshalb wir ein diffuses Gefühl bekommen; der andere sagt irgendetwas, meint doch aber das Gegenteil. Wir hören es, wir wissen es, aber trotzdem schalten wir unseren Verdrängungsmechanismus ein. Wir sind so viel mehr als unsere physischen Körper. Gerade Neugeborene in ihrem völlig wachen Bewusstsein sind extrem empfänglich für die positiven und negativen Gedanken und Energien der anderen.«

»Es ist sehr hilfreich, wenn sich Eltern vor der Empfängnis, während der Schwangerschaft und in den ersten Lebensjahren mit der Seele des Kindes in Verbindung setzen. Das Kind wird dadurch befähigt, ein großes spirituelles Vermögen und geistige Bewusstheit zu erlangen, die die Welt verändern helfen – oder eben ihren Teil der Welt. Idealerweise sollten die Eltern das Kind in seinen ersten fünf Lebensjahren nicht so oft allein oder bei anderen lassen. Das mag modernen Eltern nicht gefallen, aber für das Kind ist es wichtig. Ich sage damit nicht, dass Mutter oder Vater nun ihre eigenen Interessen gänzlich aufgeben sollten. Dennoch muss die Verantwortung dafür, eine Seele in ein neues Leben zu führen, an erster Stelle stehen. Wenn Eltern doch endlich erkennen würden, wie entscheidend die ersten fünf Jahre für das wirkliche Ankommen auf der Erde sind! Sie würden alles unternehmen, um ihrem Kind in dieser beinahe heiligen Zeit zu dienen. Und wenn sie diese Zeit nicht aufbringen könnten, dann würden sie davon absehen, ein Kind in die Welt zu setzen, und warten, bis sie so weit sind. Du warst weder bei Bob noch bei mir in der Lage, uns diese Jahre zu schenken – das hat unsere innere Basis geschwächt.«

Stephens folgende Ausführungen über Zusammenhang von Ernährung und Verhalten in den jungen Jahren bestätigen das, was viele Menschen schon lange vermuten. Es wunderte mich nicht, dass er sich in der geistigen Welt ausführlich damit auseinandergesetzt hatte. Es war auf der Erde eines seiner schwierigsten Themen.

»Die richtige Diät hilft jungen Menschen, wenn sie aggressiv, lethargisch oder hyperaktiv sind oder bestimmte Krankheiten haben«, erläuterte Stephen. »Es würde der gesamten Erde helfen, wenn Eltern darin geschult würden. Dann könnten sie ihren Kindern beibringen, wie man richtig isst und auch, was es heißt, genährt zu werden. Diejenigen, die sagen, dass die richtige Ernährung *der* Weg ist, *die* Antwort auf alle Fragen, übertreiben allerdings. Es ist ein großes Puzzleteilchen im Gesamtbild, aber nicht das Bild selbst.

Wenn sich viele Eltern zusammentun würden, könnten sie erreichen, dass das grauenvolle Angebot in den Schulen und Kindergärten verbessert würde. Vielerorts geschieht das ja schon. Mit den gesüßten Cerealien, den Softdrinks, dem Weißmehl und der Fertignahrung bekommen die Kinder etwas verabreicht, das wie Gift wirkt. Es ist sehr wichtig, was man in den Körper hineingibt. Die Seele kann dabei beschmutzt werden, sie verliert ihre Energie und Lebendigkeit, die sie für die Erfüllung ihrer Aufgaben braucht. So war das bei mir.

Ich beispielsweise neigte zur Unterzuckerung. Mein Blutzuckerspiegel war niedrig und sprunghaft, weil meine Ernährung nicht ausgewogen war. In der ersten Zeit hast du mir genau das gegeben, was der Arzt verordnet hatte. Leider aber hatten diese Nahrungsmittel keinerlei Leben in sich. Gläschen, Weißbrot, Zucker und Flaschenmilch – das ist nicht gerade eine gesunde Wahl. Dabei wäre die Muttermilch so wichtig gewesen, sie ist gut für kleine Kinder! Es war, als würde ich ein Auto sein, das Benzin braucht, aber nur mit Kerosin betrieben wird. Und dann hast du erwartet, dass es schnell fahren müsste.

Irgendwann hast du dann angefangen, alles komplett selbst zu kochen. Aber du hast uns dabei zu viel Zucker und Mehl und viel zu wenig Obst und frisches Gemüse gegeben. Du wusstest es einfach nicht besser. Es ist natürlich Unsinn, zu sagen: Wenn das Essen gut ist, bringt sich keiner um. Das entspricht natürlich nicht der Wahrheit. Dennoch würde eine gute Ernährung die Statistiken deutlich absenken. Es gibt eine Menge anderer Einflussfaktoren, auch wenn das Essen noch so ausgewogen wäre. Dennoch: Wenn die Ernährung stimmt, kann ein Mensch klarer denken, er hat mehr Energie, bleibt gesund und fühlt sich wohler in seiner Haut. Die Gehirnfunktionen und die ganzen Körperprozesse funktionieren einfach besser. Und diese Dinge können durchaus das Zünglein an der Waage sein, wenn die Entscheidung ansteht, ob jemand sterben oder weiterleben will.

Solange ich mich zurückerinnere, waren die Mahlzeiten die Hölle für mich. Richard saß uns ständig im Nacken, und das Essen war furchtbar. Damals begannen meine Schwierigkeiten mit der Verdauung und der Verwertung. Bei fast jedem Essen hielt er uns ewig lange Vorträge, mein Magen war jedes Mal völlig aufgewühlt. Niemand von uns hatte eine Ahnung, wie schlecht es ist, unter solchen Umständen zu essen. Außerdem wurde ich gezwungen, meinen Teller leer zu essen. Wie oft war ich total satt und wollte einfach nichts mehr. Manchmal war ich schon voll, bevor wir anfingen. Häufig widerte mich ein bestimmtes Essen an, ich musste würgen und es trotzdem essen. Ich wusste wie alle Kinder intuitiv, welche Nahrungsmittel einfach nicht gut für mich waren. Aber man gab mir keine Chance, diesem Gefühl zu folgen. Nur manchmal, wenn Richard nicht da war, hast du es erlaubt. Oftmals stand ich hungrig vom Tisch auf, es war so viel Stress beim Essen, und es gab nicht das, was ich brauchte. Irgendwie wollte ich immerzu essen, einfach weil ich nicht genügend Vitamine und Mineralien bekam. Und die, die es gab, konnte ich schon nicht mehr richtig aufnehmen. Du mochtest alles Süße, ständig hast du Kekse oder süßes Brot gebacken. Und um das Maß voll zu machen, haben wir Diät-Cola getrunken.

Du hast mir immer gesagt, dass ich nicht abnehmen müsste. Ich war aber vom Gegenteil überzeugt. Richard war darauf erpicht, dass wir alle dünner werden. Aber wir beide, du und ich, wir aßen einfach mehr, wenn er herummeckerte, denn wir standen ununterbrochen unter Stress und großer Anspannung. Ich hatte keine Ahnung, warum ich pausenlos Hunger hatte, ich konnte einfach mit dem Essen nicht aufhören. Ich schlussfolgerte daraus, dass ich keine Willenskraft hätte – und das machte mein Selbstbewusstsein vollends kaputt.«

»O Stephen!« Ich musste bitter weinen. »War das der Grund für deinen Selbstmord? Bitte sag es mir, Stephen! Wie ist es passiert?«

X

Stephen spricht über seinen Tod

Wer zu leben weiß,
fürchtet den Tod nicht.

Alter Spruch der Shaolin

»Als ich das erste Mal von zu Hause weggelaufen bin, damals in Virginia, da habe ich daran gedacht, mich umzubringen«, erzählte Stephen. »Das ganze Leben war seit Monaten ziemlich übel für mich. Du konntest es ja auf meiner Notiz lesen: Ich wollte nicht mehr, und ich hatte nicht das Gefühl, dass sich das Leben lohnt. An diesem Tag aber hatte ich einfach nicht den Mut, es zu tun. Ich wusste ziemlich viel über verschiedene Richtungen der östlichen Philosophie. In manchen Kulturen war Selbstmord eine hoch verehrte Tat. Es mag sein, dass er es in bestimmten Fällen wirklich ist, aber eines möchte ich ganz deutlich sagen. Ich hoffe, du glaubst es mir: Selbstmord ist für einen jungen Menschen nie und nimmer die richtige Entscheidung, niemals. Es war nicht die richtige für mich und nicht für irgendein anderes Kind. Man mag diesen Entschluss in manchen Fällen nachvollziehen können, aber es ist niemals der geeignete Weg.

Sprechen wir über den Tag, an dem es geschah. Heute kann ich das alles aus einer anderen Perspektive und mit viel mehr Klarheit betrachten, als es mir damals möglich gewesen wäre. Es war Montag, und ich hasste Montage. Das einzige, was mich am Leben hielt, waren die Wochenenden. Montage, das waren die Tage, an denen ich wieder zur Schule musste und krampfhaft versuchte, meinen fetten Körper unter der Regenjacke zu verstecken. Montags musste ich nach einem kurzen Freigang wieder ins Gefängnis zurück.

Dann hasste ich es, Richard zu besuchen. Wenn ich es aber nicht tat, fühlte ich mich schuldig. Es tat mir irgendwie leid für ihn, aber er gab mir das Gefühl, ein Stück Scheiße zu sein. Du kannst das wörtlich nehmen: ein Stück Scheiße. Egal, was ich tat, für ihn war es falsch. Mir war schon klar, dass er mich auf seine Weise liebte – aber in seiner Nähe bin ich fast durchgedreht. Immer wenn ich meinen Schutzpanzer ein bisschen lockerte, wenn er mir leid tat oder ich mich um ihn sorgte und es am wenigsten erwartete, holte er sein Messer raus und stieß es mir ins Fleisch. Seine Freundinnen waren nett, und er war verträglicher, wenn sie bei uns waren – so wie du ja auch manchmal freundlicher warst, wenn Tom in der Nähe war. Ich sehnte mich so sehr danach, dass er mich lieben und mir sagen würde, er sei stolz auf mich. Aber ich fühlte mich bei ihm wie ein fettes Schwein, und es war die Hölle, gemeinsam mit ihm zu essen: ›Iss dies nicht, iss das nicht … du hast schon genug gegessen …‹ Ich war fünfzehn, und er behandelte mich wie einen Fünfjährigen. Wenn ich von einem Besuch bei ihm zurückkam, fühlte ich mich immer wie mit einem Besenstiel verprügelt.

Tom machte mich auch krank. Er spielte ständig den Macho. Du hast immer geschwärmt, wie toll er sei, weil er mit uns Sport macht. Aber das war alles andere als Spaß, er wurde richtiggehend hinterhältig! Er tat alles, um zu gewinnen. Es war nicht so, dass er uns wirklich beschissen hätte, aber er dehnte die Regeln immer so weit aus, dass es ganz nah an Betrug heranreichte. Er war so versessen auf seinen Sieg, egal, was wir spielten, es war furchtbar mit ihm. Ich mochte ihn nicht. Und ich traute ihm nicht über den Weg. Ich habe beobachtet, wie er Mädchen und Frauen nachsah, ich dachte schon immer, dass er ein Lüstling ist. Seine Kinder behandelte er wie kleine Könige und uns wie lumpige Bauern. Ich mochte seine Kinder wirklich. Sie waren zwar heimtückische kleine Biester und taten den ganzen Tag Dinge, die schon von vornherein nach Ärger rochen, aber wir hatten viel Spaß miteinander. Wenn ihr Vater nicht dabei war, war es sehr angenehm mit ihnen. War Tom allerdings da, dann wurden sie zu fordernden und jammernden kleinen Babys.

Meine beste Freundin war Andrea. Sie mochte ich gern, ich liebte sie. Für sie war es ebenfalls hart, aber sie klagte nie. Wir beide unternahmen viel zusammen. Debbie dagegen war manchmal ein ziemliches Miststück, aber ich konnte nicht anders, ich musste sie einfach lieb haben. Als sie klein war, war sie so süß, da haben wir sie alle gemeinsam verdorben. Wenn sie etwas wollte, konnte sie ja wirklich ausgesprochen entzückend sein. Du ließest ihr alles durchgehen – und wir konnten auch nie wirklich böse sein. Sie war immer so witzig. Ich glaube, dass wir alle kapiert hatten, dass sie das Baby war und unseren Vater zum Lachen bringen konnte. Und das war etwas wert. Ja, die Wochenenden waren meine Rettung. Ich liebte den Freitagabend und die Samstage. Schon Sonntagnachmittag aber wurde mir mulmig, denn ich wusste, dass der Montag bereits an die Tür klopft.

Dieses letzte Wochenende war auch nicht anders als die anderen zuvor. Außer dass Bob da war, der unbedingt wollte, dass alle nach seiner Pfeife tanzten. Es bereitete mir seelische Qualen, aber er ignorierte das. Am Samstag gingen wir ins Kino, er wollte den einen Film sehen, ich den anderen – und welchen haben wir uns dann angesehen? Natürlich den, den er wollte. Das war nicht weiter schlimm, denn schließlich wollte ich, dass wir uns vertragen. Ich liebte ihn noch immer, aber alles, was ich sagte oder tat, reizte ihn. Dabei wollte ich nur, dass er mich mochte, so wie er es sonst ja eigentlich tat.

Am Sonntagabend fühlte ich mich schrecklich fett – so richtig schrecklich dick und fett. Ich hatte das ganze Wochenende lang nur gefressen, mein Bauch fühlte sich zum Platzen an und meine Hose ging kaum noch zu. Aber immer noch futterte ich weiter, ich konnte einfach nicht aufhören. In der Schule wurde es allmählich heiß unter meiner Regenjacke, ohne die ich mich niemals zeigte. Bald aber würde ich sie ausziehen müssen – oder sterben. Sie war mein Schutzanzug, ohne sie würde jeder sehen, wie ekelhaft fett ich war.

Ich sehe das heute von dieser Perspektive aus ganz anders als damals. Es ist nicht leicht, einen physischen Körper zu haben. Er zieht einen runter und kann einen richtig besessen machen. Vor allem, wenn man einen niedrigen Blutzuckerspiegel, Vitaminmangel, Allergien und überhöhte Insulinausschüttung hat – so wie ich. Ich wusste das nicht, und dir war es auch nicht bekannt. Aber du weißt ja, wie das war, Mama. Die Mahlzeiten mit Richard waren eine Tortur, alles, was man in den Mund stecken wollte, wurde kommentiert. Man sollte nicht essen, wenn man gerade hungrig war, und sich vollstopfen, wenn man gar nichts essen wollte. Das brachte uns so viel Stress und Druck und richtig üble Denkgewohnheiten.

Immer wenn ich möchte, kann ich mir jetzt Ausschnitte aus meinem Leben ansehen. Man kann sie wie einen Film betrachten, kann aber auch wieder Teil der Erfahrung werden, wenn man sich tiefer auf die Gefühle einlassen will. Ich habe jetzt gesehen, dass ich gar nicht so fett war. Aber in meinem Kopf war ich unfassbar dick. Es wäre sicher gut gewesen, wenn ich etwa zehn Kilo abgenommen hätte, aber ich sah bei Weitem nicht so aus, wie ich dachte. Meine Vorzüge und guten Eigenschaften habe ich überhaupt nicht mehr wahrgenommen. Alles, was ich sehen konnte, war Fett.

Irgendwo in meinem völlig verdrehten Geist dachte ich, dass alles besser werden würde, wenn ich nur abnehmen könnte. Alle würden mit mir reden, die Mädchen würden mich gut finden und so weiter. Und um abzunehmen, wollte ich aufhören zu essen. Es ist in Ordnung, eine Mahlzeit wegfallen zu lassen, aber wenn ich nachmittags aus der Schule kam, hatte ich einen solchen Hunger, dass ich dreimal so viel aß wie sonst. Und dann hasste ich mich dafür und aß einfach weiter.

Genau in dieser Zeit erzählte mir Kathy, dass sie vielleicht schwanger ist. Dabei war ich so verliebt in sie! Ich war verrückt nach ihr, aber ich nahm mich zusammen und versuchte ihr ganz ernsthaft zu helfen, als sie es mir am Telefon sagte. Als sie aufgelegt hatte, fühlte ich mich, als hätte mir jemend einen Tritt in den Magen versetzt. Wenn ich ihr Freund gewesen wäre, hätte ich sie nicht einmal angefasst und irgendein Trottel hatte sie derart benutzt. Ich war verletzt und eifersüchtig, ich wollte sie beschützen. Ich hatte kein Auto und damit keine Chance, zu ihr zu fahren, und das Telefonat hatte mich völlig fertiggemacht. Sie hatte mir alles bis ins Detail erzählt, weil ich der Einzige wäre, mit dem sie darüber reden könnte – und das machte es alles noch schlimmer.

Lynn fand ich ebenfalls süß, und ich mochte sie schrecklich gern. Aber ich konnte sie nur sehen, wenn sie mit ihrer Mutter bei Richard war. Dann war sie sehr nett, aber wenn ich sie anrief, hieß es immer, sie habe keine Zeit oder könne jetzt nicht telefonieren. Ich hatte einfach das Gefühl, dass ich niemanden habe. Kein Auto, keine Freunde, nichts und niemanden. Nur einen fetten, hässlichen Körper!«

»Stephen, du hattest mich! Ich liebte dich!«

»Mama, das reichte mir damals nicht mehr. Du hattest immer zu tun. Außerdem warst du meine Mutter. Ich war größer geworden, es gehört zum Heranwachsen dazu, dass man sich allmählich von seiner Familie löst, um auf eigene Füße zu kommen. Schließlich müssen sich die Kinder darauf vorbereiten, nur ein paar Jahre später das Elternhaus ganz zu verlassen. Heute weiß ich das, damals war es mir nicht so klar. Zu der Zeit wusste ich nur, wie sehr du mich liebst. Es hatte auch keine Bedeutung für mich, dass du immer wieder beteuert hast, ich würde gut aussehen. Ich dachte, du würdest mich mit jedem Körper, wie fett er auch sei, lieben, und würdest mir niemals sagen, wie übel ich in Wirklichkeit aussehe.

Als ich in dieser Nacht zu Bett ging, wünschte ich mir zu sterben. Dann würde ich nie mehr in die Schule müssen, ich würde nie mehr beschämt und ignoriert werden. Ich beschloss, am Montag zu Hause zu bleiben. Als ich es dir dann sagte, bestandst du darauf, dass ich gehen müsse. Ich aber verschwand wieder im Bett. Und dann stand Tom in meinem Zimmer, um mir zu sagen, dass du gesagt hättest, ich *müsse* heute in die Schule. Außerdem erzählte er von deinem Verdacht, dass ich geklaut hätte, und dass ich meine Sporttasche nicht mehr mitnehmen dürfe, weder in die Schule noch sonst wohin. Am Abend würdet ihr beide mit mir reden wollen.

Warum ich manchmal gestohlen habe, weiß ich auch nicht. Viele Kinder taten das, und ich glaube, es gab mir das Gefühl von Zugehörigkeit. Wir alle schleppten Zeug aus dem Geschäft und grinsten uns dabei verschwörerisch zu. Es waren nur Kleinigkeiten, nichts Teures, aber für ein paar Momente fühlte ich mich als einer von ihnen, ich war wie jedes andere Kind auch. Draußen verschwanden die anderen dann mit ihren Freunden, und ich schlich allein nach Hause. Da saß ich dann mit meiner Sporttasche und all den Sachen und fühlte mich schrecklich. Ich versuchte mich an den Dingen zu erfreuen, aber es ging nicht. Ich brauchte das Zeug gar nicht. Das ist keine Entschuldigung. Ich versuche nicht, mein Tun zu rechtfertigen.

Okay, so war das. Ich dachte, wieso sich dieser Mistkerl Tom eigentlich das Recht herausnimmt, mich so runterzumachen. Wer war er denn! Dieser Kriecher! Ich fühlte mich erniedrigt. Nie fand er irgendetwas gut an mir, und jetzt rieb er mir unter Nase, dass ich geklaut hätte! Und meine Tasche, die brauchte ich! Die nahm ich überall mit hin. Es machte mir große Angst, dass ich erwischt werden könnte. Ich hatte ja nur ein paar Mal geklaut, ein bisschen Selbstbräuner, damit ich nicht so blass aussehe, und solches Zeug. Ich wusste, dass das nicht okay war, aber ich hatte es getan und war nun entdeckt. Wahrscheinlich würde dann verlangt werden, dass ich mich zum Affen mache und die Sachen zurückbringe. Eigentlich fühlte ich mich jetzt schon wie ein Idiot. Ein Idiot! Ein fetter Idiot! Ich hätte vor Scham sterben können.

Ich konnte nicht sagen, dass ich nicht zur Schule gehen würde. Ihr beide hättet mich entweder gezwungen oder dafür gesorgt, dass ich mich richtig schlecht fühlte. Und dann hätte ich gehen müssen. Aber ich würde es euch beiden zeigen! Ich würde so tun, als ginge ich zur Schule, und wäre dann ganz schnell wieder zu Hause. Aber das hast du wohl schon geahnt, Mama. Du wolltest mich nicht zu Fuß gehen lassen und selbst nicht aus dem Haus gehen, wenn ich nicht mitkäme. Also musste ich mit euch ins Auto steigen. Doch ich hatte beschlossen, heute nicht in der Schule anzukommen, egal, was passieren würde. Und dann fingst du an: ›Stephen, du kannst nicht einfach Sachen aus dem Geschäft mitgehen lassen. Wir können doch dafür bezahlen. Das ist nicht gut. Wir werden heute Abend miteinander reden. Ich liebe dich, mein Schatz. Wir müssen jetzt mal ordentlich aufräumen.‹ Und das alles vor Tom! Ich war verletzt und wütend. Aber ich würde es euch zeigen! Sobald ihr weg wart, drehte ich um und lief nach Hause. Ich aß, schaute Fernsehen und fühlte mich von Minute zu Minute schlechter. Ich war fest entschlossen, mich nicht mehr demütigen zu lassen. Wenn ihr zurückkommen würdet, wäre ich nicht mehr da. Ich würde in den Wald gehen und die Nacht über dort bleiben, wo ihr mich nicht finden könntet. Und vielleicht würde ich mich umbringen.

Ich sammelte ein paar Sachen zusammen und packte so viel Essen ein, dass es für mehrere Mahlzeiten gereicht hätte. Du siehst, ich war durcheinander und wusste noch nicht recht, was werden sollte. Ich fand ein kleines Versteck im Wald, setzte mich hin und dachte darüber nach, wie es wäre, wenn ich mein Leben beenden würde. Meine Gedanken waren völlig verwirrt. Ich könnte mich aufhängen, und dann würde es euch allen leid tun. Nie mehr würde ich zur Schule müssen, um mich dort erniedrigen zu lassen. Wahrscheinlich würde es niemanden kümmern. Du hattest Tom. Der interessierte sich sowieso für keinen von uns. Die Mädchen würde es nicht weiter stören. Und Richard wäre es eh egal. Ihm war ich doch nur peinlich. Vielleicht würde ich ja von der anderen Seite aus viel mehr bewirken können. Von hier aus jedenfalls konnte ich nichts tun.

Mein Denken wandelte sich: Erst wollte ich es euch zeigen und euch wehtun, dann stellte ich mir vor, wie frei ich sein würde und dass ich von jenseits der Grenze sicher vielen helfen könnte. Ich hatte einiges über das Leben nach dem Tod gelesen, und wir hatten ja auch darüber gesprochen. Wenn ich erst einmal drüben wäre, würde alles besser werden. Woran ich ehrlich gesagt überhaupt nicht dachte, war die Endgültigkeit eines solchen Schrittes. In meinem Kopf tönte es: Ich werde es euch zeigen. Ich werde mich nicht mehr quälen müssen, und vielleicht könnte ich ja sogar etwas Gutes tun. Du hattest gesagt, dass die Menschen nicht sterben, sondern auf der anderen Seite weiterleben – und da würde ich ja irgendetwas unternehmen können. Wenigstens mehr als in diesem Leben. Während ich darüber nachdachte, stellte ich mir vor, dass ihr alle es zutiefst bedauern würdet, wie ihr mit mir umgegangen seid. Dann käme ich zurück, und ihr wüsstet endlich zu schätzen, was ihr an mir habt. In Filmen und im Fernsehen war es immer so, dass jemand in einer Nacht getötet wurde und in der nächsten schon wieder von einer anderen Ebene aus auftauchte. Ich wusste nicht, ob es genau so sein würde, aber ungefähr so stellte ich es mir vor. Damals waren meine Ideen vom Tod und allem, was damit zusammenhängt, recht vernebelt. Mit keiner Silbe dachte ich daran, wie endgültig und unumkehrbar diese Entscheidung sein würde.

Mit meinem Plan im Kopf fühlte ich mich besser. Es war aufregend, wieder ein Ziel zu haben. Ich konnte endlich etwas tun und hatte die Kontrolle über das, was geschah. Je länger ich über das Ganze nachdachte, umso besser erschien es mir. Ich fing damit an, Abschiedsnotizen für alle aufzuschreiben. Dabei fühlte ich mich zunehmend richtig fröhlich. Ich kam mir wichtig vor, aber ich wurde auch traurig dabei. Ich hatte das Gefühl, dass die Leute mir nun zuhören würden, aber zugleich war da auch ein Schmerz in der Magengrube. Mir war zum Heulen zumute, und plötzlich tat ich mir leid. Und dann wechselte meine Stimmung erneut, und ich kam mir stark und mutig vor. Meine Gefühle fuhren Karussell, auf und ab und immer rundherum.

Ich hatte eine Schlinge bei mir, nicht weil ich mich aufhängen wollte, sondern weil sie zur Campingausrüstung gehörte. Du weißt ja, dass Richard uns beigebracht hatte, was man im Wald immer bei sich haben musste. Ich begann also zu tüfteln, wie ich es anstellen könnte, und probierte einige Knoten mit dem Seilende. Dann schrieb ich wieder ein bisschen was auf und dachte von Neuem nach. Schließlich kletterte ich auf einen Baum. Es war später Nachmittag, etwas dunstig und schon dämmrig. Ich saß auf einem Ast und ließ die Schlinge nach unten, bis sie den Boden berührte. Dann kürzte ich sie so, dass mein Körper nicht unten aufschlagen würde, wenn ich springe. Ich war mir allerdings nicht sicher, ob ich beim Sprung nicht doch den Boden berühren würde. Also kletterte ich noch einen Ast höher, von dort aus müsste es sicher klappen. Ich knotete das Seil an dem Ast fest, damit ich es mir nicht in letzter Sekunde anders überlegte. Das andere Ende legte ich mir mit einer perfekten Galgenschlinge um den Hals.

Nun stand ich also mit meinem blauen Shirt auf dem

Baum und schrieb noch ein paar Notizen auf den Block. Vor dem Sprung steckte ich ihn in die Tasche, damit man ihn finden würde. Ich war noch immer unentschieden, ob ich es tun sollte oder lieber nicht. Es schien mir, als würde ich dort oben lange darüber nachdenken. Also schrieb ich weitere Notizen und kam in eine seltsame Stimmung, eine Art Begeisterung, eine überdrehte, merkwürdige, aber intensive Freude.

Wie ich später lernte, ist das die entscheidende und kritischste Phase. Wenn in diesem Moment jemand bei mir gewesen wäre und mir geholfen hätte, dann hätte ich mich nicht getötet. Aber es war niemand da, und ich musste diese verdammte endgültige Entscheidung treffen. Ich schrieb die letzten Worte und fühlte mich so abgehoben und aufgedreht, als würde ich wirklich bald, von der anderen Seite aus, viel bewirken können. Ich fühlte mich wichtig. Ich, ein fünfzehnjähriger, hässlicher, übergewichtiger Junge, würde anderen helfen. Ich war mir ganz sicher, dass das nach meinem Tod möglich sein würde. Es war ein bisschen diese Aufregung, wie man sie vor einer abenteuerlichen Reise spürt. Dennoch war auch dieser Schmerz in der Magengegend geblieben, wie eine elektrisch geladene Kugel, die auf- und abspringt.

Ich bemerkte nichts von dem, was um mich herum passierte. Als du diese eine Nachricht gelesen hast, dachtest du ja, dass ein geistiger Führer bei mir gewesen wäre, der mir diktiert hat. (Neben seinen Notizen hatte Stephen noch einiges in ein kleines Heftchen geschrieben: »Wenn du dich schrecken lässt, kann dich deine Angst überwältigen und du verlierst. Vermeide in dieser Zeit jede Konfrontation, atme tief, reinige deinen Geist von allen Gedanken an den Verlust und siege über deine Angst.«) In Wirklichkeit aber hatte ich das geschrieben, um mich selbst zu motivieren, damit ich nicht kneife. Ich hatte das viel früher geschrieben.

Später konnte ich feststellen, dass vor meinem Tod ganz viele Wesen um mich waren – Engel und geistige Helfer. Sie alle versuchten, mir zu helfen. Aber ich habe nichts davon bemerkt. Ich hatte schon ein paar Augenblicke, in denen die Angst und der Zweifel stärker wurden. Dann aber gab es diese Momente voller Mut. Angst und Mut kämpften miteinander, es war ein echter Krieg auf diesem Baum. Damals dachte ich, dass mein Mut letztlich gewonnen hat. Heute aber weiß ich, dass es die Angst war, die gesiegt hat.

Einige Notizen hatte ich unter dem Baum geschrieben, dann nahm ich Block und Stift mit rauf. Es war wirklich so, wie du es dir vorgestellt hast: Ich begann zu schreiben. Dann erschrak ich, und mir wurde klar, was hier eigentlich geschah, ich begann zu weinen – du kannst sehen, dass die Handschrift anders wurde. Ich saß dort oben auf meinem Ast mit der Schlinge um den Hals und wollte nichts anderes, als dass mich jemand aufhält. Keinesfalls aber wollte ich selbst einen Rückzieher machen, ich wollte kein Feigling sein – wie damals, als ich klein war und Richard mich aufzog, dass ich ein Angsthase wäre, wenn ich nicht in den Swimmingpool springen würde. Zu dieser Zeit dachte ich wohl nicht mehr daran, dass jemand kommen und mich finden könnte. Vorher hatte ich mir das manchmal überlegt. Ich war so verdammt tief im Wald drin, hier würde es niemanden geben, der mich aufhielt.

Ich schrieb die letzte Seite und bat Gott, mich zu stoppen. Es war der Abschluss. Ich bat Gott, mich aufzuhalten, wenn ich es nicht tun sollte. Ich fürchte, dieser Satz war der schlimmste für dich, Mama. Du warst manchmal ärgerlich auf Gott, weil er mich nicht erhört hatte. Und du machst dir Vorwürfe, weil du mir nicht beigebracht hattest, dass Gott nicht eingreift und mich stoppt, wenn ich Dummheiten machte. Ich schrieb heulend und zitternd diesen letzten Satz. Irgendwie dachte ich wirklich, dass Gott jetzt gleich in diesem Wald erscheinen würde, um mich zurückzuhalten. Ich wartete drauf, aber Er tat es nicht. Ich warte noch ein paar Minuten länger. Dann rief ich laut: ›Gott, es ist deine Entscheidung. Halte mich auf, wenn ich es nicht tun soll!‹ Ich steckte den Block in die Tasche an meinem Shirt. Ich zitterte so sehr, dass mir der Stift aus der Hand und auf den Boden fiel. Zuerst wollte ich nach unten klettern, um ihn zu holen, ich ließ es dann aber bleiben.

Nun war es Zeit, um zu springen. Ich stand auf. Es wirkte so hoch, der Boden war so weit weg. Ich bekam Angst. Ich musste weinen und setzte mich wieder hin. Ich versuchte mich anzutreiben, damit ich sprang, aber es ging nicht. Dann gab ich mir einen Schubs und plumpste in die Tiefe. Es war kein richtiger Sprung, ich ließ mich vielmehr über den Ast und nach unten rutschen. Der Tod kam sofort. Ich fühlte einen Augenblick lang einen Schmerz. Ich behaupte nicht, dass es nicht wehgetan hätte – einen Moment lang durchstach mich ein furchtbarer Schmerz. Dann aber hörte er auf.

Ich hatte nun das Gefühl, ich würde nach oben schwimmen. Ich kam mir vor wie eine Luftblase im Wasser, als wäre ich tief untergetaucht und käme nun wieder hoch – nur, dass ich in diesem Wasser atmen konnte. So floss ich aus meinem Körper heraus. Mir war so, als würde mich jemand an den Ellbogen stützen, aber ich konnte niemanden sehen. Ich schaute mich um, da waren so verschwommene Gestalten, aber ich konnte nicht viel erkennen. Ich bewegte mich nach oben, über meinen Körper, und sah hinunter. Ich erblickte den Kopf von oben, dann ›schwamm‹ ich ein Stückchen weg und sah den ganzen Körper, der da am Nacken an diesem Seil herabhing. Für einen Moment konnte ich ihn nicht zuordnen. Er kam mir sehr fremd vor.

Dann plötzlich wurde mir klar, dass ich das war. Ich wurde panisch. Und zwar richtig panisch! Ich war überhaupt nicht erstaunt, dass ich meinen Körper verlassen hatte und immer noch lebendig war, dass ich sehen und denken konnte. Das einzige, was ich in diesem Augenblick begriff, war, wie traurig du und Tom sein würden. Es war genauso, wie wenn ein Kind etwas Dummes angestellt hat und nun realisiert, dass es erwischt und bestraft werden würde. Mir war in dem Moment überhaupt nicht klar, dass ihr keine Möglichkeit mehr hattet, mich zu bestrafen. Ich hatte mir meine Strafe schon selbst ausgewählt. Ich fing an, bitterlich zu weinen, die Tränen flossen mir übers Gesicht, und ich schluchzte. Es tat so weh, und mein Herz trommelte. Es war, als hätte ich noch immer einen Körper. Ich fühlte mich so wie immer, nur dass ich den Boden nicht berührte. Ich hing in der Luft und fiel nicht nach unten.

Als ich mich umschaute, begannen diese Formen nun klarer zu werden. Ich sah Opa H., den ich ja nur von Bildern her kannte – er war es. Da waren auch deine Großväter und viele andere Leute, die ich von den Fotos aus dem Album kannte. Ich entdeckte einige Freunde, oder eher Leute, die ich von irgendwoher kannte, und ich erinnerte mich, dass die alle gestorben waren. Dann waren da noch welche, die ich nicht kannte – dennoch hatte ich das Gefühl, dass wir uns schon begegnet waren und uns irgendwie vertraut sind. Ich war völlig überrascht und wusste nicht, was ich davon halten sollte. Ich war sehr traurig, aber vor allem erstaunt und irgendwie auch aufgeregt. Ich glaube, ich hörte auf zu weinen. Einige kamen näher und umarmten mich. Andere sagten einfach: ›Hi, Steve!‹ Alles, was ich sah, waren diese Leute, und es ging mir schon viel besser. Dann aber streifte mein Blick wieder diesen Körper, der am Baum hing. Mich durchfuhr ein schreckliches Gefühl, jedes Mal, wenn ich hinsah. Er schien mich anzuschreien, ich wollte ihn nicht sehen. Es war verrückt. Ich wusste, dass das mein Körper ist, aber er sah nicht so aus. Ich hatte doch meinen Körper bei mir, so schien es. Es war völlig verwirrend.

Jetzt setzte wieder die Panik ein. Kälte stieg in mir auf, und ich wurde irgendwie nach oben geschleudert. Dann hatte ich das Gefühl, ich müsste einschlafen. Es war, als würde ich nach oben, weit weg bewegt. Plötzlich hörte ich ein Zischen. Ich schwebte nach oben, irgendwohin, und schlief ein. Ich bemerkte eine Frau, die mir half. Sie war freundlich und hübsch, weiß gekleidet, und hielt meine Hand.

Das nächste, woran ich mich erinnere, war das Tageslicht, als ich erwachte. Ich fühlte mich gut. Es ging mir wunderbar! Ich sah mich um, überall war es neblig oder verschwommen, dann wurde es klarer. Ich sah genauer hin. Ich lag in einem Bett, und es gab ein Fenster, draußen schien die Sonne. Ich versuchte mich zu erinnern, wo ich war. Du kennst doch dieses Gefühl: Du wachst in einer fremden Umgebung auf und weißt nicht, wo du bist. Ich konnte mich nicht erinnern. Vage stieg der Gedanke in mir auf, dass ich irgendjemanden an einem Baum hängen sah. Dann schlief ich wieder ein.

Mir wurde gesagt, dass ich nach meinem Tod mitten in der Nacht aufgewacht wäre, ich hätte geweint und wäre sehr traurig gewesen. Draußen regnete es, und du machtest dir Sorgen, dass ich total durchweichen könnte. Ich war nicht bei Bewusstsein, ich wusste davon nichts. Ich glaube, du hast gedacht, dass ich in der Nacht zu dir gekommen und in dein Bett gekrochen wäre, um dir zu sagen, was ich getan hatte – aber das stimmte nicht. Das ist es nicht, was passierte. Es war eher so, dass du gefühlt hast, dass das Band zwischen uns zerriss. Deine Intuition war sehr stark, du wusstest, dass etwas passiert ist. Dir war nicht bewusst, was es war, aber du musstest die ganze Zeit weinen. Später in dieser Nacht wurde ich von einigen Helfern zu dir gebracht, und wir waren ein paar Augenblicke zusammen. Keiner von uns kann sich daran erinnern, aber es war wichtig, damit du das, was dir am nächsten Tag von mir berichtet würde, verkraften konntest.

Ich wachte auf, hatte Angst, schlief dann aber friedlich wieder ein. Irgendjemand kam und setzte sich zu mir. Ich konnte hören, wie man etwas zu mir sagte, schlief aber gleich wieder ein. Ich wollte nicht wirklich etwas hören. Es war wie ein Aufwachen und Erinnern, dass man zur Schule musste, man wollte aber nicht, also schlief man lieber noch einmal ein. Aber man weiß genau, was geschehen wird, auch wenn man noch nicht richtig wach ist. Ungefähr so fühlte ich mich.

Mama, ich weiß, dass es nicht einfach ist. Es tut weh und macht dich traurig. Atme tief durch und entspanne dich. Ich erinnere mich, dass ich erneut aufwachte und diese freundliche Frau an meinem Bett saß. Zuerst dachte ich, es wäre eine Krankenschwester, weil sie so weiß gekleidet war. Eine sehr hübsche, nette Lady. Sie nannte ihren Namen nicht, redete aber eine ganze Weile ruhig mit mir. Ich hatte das Gefühl, ich würde sie kennen. Sie fragte, ob ich für ein paar Minuten meine Mutter sehen wolle. Sie hätte gerade erfahren, was mit mir passiert sei und hätte schlimme Schmerzen. Ich sagte: ›Ja, aber wie kommen wir dorthin?‹ Und sie meinte, ich solle ihr folgen. Sie nahm mich bei der Hand, und es schien keine Minute zu vergehen, da fand ich mich in unserem Wohnzimmer wieder. Sie stand neben mir, ich sah dich auf der Couch sitzen, gegenüber von zwei Männern.

Ich war so geschockt, für einen Moment konnte ich gar nichts sagen. Dann aber rief ich: ›Mama! Mama! Ich bin hier. Ich bin's, Steve! Du wirst nicht glauben, was passiert ist!‹ Du hast mir nicht geantwortet. Du hast nicht einmal zu mir hinübergesehen. Ich dachte, du wärst so in das Gespräch mit diesen Männern versunken, dass du mich deshalb nicht hören konntest. Ich wollte euch nicht unterbrechen, also wandte ich mich an Tom: ›He, Tom, was ist los? Was ist denn passiert?‹ Weder sah er mich an, noch antwortete er. Ich blickte mich um. Andrea und Debbie waren da und auch Toms Kinder. Ich ging zu Andrea und sprach sie an: ›Was ist passiert, Andrea?‹ Sie weinte und gab mir ebenfalls keine Antwort. Die Frau legte sanft den Arm um mich und sagte: ›Sie können dich nicht sehen. Und sie können dich nicht hören. Wir haben dich hierher gebracht, damit du deine Mutter sehen und bei ihr sein kannst.‹

Ich fragte: ›Bin ich denn gestorben? Ich bin tot, oder?‹ Sie sagte: ›So würden sie es bezeichnen.‹ Ich rief: ›O nein!‹ Plötzlich war es mir total peinlich, hier zu sein, schließlich hatte ich ja das Gefühl, dass Tom und du mich sehen könntet, ich dachte, dass ihr sehr verwirrt und ärgerlich sein müsstet. Und dann, als du für einen Moment aufhörtest, zu weinen, konnte ich deinen Schmerz in mir fühlen, als wäre dein Herz in meinem. Ich hatte noch nie einen solch schrecklichen Schmerz gefühlt, niemals. Nicht einmal, als ich von diesem Baum sprang.

Dann erinnerte ich mich an meinen Schmerz und daran, wie ich vom Baum glitt. Es war, als würde man an einem Schwimmbecken mit kaltem Wasser stehen und sich davor fürchten, hineinzuspringen. Man denkt aber, man müsste es schließlich tun und erst mal einen Schock kriegen, weil das Wasser so kalt ist. Dann aber würde man sich daran gewöhnen, und der Schmerz würde verschwinden. Nur dass dieser Schmerz hier nicht verschwand. Ich wünschte mir so sehr, ich könnte noch einmal zurückgehen, auf dem Baum stehen und nicht springen. Ich muss total verrückt gewesen sein!

Ich fühlte mich schrecklich. Ich hätte mich am liebsten umgebracht, um diesen Schmerz nicht mehr zu spüren. Witzig, oder? Ich war tot und wünschte mir, ich könnte sterben. Nebenbei bemerkt, in dieser Dimension ist das gar nicht so lustig. Wie schlecht es einem auch geht und wie stark der Schmerz auch wird – man kann sich nicht töten. Was hatte ich dir angetan! Nie zuvor war mir bewusst, wie sehr ich dich liebte und wie sehr du mich. Niemals vorher war mir klar, wie sehr ich unser Zuhause liebte und meine Schwestern und Bob. Ich wollte zurück! Ich schrie nach dir: ›Mama! Mama! Ich bin hier! Ich bin bei dir! Schau doch her! Ich bin nicht tot!‹ Du drehtest dich um, als hättest du mich gehört, und sahst dann wieder weg. Ich ging nah an dich heran und berührte deine Schulter, ich umarmte dich, ich umarmte dich noch einmal, aber du merktest überhaupt nicht, dass ich da war. Es war verrückt! Du hast nichts gefühlt. Eigentlich konnte auch ich deinen Körper kaum spüren.

Ich begann zu weinen und konnte mich nicht mehr beruhigen. Ich hasste es, vor anderen zu heulen. Aber ich schluchzte und rotzte vor diesen Männern, vor Tom und dir und den ganzen Kindern und der Frau neben mir. Ich konnte nicht aufhören, ich heulte und heulte. Es tat so weh! Ich vergaß, dass mich niemand hören konnte. Nur die Frau hörte mich, sie sagte: ›Steve, lass uns jetzt gehen.‹ Aber ich wollte nicht: ›Nein, ich möchte hier bleiben.‹

Aus welchem Grund auch immer erinnerte ich mich jetzt an die Zeit kurz nach meiner Geburt. Auch damals war ich geschockt und weinte. Ich hatte das Gefühl, man hätte mich gegen meinen Willen in eine enge Box gesperrt. Das war, als ich in meinen Körper hineinging, um geboren zu werden. Ich konnte nicht aufhören, zu weinen, ich wollte wieder raus da, aber niemand hörte mich. Dann kamen einige Engel, sie sangen und hielten mich, sie wiegten mich auf und ab, und mir ging es etwas besser. Sie blieben bei mir, bis man mich zu dir legte, dann standen sie um uns herum und schauten zu, wie du mich hieltest. Als die Schwestern mich dir wegnahmen und mich wieder zu den anderen Kindern brachten, hatte ich wieder Angst und weinte. Die Engel sangen erneut für mich, sie ließen ganz angenehme Töne erklingen und hielten mich fest.

Die Frau neben mir war ebenfalls wie ein Engel. Sie war die einzige, die mich zu hören schien, sie wusste, was ich brauchte und dass ich am Leben war. Ich war besessen davon, dir verständlich zu machen, dass es mir gut ging. Ich versuchte es erneut: ›Mama! Mama! Hör zu! Ich bin hier! Es tut mir leid! Es tut mir so leid! Ich wollte das nicht! Es tut mir schrecklich leid!‹ Ich ging zu Andrea und flehte sie an, sie möge es dir sagen. Aber sie weinte auch und hörte mich nicht. Ich versuchte es bei allen Kindern von Tom und am Ende bei Debbie, meiner letzten Chance. Debbie konnte mich hören! Sie wusste aber nicht, was sie sagen sollte. Du hattest das vergessen, aber sie kam zu dir rüber, setzte sich auf deinen Schoß, umarmte dich und sagte: ›Mama, sei nicht traurig, Stephen ist okay. Er ist gar nicht tot, er ist hier bei uns.‹ Du hast sie umarmt und gesagt: ›Ich weiß, meine Liebe, du brauchst nicht traurig sein.‹ Du dachtest, dass sie dich nur trösten und nur lieb zu dir sein wollte. Sie konnte mich hören. Ich versuchte noch einmal mit ihr zu reden, aber es hatte keinen Sinn.

Ich stand da und heulte wie ein Baby. Nach und nach wurde mir so vieles klar. Ich bemerkte, dass ich eure Gedanken lesen konnte. Das hatte ich erst gar nicht bemerkt. Ich dachte, dass ihr all diese Sachen aussprechen würdet, die ich da hören konnte. Dann aber begriff ich, dass ich hören konnte, was ihr sagt, und ebenso das, was ihr denkt.

Toms Kinder beispielsweise überlegten, ob sie wohl ein paar von meinen Sachen bekommen würden – die Hantelbank und so etwas. Ich sagte ihnen, dass sie alles haben können, aber sie hörten mich nicht. Andrea fühlte sich schuldig, weil ich tot war. Sie dachte, dass sie mich hätte aufhalten müssen und dass sie keine gute Schwester war. Deine Gedanken spielten völlig verrückt, das war wie Achterbahnfahren. Da war alles dabei – Leute benachrichtigen, sich um den Körper kümmern, dann wieder Zweifel daran, ob ich wirklich tot sei, du wundertest dich, warum der Schmerz in deinem Bauch gar nicht nachlässt, und du hast überlegt, was die Nachbarn jetzt denken werden. Debbie wunderte sich, warum alle so traurig waren. Sie wusste, dass ich lebte. Später fing sie an zu zweifeln, aber zu diesem Zeitpunkt war es klar für sie.

Die Frau fragte, ob ich jetzt zum Gehen bereit sei, aber ich wollte nicht. Ich fragte nach meinem Körper, ich wollte ihn sehen. Sie nickte, und ich folgte ihr. Da lag etwas auf einer Trage. Tom kam dazu, und man zog ein Tuch weg – da lag ich. Iiieh! Es war so eklig! Ich sah schrecklich aus. Meine Haare waren völlig zerzaust, und meine Haut wirkte furchtbar. Ich sah überhaupt nicht so aus, wie ich eigentlich aussah. Und ich wollte nicht, dass mich irgendjemand so sah! Plötzlich aber hatte ich eine Idee: Wenn ich wieder in diesen Körper hineinspringen würde, wäre ich nicht länger tot. Ich würde mich aufsetzen, nach Hause laufen und sagen: ›War doch ein guter Gag, oder?‹

Ich versuchte es. Ich versuchte mich in diesen Körper hineinzuquetschen, aber ich rutschte immer ab. Irgendwann schaffte ich es, es passierte aber nichts. Ich konnte sehen und hören, als wäre ich wie immer im Körper, ich konnte mich hinsetzen – aber der Körper blieb liegen. Ich probierte und probierte. Einfach die Hand heben, unter die Schulter schieben, mich selbst aufrichten – umsonst, der Körper bewegte sich nicht. Ich konnte den Körper nicht ein Stückchen bewegen. Ich konnte nicht mal das Laken anheben, das ihn zudeckte. Ich dachte, dass ich vielleicht einfach nur zu schwach sei, um meine eigene Hand zu heben.

Ich drehte mich um und sagte: ›Helft mir.‹ Die Männer, die da standen, hörten mich nicht, nur die Frau vernahm meine Worte. ›Bitte hilf mir, zurück in den Körper zu kommen‹, bettelte ich sie an. Aber sie sagte: ›Das kann ich nicht. Du kannst in deinem Körper nicht mehr leben. Du musst mit mir kommen. Lass uns gehen, wir werden über alles reden. Sie alle können dich jetzt nicht hören. Es wird aber eine Zeit kommen, da werden sie dich wahrnehmen, jetzt aber ist das nicht möglich. Lass uns gehen, mein Lieber, und …‹

Ich wollte nicht unhöflich sein, aber ich sagte bestimmt: ›Ich möchte nicht gehen. Ich will hier bleiben, wo ich hingehöre. Ich bin nicht tot. Ich habe eine große Dummheit gemacht, ich bin mit einer Schlinge um den Hals von einem Baum gesprungen. Es tut mir sehr leid.

Ich möchte eine neue Chance. Bitte hilf mir, wieder in den Körper zu kommen und ihn zu bewegen. Ich verspreche dir hoch und heilig, dass ich eine solche Dummheit nie wieder machen werde. Bitte. Ich tu alles, was du willst, wenn du mir hilfst.‹

Sie schien bewegt, blieb aber sehr klar: ›Steve, du kannst nicht ungeschehen machen, was du getan hast. Du kannst diesen Körper nicht mehr nutzen. Es gibt nichts, was ich hier tun könnte. Und es gibt nichts, was du hier noch tun könntest. Komm mit mir, du wirst dich beruhigen, und wir können über alles reden.‹

›Ich gehe nicht von hier weg!‹, schrie ich. Mama, du weißt, wie sehr ich mich immer bemühte, freundlich zu sein. Ich wusste aber, wenn ich jetzt weggehen würde, dann könnte ich meinen Körper nie mehr wiederfinden und auch keine neue Chance erhalten. Also wollte ich nicht gehen. Die Frau war einverstanden und blieb bei mir. Ich ging wieder nach drinnen und versuchte, mit euch allen zu reden. Es war so frustrierend! Ich hätte laut schreien können. Ich wollte einfach nur bei dir sitzen, spüren, wie du mich umarmst und sagst, dass alles wieder gut wird – und dann würde es das auch. Also setzte ich mich zu dir und kuschelte mich an dich. Wieder musste ich einsehen, dass ich deinen Körper nicht richtig spüren konnte, auch wenn ich so nah bei dir war und dich berührte. Ich schätze, du hast es gar nicht gemerkt, dass ich da war. Du hast mich vollkommen ignoriert.

›O Gott, NEIN! Was habe ich getan! Ich bin tot! Es tut mir leid! Es war ein Fehler! Bitte hilf mir, hier zu bleiben!‹ Ich fing an zu weinen, wie ich nie in meinem ganzen Leben geweint hatte. Und dann war plötzlich nur noch leerer Raum um mich.«

Ich schluchzte so laut, dass ich Stephen kaum noch verstehen konnte. Mein armes Kind! Es zerriss mir das Herz, all die Details seiner Qualen zu hören. Wenn ich nur davon gewusst hätte! Wenn ich ihn nur hätte erreichen und zurück ins Leben hätte bringen können – ich hätte ihn nie mehr losgelassen!

»Hör auf zu weinen, Mama.« Stephens Stimme war klar und freundlich. »Lass mich erzählen, was danach geschah.«

XI

Stephens Heimkehr

Leben und Tod sind eins,
so wie Fluss und Meer eins sind.

Khalil Gibran

»Später wachte ich in demselben Raum auf, in dem ich zuvor schon war, und sah mich um«, fing Stephen wieder an. »Er kam mir nach all dem auch gar nicht mehr komisch vor, er war eher wie der, den ich zu Hause hatte. Nur die Aussicht war anders, ich sah aus dem Fenster, aber da war nicht unser Garten.

Die Frau saß auf einem Stuhl neben meinem Bett. ›Was ist los? Bitte sag mir, was los ist?‹ Ich war durcheinander und verwirrt.

›Steve, du bist nicht länger in deinem physischen Körper‹, erklärte sie. ›Du fühltest dich sehr, sehr schlecht und hast deshalb dein Leben auf der Erde beendet. Jetzt wirst du hier mit uns leben. Ich werde dir noch einmal alles über die Welt hier erklären, weil du unsere Gespräche vergessen hast. Ich werde dir helfen, ein paar alte Bekannte und Freunde zu treffen. Dann wirst du dich allmählich hier einleben.‹

›Aber ich möchte nicht hier sein!‹, entgegnete ich. ›Ist das hier der Himmel oder die Hölle? Bist du ein Engel? Wo ist meine Familie? Warum ist mein Garten nicht zu sehen, und warum ist das Zimmer hier anders?‹ Ich versuchte freundlich zu sein, aber ich fand das alles ein bisschen gruselig. Vielleicht träumte ich nur und würde jeden Moment aufwachen. ›Ist das ein Traum?‹

›Nein, mein Lieber, das ist kein Traum‹, sagte sie. ›Das hier ist weder der Himmel noch die Hölle. Es ist ein wunderschöner Platz, man könnte sagen, dass man von hier aus mit einem Fuß auf der Erde stehen und mit dem anderen im Himmel schweben kann. Es ist auf gar keinen Fall die Hölle, eine Hölle nämlich gibt es nicht – außer es will sich jemand unbedingt seine Hölle erschaffen. Das aber brauchst du nicht zu machen, Steve. Wir dachten, dass dir ein Zimmer wie deins auf der Erde gefallen würde. Jetzt lass uns rausgehen, ich führe dich ein bisschen herum.‹

›Ich will aber nichts sehen‹, heulte ich. ›Kannst du mir meine Familie zeigen, kann ich sie besuchen?‹

›Es wäre besser, wenn wir damit warten, Steve. Bald kannst du jeden sehen, den du sehen willst. Zunächst einmal gibt es hier eine Menge Leute, die dich wiedersehen und begrüßen wollen.‹

›Warum bist du hier?‹, hakte ich weiter nach. ›Bist du ein Engel? Oder bist du tot?‹

Sie lachte: ›Ich schätze, auf der Erde würde man sagen, dass ich tot wäre. Aber sehe ich nicht ganz lebendig aus? Du wirst hier schnell erfahren, dass der Tod nicht das ist, was du immer dachtest. Meine Aufgabe ist es, die jungen Menschen zu empfangen, die ein bisschen zu früh dran sind mit ihrem Besuch hier bei uns. Ich helfe ihnen, wieder zu sich zu kommen und sich hier einzuleben. Deswegen bin ich hier. Ein Engel bin ich nicht, aber es gibt hier auch Engel.‹

Sie war so lieb zu mir, und ich fand es schrecklich, mich immer gegen alles, was sie sagte, zu sperren. Also willigte ich ein, mit ihr nach draußen zu gehen. Ich fragte sie alles Mögliche, und wir redeten noch eine ganze Zeit miteinander. Dann führte sie mich wieder zu Opa H. Wir sprachen über meinen richtigen Vater und vieles andere.

Er war sehr nett und sah wirklich so aus wie auf den Bildern. Ich traf auch deine Großeltern mütterlicherseits und plauderte mit ihnen über die Familie. Überhaupt waren da viele deiner Verwandten, die ich nicht kannte und gerade so von den Fotos erinnern konnte, die du und Oma aufbewahrt hatten. Immer hatte ich das Gefühl, dass wir uns kennen, und sie behandelten mich wie einen von ihnen. Mir fielen noch ein paar mehr Leute ein, die gestorben waren, aber ich sah sie nicht.

Ich schaute mich um und stellte fest, dass es hier eigentlich gar nicht so anders war als zu Hause – nur, dass es fremd war. Überall gab es Bäume und Vögel und Straßen und Häuser und Menschen. Viele waren freundlich und schienen glücklich, manche sprachen uns an, andere gingen einfach nur vorbei, wieder andere winkten. Es gab Kinder und Jugendliche, sie rannten herum und spielten und gingen mit ihren Freunden spazieren. Es gab ein paar alte Leute, aber nicht viele. Wie mir die Frau später erklärte, nimmt hier jeder für eine Zeit das Alter an, dass er am besten findet, niemand muss hier so bleiben, wie er war, als er starb.

Mir ging es schlecht. Ich tat so, als wäre alles in Ordnung, aber es gab einiges, was ich unbedingt erledigen musste, und zwar zu Hause. Dass ich hier landen würde, hatte ich nicht erwartet. Auch wenn diese Frau das nicht einsah: Ich musste einen Weg finden, um zurück zur Erde zu kommen. Das war nicht der Himmel hier. Im Himmel schweben die Engel auf den Wolken herum und spielen Harfe. Hier hatte niemand Flügel und niemand saß auf den Wolken. Alle liefen herum wie ganz normale Leute zu Hause. Nur dass es nicht mein Zuhause war, und ich es hier auch nicht mochte! Es mag für jeden anderen okay gewesen sein, aber nicht für mich. Ich wollte zurück, und zwar jetzt!

Ich beschloss, zurück in mein Zimmer zu gehen und dort nachzudenken. Und schon war ich da. Ich wusste nicht, wie ich dorthin kam. Ich bin mir sicher, dass ich keinen Schritt gemacht habe. Die Frau war ebenfalls da und erklärte mir: ›Jetzt wo du keinen physischen Körper mehr hast, kannst du deinen Geist benutzen. Du hast hier natürlich auch einen Körper, aber einen viel feineren, ätherischen. Die Einschränkungen, die man auf der Erde hat, gibt es hier nicht.‹

Ich sah an mir hinunter und bekam einen Schreck – ich war überhaupt nicht dick! Ich war so schlank, als hätte ich Ewigkeiten nichts gegessen und dafür viel mit den Hanteln trainiert. Ich erhob mich und merkte verwundert, dass meine Kleidung passte. Ich musste doch bestimmt 15 Kilo abgenommen haben. Ich trat vor den Spiegel an der Wand. ›Wahnsinn!‹, rief ich. ›Das müssen die anderen unbedingt sehen. Das müssen Lynn und Kathy zu sehen bekommen!‹

›Stephen‹, hielt mich die Frau sanft zurück. ›Du siehst sehr gut aus, und es geht dir auch schon besser. Aber deine Freunde zu Hause werden dich nicht sehen können. Was hier passiert ist, erklärt man manchmal so, dass der spirituelle Körper und die Gedanken genau das erschaffen, was du willst. Wir hier können deinen Körper sehen, aber deine Familie und die Freunde auf der Erde werden nur in ganz seltenen Fällen dazu in der Lage sein.‹

Ich legte mich wieder aufs Bett, mir tat der Magen weh, und ich schlief ein. Irgendwann wachte ich auf, mir fiel der Wald ein und was ich dort getan hatte. Das machte es noch schlimmer, ich war nahe dran, mich zu übergeben. Plötzlich war ich wieder in dem Wald. Was war passiert? Ich konnte den Baum sehen, an dem ich mich aufgehängt hatte, aber das Seil war weg. Ich wollte gern wissen, ob es irgendeine Spur hinterlassen hatte. Kaum hatte ich das gedacht, war es, als würde ich nach oben schweben. Ich sah den Ast. Dort, wo die Schlinge war, fehlte ein Stück Rinde. Sonst war nichts mehr zu sehen, es war nichts liegen geblieben. Ich dachte, dass es mir jetzt wirklich hochkommen müsste. Aber das tat es nicht, und ich fand mich schnell in meinem Bett wieder.

Die Frau sprach mich an: ›Es wird eine Gedenkfeier für dich geben. Möchtest du dabei sein? Du wirst dort deine Familie und die Freunde sehen, dann wird es dir besser gehen.‹

›O ja. Aber die können mich nicht sehen, oder? Ich will nicht, ich bleibe hier.‹ Ich dachte eine Weile darüber nach und entschloss mich dann, doch hinzugehen. Also sagte ich der Frau, dass ich meine Meinung geändert hatte. Die Feier, so erklärte sie daraufhin, würde in ein paar Tagen sein, bis dahin würde sie mir helfen, mich darauf vorzubereiten. Ich fragte sie, ob ich meinen Bruder sehen könnte, sie war einverstanden. Wir gingen aus dem Zimmer und waren einen Moment später bei Bob.

Er lag auf dem Bett und rauchte. Ich sagte: ›Hi, Bob.‹ Er sah zu mir hinauf, und ich sagte noch einmal: ›Hi, Bob. Ich bin's, Steve.‹ Dann wandte ich mich an die Frau: ›Er kann mich sehen, er hört mich auch.‹ Sie aber sagte: ›Nicht wirklich. Er hat keine Ahnung, wo du jetzt bist. Man wird es ihm bald sagen, aber im Moment weiß er noch nicht, dass du tot bist.‹ Ich sackte zusammen. Bob hatte doch schon genug Probleme, wenn er jetzt auch noch erfuhr, was ich gemacht hatte, würde alles noch schlimmer für ihn. Er wird mich hassen und für völlig bekloppt halten.

Wir wollten wieder gehen, dann aber drehte ich mich noch einmal um, ging zu ihm und umarmte ihn. Ich wusste plötzlich, wie sehr ich ihn liebte und wie gern ich wollte, dass wir gute Freunde sind. Er merkte nicht, dass ich da war. In mir stiegen die Erinnerungen an all die guten Zeiten, die wir miteinander erlebt hatten, auf, und auch einige der schmerzvollen. Es fiel mir schwer, ihn zu verlassen, aber wir mussten gehen.

Da wir in der Nähe waren, dachte ich, dass wir auch dich besuchen gehen könnten, Mama. Kaum war mir der Gedanke gekommen, waren wir schon da. Wir standen vor der Haustür, ich wollte öffnen, da war ich schon drin. Die Tür hatte sich nicht bewegt – mir wurde klar, dass ich durch sie hindurchgegangen war.

Ich lief durch das ganze Haus, um dich zu finden, aber es war niemand da. Ich fühlte mich so allein und hatte Heimweh. Es war viel schlimmer als damals, als ich im Wald übernachtete und schließlich wieder nach Hause wollte. Ich ging in mein Zimmer und fand alles so vor, wie ich es verlassen hatte – ein wüstes Chaos. Aber irgendjemand hatte in meinen Sachen herumgekramt und einiges auf dem Bett aufgestapelt. Verschiedene Kleidungsstücke waren in Plastiktüten, die auch auf dem Bett lagen. All meine persönlichen Notizen waren herumgeräumt und aufgestapelt worden. Niemand durfte meine privaten Sachen anfassen! Ich wollte einiges in die Hand nehmen und wieder wegräumen, aber ich konnte nichts bewegen. Nicht einmal ein kleines Stück Papier konnte ich anheben. Das war nicht fair! Das hier waren meine persönlichen Sachen. Wer hatte das Recht, darin herumzuwühlen?

Ich rannte die Treppen herunter, um das zu klären – ich hatte vergessen, dass dort niemand war. Nicht einmal die Frau war mehr zu sehen. Ich spazierte durch alle Zimmer, schaute herum und wollte warten, bis du nach Hause kommen würdest. Ich wollte mich vor den

Fernseher hinlegen oder mal schauen, was es im Kühlschrank gibt. Okay, hinlegen konnte ich mich. Das war alles.

Ich hörte ein Auto kommen und sah aus dem Fenster. Du warst zurück! Du, Tom, Andrea und Debbie. Ich rannte euch entgegen: ›Mama, ich bin's, ich bin zurück!‹ Du schautest direkt durch mich hindurch. Schrecklich sahst du aus, mit geschwollenen Augen und hängenden Schultern. Schon in der Tür fingst du an zu weinen, du ranntest in mein Zimmer und ließest dich aufs Bett fallen. Ich folgte dir. Du presstest dir ein T-Shirt von mir ins Gesicht und weintest und weintest. Ich hielt dich fest, aber ich merkte natürlich, dass ich dich gar nicht richtig spüren konnte, und du hast mich überhaupt nicht wahrgenommen. Es war zum Verrücktwerden. Ich war wirklich tot. Tot. Tot aber musste doch heißen, dass man tot war! Ich aber konnte hören und sehen und alles Mögliche tun, wie immer. Ich war nicht richtig tot. Ich wusste, dass ich es nicht war, aber alle anderen dachten, ich sei es. Was sollte ich denn machen? Es war einfach schrecklich. Du hast nur noch geweint, weil du dachtest, dass es mich nicht mehr gibt. Ich aber war bei dir, umarmte dich und sagte dir, dass ich lebe. Aber du konntest mich nicht hören und weintest weiter.

Mama, ich erzähle dir das alles so ausführlich, weil es wichtig ist, wenn du meinen Schmerz und die endlose Frustration verstehen willst. Ganz egal, wie wir sterben, die meisten von uns gehen durch einen Todeskampf und erleben diese Agonie. Solange wir einen Körper haben, kann es wehtun, wenn wir etwas Unsinniges tun, aber der Schmerz lässt irgendwann nach, und es wird wieder gut. Wenn man sich aber umbringt, dann ist es aus und vorbei. Es ist zu Ende. Alles, was man auf der Erde liebte und gerne gemacht hat – Vergangenheit. Wie sehr man es auch versucht, noch irgendetwas an seinem Los zu ändern, es ist nichts mehr zu machen.

Es war eine schwierige Zeit für mich. Wieder zurück in meinem neuen Zimmer bat ich darum, Richard sehen zu dürfen. Die Frau aber sagte: ›Lass uns damit lieber ein bisschen warten. Derweil möchte ich mit dir woanders hingehen.‹ Wir liefen durch den Eingangsbereich des Hauses, in dem auch mein Zimmer lag, bis zu einem großen Gebäude. Wie betraten einen riesigen Raum, eine Art Bibliothek. Es gab Tische, und viele Leute lasen oder sahen sich etwas an. Ich fragte, ob es eine Bücherei sei, und die Frau schlug vor, dass ich mir etwas zum Lesen suchen solle. Ich ging zu einem der Regale, mir war nicht wirklich nach Lesen zumute, aber ich wollte sie nicht verärgern. Also stöberte ich ein bisschen herum. Ich entdeckte ein Buch über das Leben nach dem Tod. Als ich es herausnahm, hatte ich ein eigenartiges Gefühl, es war wie ein kleiner elektrischer Schlag in der Hand. Ich öffnete es, und während ich die Worte las, merkte ich, dass ich sie zugleich in meinem Kopf fühlte. Es war total seltsam, als würden die Worte in meinem Hirn zu Bildern werden. Ich konnte lesen und hören und sehen, was da stand, alles zur gleichen Zeit. Das Buch handelte von den Veränderungen, die der Tod mit sich bringt, und es erzählte davon, wie man damit umgehen kann, keinen Körper mehr zu haben. Damals nannte ich es einen verrückten Zufall, dass ich ausgerechnet zu diesem Buch gegriffen habe. Heute weiß ich, dass es wichtig für mich war, es zu lesen, es war Teil meines Lernprozesses hier. Es war alles andere als ein Zufall.

Mein Bewusstsein für meinen Körper wurde sehr klar. Mein Bauch war dünn und flach. Ich strich über meinen Leib und fand ihn fest und stabil. Ich dachte immer, dass Tote wie nicht greifbare Geister sind, aber mein Körper war echt – zumindest fühlte er sich so an. In diesem Buch hieß es, dass die Welt in dieser Dimension eigentlich ganz genau so war wie die irdische – bis wir uns daran gewöhnt hatten, keine Körperlichkeit mehr zu leben. Ich las das ganze Buch und wurde währenddessen für andere Wege des Lernens vorbereitet. Mir wurde klar, dass es nur ein paar Minuten gedauert hatte, das gesamte Buch durchzulesen, und ich hatte die Seiten nicht bloß überflogen.

Was ich gesehen hatte, was eine Bücherei voller Menschen. Später lernte ich, dass das nur eine Art in Form gebrachter Gedanke war, den viele Leute zusammen hatten. Es war nicht einfach meine Einbildung. Es war etwas, das aus dem Bedürfnis vieler Wesen zu einer bestimmten Zeit entstanden ist. Genauso war es mit meinem Zimmer, dem Sessel, der Kleidung – mit allem. Nach einer Zeit hatte ich kein Bedürfnis mehr, all diese Dinge zu kreieren.

Du weißt, wie sehr ich es hasste, anderen wehzutun oder etwas kaputt zu machen. Und jetzt? Ich hatte etwas so Schreckliches gemacht, indem ich mich umbrachte, damit habe ich allen, die mich kannten, hundert Mal mehr Schmerzen zugefügt, als wenn ich sie verprügelt hätte. Immer wenn ich irgendjemanden besuchen ging, wurde geweint oder man redete darüber, was ich Schlimmes getan hatte. Vieles von dem, was da gesagt oder gedacht wurde, war nicht gerade nett. Ich hörte, wie ich und alle meine Taten analysiert, auseinandergenommen, bewertet, in den übelsten Worten kritisiert und mit Furcht und Abscheu diskutiert wurden. Aber niemand, außer du und ein paar wenige, hatten etwas verstanden. Ich hatte richtig Angst, noch irgendjemanden zu besuchen.

Für eine Zeit, als du noch nicht viel begriffen hattest, hast du versucht, mich zu einem Heiligen zu stilisieren. Ich bat dich über Hinweise, das zu lassen, und erinnerte dich daran, wie ich wirklich war. Bei meinen Freunden arbeiteten die Eltern daran, sie zu überzeugen, dass ich geistesgestört und sehr krank war. Jeder lief zu einem Experten auf und wusste genau, warum ich getan hatte, was ich tat. Einige meinten, dass sie schon immer gewusst hätten, dass ich gestört sei. Nur manche zeigten Einfühlungsvermögen, indem sie so etwas sagten wie: ›Es ist ein Wunder, dass keines unserer Kinder das Gleiche getan hat – nach dem, was sie alles durchmachen mussten. Es ist ein schwieriges Alter‹ oder: ›Ich wünschte, ich hätte einen Weg gefunden, ihm zu helfen.‹ Einige Leute meinten, dass das ›satanische‹ Zeug, das du lernst, der Grund gewesen wäre. Wieder andere wussten, dass es eine Strafe Gottes dafür war, dass du Richard verlassen hast. Es war schrecklich, diesen Lügen zuhören zu müssen und nichts entgegnen zu können.

In der Schule kursierten die wildesten Gerüchte darüber, was ich alles getan und nicht getan hatte. Das war das Ekelhafteste von allem, denn vorher hat sich kein Schwein dafür interessiert. Die Lehrer, um das Maß voll zu machen, betonten, dass sie mich immer beobachtet und bemerkt hätten, dass es da ein großes Problem gab. Einige Schüler dachten sich irgendwelchen Blödsinn aus, den ich angeblich gesagt oder getan hätte – nur um Aufmerksamkeit zu erregen. Du kennst die Wahrheit – keiner, absolut niemand dort konnte sich wirklich an mich erinnern.

Mit den Notizen, die ich hinterließ, Mama, ist das auch so eine Sache. Ich meinte sie wirklich so, als ich sie schrieb, und sie haben ihren Sinn. Irgendwann aber merkte ich, dass ich andere Dinge hätte schreiben müssen, völlig andere Dinge, etwas, was mir damals wirklich wichtig war und eine Bedeutung hatte. Es sind diese typischen letzten Sätze eines Selbstmörders. Es steckt natürlich ein Fünkchen Wahrheit drin – aber sie werden in einem höchst emotionalen Moment geschrieben, und ich war zu dem Zeitpunkt wirklich nicht Herr meiner Sinne. Ich habe hier sehr viel mit anderen Kindern zu tun, die sich das Leben nahmen. Einige von ihnen haben furchtbare Briefe hinterlassen, voller Schuldzuweisungen und bösen Hieben. Dabei empfanden diese Kinder die meiste Zeit über gar nicht solche aggressiven Gefühle gegen den Adressaten. Die Angehörigen aber lesen das und sind am Boden zerstört, vielleicht für den Rest ihres Lebens. Sie schleppen erdrückende Schuldgefühle mit sich herum. Dabei müssten sie sich bewusst machen, dass diese letzten Notizen fast immer in einem sehr verwirrten, emotional aufgepeitschten und äußerst instabilen Geisteszustand verfasst werden.

Ich erfuhr einiges über diese Frau, die mir hinübergeholfen hat und sich so liebevoll um mich kümmerte. Sie war Mutter, ihre Kinder kamen alle bei einem Brand ums Leben. Später verließ sie ihr Mann, bevor sie starb. Auf dieser Seite nun konnte sie sich wieder mit ihren Kindern verbinden. Aus ihrer leidvollen Erfahrung heraus hilft sie jetzt jungen Menschen wie mir, hier anzukommen. Ihre Rolle war nicht darauf beschränkt, mich nach meinem Tod hier in Empfang zu nehmen. Als ich ernsthaft damit begann, mir Gedanken in Richtung Selbstmord zu machen, war sie immer bei mir und versuchte mir zu helfen, meine Entscheidung in eine andere Richtung zu lenken. Sie tat alles, was möglich war, aber ich war weit davon entfernt, auf sie zu hören. Sie war immer noch bei mir, als ich die letzte endgültige Wahl getroffen hatte. Es klingt vielleicht verrückt für dich, aber ich habe sie nie beim Namen genannt und auch nie danach gefragt. Es war einfach nicht nötig.

Für manche Eltern mag es nicht leicht sein, zu verstehen, dass ihre Kinder in der Obhut von Engeln und Geistführern sind. Oder dass diese Helfer sie dabei unterstützen, wenn sie zurückkehren wollen oder es Zeit ist, auf eine andere Ebene zu wechseln. Es würde diesen Familien sehr helfen, wenn sie wüssten, dass sie ihr Kind zu jeder Zeit erreichen können – und dass sie es sogar *tun*, wenn sie schlafen oder meditieren oder manchmal auch im Wachzustand. Einige Eltern werden erleben, dass ihr verstorbenes Kind nun als Enkel oder als ein weiteres Kind wiederkommt und so weiter zu ihnen gehört. Ich hoffe sehr, dass wir all diese Informationen bekannt machen können, so dass diese Eltern keine Sorgen mehr zu haben brauchen. Viele Kinder werden aber auch zu Lebzeiten der Eltern nicht wieder auf die Erde kommen, also braucht man darauf nicht unbedingt zu warten. Bis ein Kind, das sich selbst getötet hat, für ein neues Leben vorbereitet ist, vergeht im Allgemeinen etwas mehr Zeit. Die meisten Eltern und Bekannten aber werden ihr Kind ohnehin wiedersehen, wenn sie selbst gestorben sind. Zusammen können sie sich dann vielleicht sogar darauf vorbereiten, wieder als eine Familie zu inkarnieren – und zu versuchen, die Verhaltens- und Beziehungsmuster diesmal gemeinsam umzuwandeln.

Es gibt viele Eltern, die ein Kind verloren haben und dann selbst auch sterben wollen. Einige versinken so tief in der Trauer, dass sie krank werden und sterben. Einige ›kreieren‹ einen Unfall, bei dem sie umkommen, sie passen einfach nicht mehr richtig auf. Andere nehmen sich das Leben. Nichts davon aber ist eine gute oder richtige Wahl. Sicher, wenn sie dann hierher kommen, werden sie ihre Kinder erst einmal sehen. Aber weniger intensiv und weniger oft, als wenn sie in ihrem physischen Körper geblieben wären. Hier werden sie diejenigen vermissen, die weiterleben, so wie sie auf der Erde das verstorbene Kind vermissten. Hier lernt ihr Kind sehr schnell, es entfaltet sich. Auch Eltern, die auf eine solche Weise umkamen, haben viel zu lernen und zu entwickeln – und das werden sie auf völlig anderen Gebieten tun müssen als das Kind. Das heißt, beide werden die meiste Zeit in komplett anderen Sphären und auf absolut unterschiedliche Weise zu tun haben. Wenn sie hingegen in ihren Körpern bleiben und gut für sich sorgen, werden sie ihre Kinder im Schlaf, im Traum, während der Meditation und in anderen Bewusstseinszuständen besuchen können – viel öfter, als wenn sie ihnen hierher nachkommen. Es ist viel besser, sein Leben vollkommen auszukosten und als ein Geschenk für das verstorbene Kind anderen zu helfen. Man kann sich sicher sein, dass man sich trifft, und kann versuchen, sich immer klarer und immer bewusster an diese Treffen zu erinnern.

»Stephen«, sagte ich, »die Leute werden das alles für verrückt halten, wenn ich es so weitertrage. Was soll ich denn sagen? ›Hey, wissen Sie schon, dass ich mich immer mit meinem Sohn unterhalte, der tot ist? Er hat sich umgebracht, aber es geht ihm gut. Er ist nicht in der Hölle. Er sagt, es ist alles ganz anders, als wir es uns vorstellen. Und er meint, wenn Ihr Kind stirbt, dann können Sie mit ihm reden …‹«

Stephen lachte. »Ja, Mama, etwa in der Art. Ich weiß, wie schwer es für dich war, diese Art der Kommunikation zu erlernen, und dann auch noch dem zu vertrauen, was du da empfängst. Und jetzt bitte ich dich, es unter die Leute zu bringen. Ich weiß, wie du dich fühlst. Ich habe dir so viele Informationen gegeben. Und die anderen, mit denen du Kontakt hattest – wir haben dir so viele Beweise gegeben, dass du es nicht mehr leugnen kannst, oder? Glaube mir, die Menschen, die lesen werden, was wir ihnen mitteilen, werden spüren, dass es wahr ist. Sie werden es aufnehmen, und es wird ihr Denken und ihr Leben verändern.

Wir müssen eine Brücke bauen zwischen den Lebenden und der spirituellen Welt, sie muss das altbewährte Denken und neue Ideen verbinden. Eigentlich gibt es diese Brücke schon, die Texte vieler Religionen und Lehren bestätigen es. Doch durch ein Übermaß an Dogmen und Ängsten wurde sie versperrt. Wir können helfen, diese Brücke wieder zugänglich zu machen – du und ich.«

XII

Kraft für die Heilung

In den Herzen derer zu leben,
die wir zurücklassen,
das heißt unsterblich sein.

Campbell

Die Kommunikation mit Stephen ließ meine Wunden jeden Monat ein bisschen mehr heilen. Vieles, was ich vorher nicht begreifen konnte, begann ich nun zu verstehen. Doch noch immer quollen mir Herz und Verstand vor Fragen über.

Nach wie vor kämpfte ich mit Zweifeln und meiner Skepsis, aber sie ließen nach. Ich trauerte noch immer, und manchmal überwältigte mich der Schmerz. Vor jedem 18. des Monats fürchtete ich mich regelrecht, es war ja eine Art Jahrestag. Natürlich waren auch die Geburts- und die Feiertage schwierig. Das erste Weihnachtsfest ohne Stephen – schrecklich. Wir beschenkten die Kinder noch viel reicher als sonst, als würden wir damit das Loch, das Stephen hinterlassen hatte, füllen wollen.

Anfangs erklärte ich überall, dass Stephen das Recht hatte, sein eigenes Leben zu beenden, ob uns das nun passte oder nicht. Erst viel später fiel mir auf, wie Unrecht ich damit hatte. Der emotionale Zustand, in dem man sich umbringen will, ist ja nicht dauerhaft. Wenn Stephen Beratung und Hilfe bekommen hätte – es wäre ein Leichtes gewesen, seinen Selbstmord zu verhindern. Fast alle Suizidgefährdeten sind sich nicht hundertprozentig sicher, ob sie es tun wollen. Deshalb können sie durch die entsprechende Hilfe vor und während der Krise vom letztendlichen Akt oft abgehalten werden. Wenn die Beratung dann noch eine Weile anhält, kann sich das Kind wieder fangen, und es wird den Selbstmord nie mehr als echte Möglichkeit in Betracht ziehen. Damals war mir das alles überhaupt nicht bewusst. Stephen erklärte mir so viel über die Natur des Selbstmordes, über das Leben nach dem Tod und die Wiedergeburt. Durch seine Worte begann ich die wunderbare Logik von Leben und Sterben zu verstehen, den lebendigen Kreislauf.

»Wir reinkarnieren wirklich«, sagte Stephen. »Das kann man sich ja auch denken, es ist die einzig sinnvolle Möglichkeit. Nur so können sich Gottes Güte und Gerechtigkeit zeigen. Dabei kommen die Menschen aber nicht als Tiere wieder zur Erde – was man so als Seelenwanderung bezeichnet, ist oft nicht wahr. Wir werden auch keine Bäume oder Steine, diese Wesen haben eine ganz andere Schwingung und eine niedrigere Form des Bewusstseins. Manche Leute meinen ja, sie könnten sich an ihr Sein als Tier oder Pflanze erinnern. In Wirklichkeit aber haben sie sich nur dermaßen tief auf die Energie dieser Ebenen eingestimmt, dass sie sich damit identifizieren. Es gibt Menschen, die ihr Bewusstsein für eine kurze Zeit vollständig in eine Pflanze oder ein Tier versenken können. Aber reinkarnieren werden Menschen immer als Menschen. Die Körper verändern sich, aber die Seele kommt immer wieder auf die Erde, um zu lernen und zu wachsen. Es hat mir große Freude gemacht, mir hier die früheren Leben anzuschauen – die von anderen und meine. Irgendwann möchte ich dir ausführlicher davon erzählen, und dann schreiben wir auch darüber.

Stell dir vor, ein Baby kommt auf die Welt und wird mit drei Jahren umgebracht oder stirbt auf eine andere Weise so früh. Hingegen wird ein Gangster, der viele Menschen getötet hat oder umbringen ließ, scheinbar unbehelligt neunzig Jahre alt. Wenn das schon alles wäre, gäbe es ja keine Gerechtigkeit auf der Welt. Das Baby aber wird andere Möglichkeiten erhalten, es wird in neuen Körpern neue Chancen ergreifen können. Und der Gangster wird eines Tages, in irgendeinem Leben, für sein Tun verantwortlich gemacht werden. Das heißt nicht, dass Gott ihn bestraft – es ist einfach das Gesetz von Ursache und Wirkung. Der Mensch ist mit einem freien Willen ausgestattet. Die Entscheidungen, die wir treffen, können uns wachsen und reifen lassen, oder sie sind Lektionen für uns.

Deine geistigen Führer und ich leben hier sehr nahe an der Erde. Eigentlich sind wir in genau der gleichen Ebene, nur haben wir eine andere Schwingungsgeschwindigkeit. Es gibt viele Namen dafür, einige bezeichnen es als Astralebene. Allein in dieser Dimension gibt es viele Level, darüber gibt es aber noch einige Dimensionen mehr, die auch ihre unterschiedlichen Ebenen haben, und darüber liegen wieder andere Welten.

Auf dieser Ebene hier erschaffen wir uns die Realität, die wir möchten. Das ist auch der Grund dafür, warum die Bücher, die Leute geschrieben haben, die hier waren oder mit Wesen von hier Kontakt hatten, diese Ebenen so unterschiedlich beschreiben. Wenn wir gerne einen sonnigen Strand, Wärme und gutes Essen möchten, dann werden wir das hier sehen und erleben, so lange, wie es eben nötig ist. Wenn wir gern Kleidung und ein Haus mit Möbeln wie auf der Erde hätten, können wir das hier mit unserer Gedankenkraft kreieren. Manchmal machen das auch die Helfer für uns, wenn wir hier ankommen. Natürlich manifestieren sich negative Gedanken auf die gleiche Weise. Die Dinge, die wir hier erschaffen, wandeln sich mit der Erweiterung unseres Bewusstseins.

Viele, die hier eintreffen, finden bereits alles fertig vor, das haben andere für sie getan, weil sich diese Neuankömmlinge so am besten entwickeln können. Sie werden sich ihrer Fähigkeiten, mit Wünschen etwas erschaffen zu können, einfach nicht bewusst. Einige würden sich wahrscheinlich Dinge kreieren, die ihre weitere Entwicklung behindern würden. Manche wissen gar nicht, dass sie tot sind. Wieder andere wollen es für eine mehr oder weniger lange Zeit nicht akzeptieren. Einige sind so überzeugt von der Richtigkeit ihrer Religion, dass sie nicht damit klar kommen, wenn der ›Himmel‹ anders aussieht, als sie ihn sich vorgestellt hatten.

Was mit einem Selbstmörder geschieht, ist kaum anders als bei einem Menschen, der im Alter oder durch einen Unfall ums Leben kam. Die Helfer und Engel sind im Moment des Todes bei ihm, sie helfen der Seele, manchmal schon Augenblicke vor dem eigentlichen Tod, aus dem Körper herauszukommen. Fast jeder sieht seinen Körper dann von außen, oftmals registriert er aber für Momente nicht, dass es sein eigener ist. Dann sind die Reaktionen sehr verschieden: Manche weinen, manche sind geschockt, einige wollen zurück in den Körper; jeder reagiert auf seine Weise. Die Helfer bringen den Verstorbenen dann an einen anderen Ort, wo ihn schon Freunde und Bekannte erwarten – es ist eine Art Willkommensparty. Neblige Formen um ihn herum nehmen langsam klare Gestalt an. Es ist gar nicht so einfach, wirklich zu akzeptieren, dass man tot ist. Man fühlt sich nämlich sehr vital, leicht, hell und bewusst. Es gibt keinerlei Schwere mehr, da man seinen physischen

Körper ja abgelegt hat. Sobald man sich dessen einmal bewusst geworden ist, ist es wunderschön. Man hat schon einen Körper, aber der wiegt nichts und ist viel feiner und lichtvoller. Eine Zeit lang mag er auch noch wie der alte Körper aussehen, aber irgendwann tauscht man seine Form gegen eine leichtere und lichtere Hülle ein.

Jetzt möchte man wahrscheinlich erklärt bekommen, was passiert ist. Oder man versucht sich selber klar zu machen, wer die anderen um einen herum sind. Das alles kann furchtbar sein oder auch schön, das hängt ganz davon ab, unter welchen Umständen man gestorben ist und welchen Grad an Bewusstheit man zu Lebzeiten hatte. Oftmals will man jetzt auch einfach nur sitzen und ruhen oder schlafen. Wenn man dann so weit ist, werden die Helfer diese neue Dimension mit einem besprechen, sie werden erklären, wie und warum man gestorben ist und was man sich für das Leben vorgenommen hatte. Wirkliche ›Unfälle‹ gibt es übrigens kaum. Ob Selbstmord oder natürlicher Tod, auf eine bestimmte Weise hat man immer mit daran geplant und wenn man dann in dieser Sphäre hier ist, wird man sich dessen auch wieder bewusst.

Der eigene Grad an Bewusstheit bestimmt auch, was man in den nächsten Tagen oder Wochen lernt. Die meisten Seelen möchten ihre Angehörigen sehen, sie möchten wissen, wie es ihnen geht und wie sie mit dem Tod zurechtkommen. Sie wollen ihren Verwandten und Freunden einfach mitteilen, dass es ihnen gut geht. Fühlen tut man dabei auf die gleiche Weise wie früher, daran ändert sich in der ersten Zeit nicht viel. Man weint und lacht, ist ängstlich oder traurig, schelmisch oder schüchtern. Die Persönlichkeit ist immer noch die Gleiche.

Viele Seelen wollen auch die Beerdigung und die Feierlichkeiten miterleben, die ihnen zu Ehren veranstaltet werden. Das geht fast allen so. Es kann eine emotional sehr schwere Erfahrung sein oder aber eine recht heilsame. Natürlich ist es schön, wenn man merkt, dass viele Menschen kommen, um einem die letzte Ehre zu erweisen, wenn sie angenehme Dinge über einen denken oder laut aussprechen. Man fühlt sich wertgeschätzt. Umgekehrt natürlich genauso: Vielleicht stellt man fest, dass man sich nicht gerade gut um andere bemüht hat – und nun interessiert es auch kaum jemanden, dass man gestorben ist. Oder die, die es betrifft, haben einen nicht gerade in bester Erinnerung. Es gibt die Erfahrung in beiden Extremen und alles dazwischen.«

Stephen fuhr fort, den Lernprozess zu beschreiben, der nach dem Tod einsetzt.

»Wenn man hier angekommen ist und sich ein bisschen orientiert hat, beginnt man damit, das eben abgeschlossene Leben zu rekapitulieren. Da niemand alles auf einmal verkraften kann, geht man deshalb schrittweise vor. Wir schauen uns ein paar Dinge an, alles wohlwollend und mit großer Klarheit. Nichts ist so verschleiert wie manchmal auf der Erde. Wie sehen jetzt sehr genau, was wir richtig und was wir nicht so toll gemacht haben. Niemand verurteilt uns dafür. Im Gegenteil: Wir selbst sind anfangs unsere eigenen, sehr strengen Kritiker. Das lässt aber mit der Zeit nach, wenn man merkt, dass man aus allen Erfahrungen und vor allem den eigenen Fehlern wertvolle Lehren ziehen kann. Es gibt immer wieder Leute in dem frommen Glauben, dass sie so wunderbare Dinge auf Erden getan haben, dass sie jetzt gleich direkt vor Gottes Thron gerufen werden, wenn sie hier ankommen. Dann ist die Enttäuschung meist groß, wenn sie sich ihr Leben noch einmal ansehen. Hier wird alles enthüllt, egal wie viel man sich selbst vorgemacht hat.

Diese Rückschau ist sehr emotional. Man sieht all die Menschen wieder, mit denen man im Leben zu tun gehabt hat, diejenigen, denen man geholfen hat, ebenso wie die, denen man wehgetan hat, und die, die man schon längst vergessen hatte. Alles, was man so lange verbergen konnte, kommt nun deutlich ans Licht. Man muss es sich ansehen, und dummerweise sehen es alle um einen herum nun auch. Es ist einem allerdings sehr schnell egal, was die anderen dazu meinen. Wenn man sieht, wie viel man falsch gemacht hat, welche wunderbaren Möglichkeiten man nicht genutzt hat – das kann einem das Herz brechen. Man schämt sich, manchmal wird man wütend auf sich selbst. Irgendwann ist dann ein bisschen mehr Abstand da. Es ist, als würde man in der Schule irgendein Objekt untersuchen – nur dass man selbst dieses Objekt ist. Es ist wichtig, dass man in all den rekapitulierten Erfahrungen erkennt, was man noch zu lernen hat. Erst wenn man das versteht, kann man hier ein paar Schritte weiter gehen. Und erst dann kann man auch wieder in einen neuen irdischen Körper schlüpfen und die Dinge vollenden, die bisher nicht so gelungen waren.

Manche Seelen gehen sehr schnell wieder in einen Körper. Das hängt ganz von ihrem Bewusstseinsstand ab, mit dem sie hier ankommen. Es ist auch eine Frage der Entscheidung und der Fähigkeiten für die anstehenden Aufgaben. Andere Seelen warten jahrelang, bis sie für neue Erfahrungen auf der Erde bereit sind. Dafür kann es die unterschiedlichsten Gründe geben. Manche brauchen einfach länger, um etwas zu lernen und sich entsprechend vorzubereiten, einige müssen belehrt werden, damit sich ihr Charakter so ausbildet, dass sie überhaupt die Chance haben, die nächsten Lernaufgaben zu meistern.

Schon etwas bewusstere Seelen wählen sich die Eltern und die äußeren Umstände für ihr nächstes Leben sorgfältig aus. Sie wissen einfach, dass es sehr schwer wird, all das umzusetzen, was man sich vorgenommen hat, wenn es zu viele Hindernisse auf dem Weg gibt. Manchmal suchen sich Seelen absichtlich schwierige Umstände, eben damit sie mehr lernen können. Wenn sie diese anspruchsvollen Aufgaben dann erfüllen können, haben sie gleich einen großen Schritt auf ihrem Entwicklungsweg gemacht.

Einige Seelen wählen ihre Eltern in dem Wissen, dass sie einen Chromosomenfehler haben werden, sie tun das im Bewusstsein der körperlichen oder geistigen Defekte, die sie dadurch davontragen werden. In diesen außergewöhnlichen Bedingungen liegt die Chance auf ein enormes seelisches Wachstum und vielleicht auch die wunderbare Möglichkeit, den Eltern und Angehörigen ein Lehrer zu sein. Wie auch immer das im Einzelnen aussieht, diese Seelen wollen etwas erfahren, was sie bislang noch nicht erlebt haben.

Andere sehen schon im Voraus, dass ihre Eltern sich vielleicht später trennen werden – und wählen bewusst diese Umstände. Einige wissen, dass sie zur Adoption freigegeben werden und dass sie dann erst zu den wirklich passenden Eltern kommen, bei denen sie sich entfalten können. Manchmal wählt sich die Seele ein schwieriges Elternhaus, in dem sie wahrscheinlich vernachlässigt wird. Oder sie weiß, dass sie verwaisen wird. Es gibt so viele Erfahrungen, die sich eine Seele aussuchen kann.

Wenn die Seele sich für das nächste Leben entscheidet, weiß sie in groben Zügen, was geschehen wird, sie weiß, dass unter den Umständen die Wahrscheinlichkeit für ein bestimmtes Geschehen sehr hoch ist. Genau diese Erfahrungen braucht sie für ihre Entwicklung, da sie sie zuvor nicht meistern konnte. Vielleicht war sie auf dem gleichen Gebiet zuvor ein Täter und möchte jetzt die Erfahrung von der anderen Seite machen, um sich zu ändern. Viele Seelen haben gar kein problematisches Karma, aber sie suchen sich eine Familie, der sie eine Art Lehrer und Helfer sein können, sie geben diesen Menschen eine Chance, sich neu und besser zu entscheiden.

»Und du selbst, Stephen?«, fragte ich. »Warum hast du dir gerade mich ausgesucht?« Als ich die Frage ausgesprochen hatte, überkam mich eine Welle der Traurigkeit. Nach all dem, was geschehen war, kam ich nicht um den Gedanken herum, dass ich keine gute Wahl für ihn gewesen bin. So sehr ich ihn liebte – vielleicht wäre er bei einer anderen Mutter besser aufgehoben gewesen.

»Als ich mich für mein Leben als Stephen vorbereitete, wählte ich dich als Mutter, und natürlich konnte ich die Hürden sehen, die auf meinem Weg lagen. Aber ich spürte die Kraft in mir, sie zu überwinden. Weil ich so sensibel und empfindlich war, habe ich später sehr häufig Entscheidungen getroffen, die nicht gerade weise waren. Meine letzte falsche Entscheidung kostete mich das Leben und beendete auch die Möglichkeit, weiter hilfreiche Erfahrungen zu machen. Zum Teil war ich auch ein Lehrer für Richard. Ich zeigte ihm, was Liebe ist, so gut ich eben konnte. Ich schenkte ihm meine ganze sich unterordnende Liebe und meine Bewunderung. Man könnte meinen, dass das völlig nutzlos war, als ich aber von hier aus alles noch einmal betrachtete, merkte ich, dass es doch ein bisschen geholfen hat.

Die Liebe, die ich ihm gab, und das bisschen davon, das er annehmen konnte, hat zumindest bewirkt, dass er ein wenig herzlicher als in früheren Leben wurde. In seiner letzten Inkarnation hat er seine sechs Kinder körperlich und emotional missbraucht, zwei trugen sogar Hirnschäden davon. Im Rückblick auf all das konnte ich sehen, dass seine Frau entstellt war – durch seine Schläge. Völlig gefühllos ließ er seine Pferde hungern, er quälte auch sie. Er hatte keinen einzigen Freund, und niemand trauerte, als er starb. Es mag unwahrscheinlich klingen, aber ich habe das alles gesehen. Denn ich war eins von den sechs Kindern. Im damaligen Leben lernte ich viel dazu, um ihn zu akzeptieren und bedingungslos zu lieben. Mein Karma mit ihm ist abgegolten, vor allem weil ich alles verstehen und ihm verzeihen konnte, seit ich hier bin. Sein Karma besteht weiter.«

»Stephen, war er etwa deshalb grausam und manchmal sogar gewalttätig?«

»Ja, aber es war nicht annähernd so schlimm wie in früheren Leben. Also hat sich auch bei ihm schon ein bisschen was getan.

Aber lass uns lieber über dich reden, Mama. Du hast dir deine Eltern ausgesucht, weil du von deinem Vater einen starken Körper bekommen konntest. Deine Muter hatte schwache Lungen und Tuberkulose, die sich auch vererbt hat. Sie wurde aber bei dir durch die gesunden Gene deines Vaters aufgehoben. Deine Mutter hast du gewählt, weil du bei ihr erleben konntest, wie es ist, vollkommen geliebt zu werden. Sie bestärkte dich auch in deiner Sensibilität und deinem Einfühlungsvermögen, die du später für deine Aufgaben im Leben gebraucht hast. Heute kannst du schon viel klarer erkennen, für welche Lernbereiche du hergekommen bist. Auch die Wahrscheinlichkeit, dass du so früh schwanger wirst, war dir immer bekannt.

Immer hattest du deinen freien Willen und die Möglichkeit, dich zu entscheiden. Bob und ich wären auch über einen anderen Vater zu dir gekommen, dann eben etwas später, wenn du es so entschieden hättest. Manche Dinge sind in gewisser Weise vorherbestimmt. Der freie Wille ist in jedem Moment vorhanden, er wird leider nicht allzu oft weise und sinnvoll gebraucht. Als du damals die Entscheidungen getroffen hast, die zu dem geführt haben, was du schließlich erlebtest, haben wir uns alles Wesentliche rekapituliert, wir haben uns vorbereitet und alles getan, um auf die Welt zu kommen, auch wenn die Umstände nicht ideal waren. Wir hätten uns andere Eltern suchen können, aber als wir den Überblick hatten, wollten wir mit dir sein. Während wir uns entwickelten, fühlten wir, dass du unsere Kraft und unser Halt werden würdest.

Willst du wissen, warum ich mir gerade dich ausgesucht hatte? Dafür müssen wir ein ganzes Stück zurückschauen. Ich war schon dein Bruder, dein Vater, deine Mutter, Tante, Onkel, Ehemann und so weiter. Wir haben einige wunderbare Erfahrungen zusammen gemacht und einige, die nicht gerade gut waren. Alles in allem hast du mich ermutigt, unterstützt und inspiriert. Vor allem aber hast du mich geliebt, und das auch während einiger Leben, als ich nicht gerade liebenswürdig war. Ich wusste, dass ich mich auf dich verlassen konnte.«

»Ach, Stephen, auf mich konntest du dich doch nicht verlassen! Ich stand nicht für dich ein, wenn du es gebraucht hättest.«

»Ja, das hast du nicht getan, und gleichzeitig aber eben doch. Die Gefühle und der Stress haben dich so aufgesogen, dass du überhaupt nicht mehr auf meine Bedürfnisse geachtet hast. Du hast mir immer das Gefühl gegeben, dass ich geliebt werde. Aber deine Kraft reichte nicht aus, um mir beizustehen, wenn ich es am dringendsten gebraucht hätte. Irgendwie hast du dich so sehr darum bemüht, es allen um dich herum recht zu machen, dass du uns manchmal völlig vergessen hast.

»Es tut mir so leid, mein Liebling. Bitte verzeih mir.«

»Ich erzähle dir das nicht, damit du Schuldgefühle bekommst und dich so richtig schlecht fühlen kannst. Ich möchte, dass du das große Ganze erkennen kannst, dass die Puzzleteilchen zu einem Bild werden, nicht nur von uns, sondern auch darüber, wie unsere Seinsebenen miteinander verbunden sind.

Außerdem: Nein, ich musste nicht sterben. Ich hätte mir nicht das Leben nehmen müssen. Selbst wenn sich die Waagschale schon zu Beginn meines Lebens in diese Richtung geneigt hätte, hätte es nicht passieren müssen. Aber da waren so viele Dinge, die mir den Geist trübten – die Waagschale kippte weiter, und ich traf diese unsinnige und falsche Entscheidung. Statt mich zu erhängen, hätte ich auch darüber nachdenken können, wie ich durch etwas umkommen könnte, was zunächst wie ein Unfall aussieht. Mit dem Suizid sind so viele Vorurteile verbunden. Ich denke daher, dass es gut wäre, wenn wir das Thema aus seiner dunklen Ecke hinaus ans Licht holen können. Das würde vielen Menschen helfen. Ich hoffe und bete, dass wir dazu in der Lage sein werden.«

Ich stimmte zu: »Ja, Stephen. Aber ich gebe zu, dass ich noch immer mit genau dieser letzten Frage zu kämpfen habe. Wie soll ich anderen helfen, wenn ich mich selbst so verloren fühle?«

»Ich werde dich unterstützen«, versprach Stephen. »Dieses Buch wird viele Menschen dazu bringen, ihr Leben wieder mehr zu schätzen, besser für sich zu sorgen und einfach das Beste aus der Zeit zu machen, die sie auf der Erde verbringen. Es wird den Menschen wieder Hoffnung geben, die einen lieben Mitmenschen durch Selbstmord verloren haben. Es wird sie beruhigen, weil sie wissen werden, dass jemand, der auf diese Weise die Erde verlässt, nicht in irgendeine Hölle kommt und nicht die Verdammnis erfährt, wie viele Kirchen das gern predigen. Sie leben weiter. Sie lernen, werden unterrichtet, ihnen wird geholfen. Und auch sie helfen wiederum anderen.«

»Stephen«, fragte ich, »du kannst mit mir reden – warum aber können andere nicht mit ihren Angehörigen sprechen? Es würde sie so sehr trösten.«

»Die Seelen hier versuchen inständig, die Hinterbliebenen zu erreichen«, erklärte Stephen. »Aber Hunderte von Seelen erlangen einfach niemals die Aufmerksamkeit ihrer Lieben. Das liegt daran, dass die meisten Menschen überhaupt nichts von der Möglichkeit ahnen, dass man mit uns in dieser anderen Dimension kommunizieren kann. Für die Seele kann das ziemlich frustrierend sein.

Hier auf der Astralebene gibt es sogar bestimmte Plätze oder Räume, die nur für die Kontaktaufnahme mit der irdischen Dimension bestimmt sind. Dorthin können wir gehen, wenn wir es von uns selbst aus nicht schaffen, unsere Angehörigen zu erreichen. Trotzdem und trotz aller Fortschritte, die in diesen Zentren erzielt werden, bleibt es schwierig, sich konstant und klar miteinander auszutauschen. Es ist so ähnlich wie mit einem Radio: Man stellt einen Sender ein, dann verschwindet er wieder, oder er wird, während man zuhört, immer wieder unterbrochen.

Sicher kannst du zwei Dinge jetzt viel besser verstehen: Erstens, wie glücklich ich darüber bin, dass du mich hören kannst, und zweitens, wie wichtig es ist, dass du trotz deiner Zweifel und Sorgen anderen Menschen von diesem Weg berichtest. Was ich dir gesagt habe, ist sehr einfach zu verstehen. Es gibt zumindest einen kleinen Einblick in das, was einen Menschen nach dem Tod erwarten kann – ganz egal, auf welche Weise er gestorben ist.«

Trotz meiner großen Freude darüber, dass ich mit Stephen kommunizieren konnte, war sein erster Todestag sehr schwer für mich. Der ganze Schmerz und die Qualen dieser beiden Tage, die mit seinem Tod verbunden waren, kamen wieder hoch: der 18., an dem er sich umgebracht hatte, und der 19., an dem man ihn gefunden hatte. Auch wenn mir die Gespräche mit Stephen und meinen geistigen Führern sehr halfen und mich trösteten, hielt die Traurigkeit, die mit diesen Daten verknüpft war, noch lange an.

Zu dieser Zeit fing es auch an, dass ich von Stephen und den drei Führern Aussagen über Tom hörte, die mich völlig durcheinanderbrachten. Sie versuchten mir liebevoll klar zu machen, dass Tom nicht der war, für den ich ihn hielt, dass er verletzende Dinge tat, die zu größeren Schwierigkeiten führen würden. Ich konnte deutliche Bilder vor meinem geistigen Auge sehen, die mich erschreckten. Es war diese Art von Vision, die sich schon so häufig als wahr herausgestellt hatte. Als ich nicht weiterwusste, sprach ich Tom direkt an und erzählte ihm von diesen Bildern. Er stritt ab, dass an diesen Eindrücken irgendetwas wahr sein würde. Er warf mir vor, dass ich in die Irre geführt würde, weil nichts von dem, was ich empfangen hätte, richtig sei. Außerdem redete er mir ein, eifersüchtig und voller Selbstzweifel zu sein, so dass ich mir irgendwelche Fantasien ausmalte. Er wirkte völlig überzeugend, und ich hätte ihm so gern geglaubt.

Ein gewaltiger Riss tat sich auf – zwischen meinem Vertrauen in Tom, meinem Ehemann, und dem Vertrauen, dass ich in meine Kommunikation mit Stephen und meinen Geistführern entwickelt hatte. Ich begann die Möglichkeit in Betracht zu ziehen, dass Tom recht hatte – ich wurde in die Irre geführt. Dieser Gedanke war ein Horror für mich.

Ich packte alle Protokolle des Gesprächs mit Stephen und den drei Führern in Kisten – Hunderte von Schreibmaschinenseiten, Notizbücher, Zettel. In einem Moment völliger Verzweiflung kippte ich die ganzen Blätter in einen Mülleimer aus Metall, zündete ein Streichholz an und verbrannte alles ganz langsam zu Asche. Ich weinte und heulte, während sich meine »höhere Führung« in Rauch auflöste.

Monatelang hörte ich nicht hin und empfing keinerlei Informationen, was meine Person betrifft, ich sprach auch nicht mit Stephen. Aber ich gab Sitzungen für andere, wobei ich immer ein bisschen Angst hatte, dass ich sie irreleiten könnte. Irgendwann schließlich hatte ich das Gefühl, mich wieder ruhig hinsetzen zu müssen und die Ohren aufzusperren. Nun sagten mir meine Führer, dass ich einen großen Fehler gemacht hatte, als ich die Materialien verbrannte. Viele Bücher, die ich hätte schreiben können, würden nun nicht entstehen können. Tom erwähnten sie nicht, und als ich frage, warum sie mich mit falschen Aussagen verwirrt hätten, sagten sie nur: »Dein Schmerz tut uns leid. Lass uns anfangen.«

Nach und nach fasste ich wieder Vertrauen. Die Informationen, die ich über sie erhielt, waren einfach immer stimmig. Auch Stephen teilte mir in den folgenden Monaten viel Hilfreiches mit, aber auch wir sprachen nicht mehr über Tom. Als würden sie wissen, dass ich die Wahrheit noch nicht verkraften könnte, berührten sie das Thema nicht.

Dann gab Tom eines Tages zu, dass er Affären hatte, eine Kollegin von uns beiden hatte er sogar einige Male mit in unser Haus gebracht. Ich war sprachlos. Es gibt gar nicht genügend Worte, um zu beschreiben, was ich fühlte. Ich war wie betäubt vor Schmerz und stand unter Schock. Wieder und wieder fragte ich ihn: »Warum? Warum?« Er sagte, er wüsste es nicht und es täte ihm sehr leid. Er würde mich lieben und hoffen, dass ich ihm verzeihen könne und ihm eine neue Chance geben würde.

Mein Verstand und mein Herz – alles fühlte sich wie tot an. Hunderte Male heulte ich laut: »Warum?« Nächtelang lag ich wach: »Gott, was soll das? Erst Stephen, jetzt das! Was habe ich denn getan, dass ich eine solche Hölle verdiene? Bin ich denn der schrecklichste Mensch auf der Erde, dass ich so viel Leid ertragen muss? Ich muss so furchtbar sein in Gottes Augen, dass er mich hasst und mir solange wehtut, bis ich aufgebe und sterbe.«

Solche wirren Gedanken überkamen mich – bis ich mir eines Tages eingestehen musste, dass eigentlich ich es war, die ihn in die Arme anderer Frauen getrieben hatte. Seit einem Jahr trauerte ich um meinen Sohn, dabei hatte ich Tom vernachlässigt. Es war mein Fehler.

Mit dieser Einstellung legte ich mich Tom buchstäblich erneut zu Füßen. Ich sorgte für ihn wie eine liebevolle Mutter – und er ließ es geschehen. Ab jetzt würde ich eine wundervolle Ehefrau sein, das nahm ich mir fest vor. Ich würde die Trauer um Stephen beenden und alles tun, damit Tom mir wieder näher war. Da ich letztlich für Stephens Tod verantwortlich war, traf mich auch die Schuld an Toms Untreue. Wenn ich das jetzt schreibe, merke ich, wie verwirrt ich damals war. In meinem Schmerz und meinen Schuldgefühlen Stephen gegenüber war ich gern bereit, den Sündenbock für alles andere gleich mit zu spielen.

Meine Geistführer hatten ebenso wie Stephen recht behalten. Auf diese Weise aber konnte ich es nicht sehen. Noch immer war ich unfähig und unwillig, der Wahrheit ins Auge zu schauen.

Wir hatten nach unserer Tour durchs Land darüber gesprochen, in den Westen umzuziehen. Nach dem Trauma jetzt schien das eine immer bessere Idee zu sein. Mir hatte besonders gut Phoenix gefallen, das war sicher eine gute Wahl. Schließlich war es nicht gerade leicht, in einem Haus zu leben, dessen Räume früher vom Lachen eines Kindes erfüllt gewesen waren – eines Kindes, das es nicht mehr gab. Jedes Zimmer trug noch immer die schönen und schmerzhaften Erinnerungen an Stephen in sich. Und jedes Mal, wenn ich zur Haustür hinausging, sah ich auf der anderen Seite der Straße die Bäume, stumme Zeugen des Tages, als Stephen fortlief, um sich zu erhängen.

Ebenso unerträglich war die Vorstellung, dass der Ehemann im gemeinsamen Wohnzimmer mit einer anderen Frau Sex hatte. Wenn ich daran dachte, waren die zärtlichen Gedanken daran, wie Stephens Präsenz diesen Raum erfüllt hatte, verschwunden. Ich fühlte mich wund und voller Schmerzen. Und ich wollte weg, ich konnte die Erinnerungen, die an dieses Haus geknüpft waren, einfach nicht länger ertragen.

Kurz bevor wir nach Phönix aufbrachen, ging ich noch einmal nach oben in Stephens nun völlig leeres Zimmer, um mich zu verabschieden. Bald würde sich niemand mehr daran erinnern, dass hier ein liebenswerter Teenager gelebt, geträumt und gelitten hatte. Ein letztes Mal sah ich von der Haustür aus zum Wald hinüber, dorthin, wo mein Sohn seinen letzten Atemzug getan hatte. Ich schloss die Tür und lief zum Auto. Ich hoffte, dass Stephen mich auch in Phönix finden würde.

An einem Sonntagnachmittag kurz nach unserer Ankunft in Phönix blätterte ich müßig in der Zeitung und schaute mir die Stellenangebote an. Beim Umblättern fiel mir eine Anzeige auf, weil sie im Licht schimmerte. Es war tatsächlich so, als würde ein Spot genau dieses drei Zentimeter große Quadrat einrahmen. Ich drehte mich um, um zu schauen, ob hinter mir ein Licht auf die Zeitung fallen würde – aber da war nichts. Mein Herz schlug bis zum Hals, hier geschah etwas Besonderes.

In der Anzeige wurde eine Sekretärin für den Direktor einer ganzheitlich-medizinischen Klinik gesucht. Ich hatte zwar lange als Sekretärin gearbeitet, jetzt aber war ich Priesterin. Jetzt bot ich Beratung und Unterstützung an, ich hatte mir an der Ostküste einen Namen als Hellsichtige gemacht. Ich konnte in den anderen lesen, mich quasi bei ihnen einwählen und ihnen über die Verbindung mit der geistigen Welt und meiner Intuition Informationen geben, die ihnen weiterhelfen konnten.

Das war meine Arbeit, ein Job als Sekretärin war mittlerweile keine Alternative für mich.

Dennoch, die Art, wie dieses Licht auf die Anzeige gefallen war, faszinierte mich. Ich hörte mit dem Lesen auf und setzte mich für eine Meditation hin. Beinahe sofort fingen meine Geistführer an zu sprechen. Ich war mir nicht sicher, was »ganzheitlich« zu bedeuten hatte, und sie erklärten mir, dass es dabei um die Heilung von Körper, Geist und Seele ging. Sie empfahlen mir, ein Gespräch mit dieser Klinik zu vereinbaren. Noch vor zwei Uhr würde ich zurückgerufen werden, würde zu einem Vorstellungsgespräch geladen werden und von einem Dr. M. angestellt werden – so sagten sie. Sie wiesen mich an, nicht über meine geistigen Fähigkeiten und meine Tätigkeiten in dieser Richtung zu sprechen. Wenn die Zeit dafür gekommen wäre, darüber zu reden, würden sie mir Bescheid geben. Bis dahin sollte ich tun, was eine Sekretärin zu tun hatte, und auf verschiedene Weise helfen. Meine Führer versicherten mir, dass hier der nächste Schritt zur Erfüllung der Aufgabe liegen würde, für die ich inkarniert bin.

Wenn ich dort anrufen und alles bestätigt finden würde, wollte ich niemals wieder an meinen Geistführern zweifeln. Das war mein üblicher Schwur, den ich immer wieder gebrochen hatte. Aber jetzt? Die Prophezeiungen klangen wirklich wie an den Haaren herbeigezogen. Ich dachte schon daran, wie sich die Stimme am anderen Ende der Leitung melden würde, und ich fragen würde: »Machen Sie Scherze? Doktor Wie?« Stattdessen aber bestätigte eine Frau alle Informationen, die ich hatte, und versprach, dass ich für ein Vorstellungsgespräch zurückgerufen würde. Kurz vor zwei klingelte es, und der Manager war am Apparat. Wir vereinbarten einen Termin, und ich bereitete mich auf die Begegnung mit dem Doktor vor.

Wie vereinbart, verriet ich nichts von dem, was ich üblicherweise tat, ich bekundete nur mein allgemeines Interesse an der Arbeit in einer ganzheitlich-medizinischen Klinik. Wir sprachen über eine Stunde miteinander. Ich wurde sofort engagiert und begann in der darauf folgenden Woche mit der Arbeit.

Wie konnte das sein? Sie hatten in allem recht! Ich arbeitete also wieder als Sekretärin. Texte diktiert zu bekommen und all die anderen Aufgaben, die ich jetzt hatte – das war langweilig gegenüber dem, was ich die Jahre zuvor getan hatte. Mir fehlten das Organisieren und die Arbeit mit den Menschen. Ab und zu fragte ich meine Geistführer, ob ich dem Doktor nicht sagen könne, wer ich wirklich war. Aber sie rieten mir, noch ein bisschen Geduld zu haben.

Nach ein paar Monaten in der Klinik begann die Planung für ein medizinisches Siebzehn-Tage-Programm. Etwa fünfzehn Patienten sollten an der intensiven Heilarbeit teilnehmen. Als eine Komponente dabei wurde vorgeschlagen, dass jeder Klient ein Reading bekommen sollte, die Ärzte waren der Meinung, dass das sehr förderlich sein könnte. Da eine der Angestellten der Klinik Auren lesen konnte, wollte man versuchen, eben das mit einzubringen.

Ich sah meine Zeit gekommen. Ich würde ihnen sagen, dass auch ich Auren sehen könne und wissen würde, was ihre Farben bedeuten. Außerdem würde ich endlich verraten, dass ich noch viel mehr Dinge sah. Wieder bremsten mich meine Führer, ich solle warten, bis der richtige Zeitpunkt gekommen sei. Eines Tages gaben sie mir schließlich ihr Okay. Ich traf mich mit dem Doktor und erzählte ihm alles. Er glaubte mir, wir wurden Freunde, und er stellte niemals in Frage, dass ich die Wahrheit gesagt hatte. Schritt für Schritt arbeitete er mich in das Programm ein und, ich gab meine Sitzungen bald für alle Patienten hier.

Mein Vertrag mit der Klinik wurde auf vier Jahre verlängert. Es war eine gute Zeit für mich. Wir reisten auf andere Kontinente, ich traf Hunderte von sehr angenehmen Menschen, mit einigen bin ich bis heute befreundet. Viele empfahlen unsere Arbeit an ihre Bekannten weiter. Fünf Tage in der Woche gab ich Beratungen und las in den Auras der Klienten. An den Wochenenden war ich oft zusätzlich in spezielle Programme eingebunden. Ich gab für ganze Gruppen und Klassen Seminare in Meditation, Visualisation und spiritueller Entwicklung.

Bei dieser Arbeit fühlte ich mich sehr wohl, während meine Trauer allmählich nachließ. Ich war durch den Schmerz gegangen, konnte heilen und jetzt anderen damit helfen. Die Klinik stellte auch Tom ein – als Direktor für die Patientenbetreuung. Selbst unsere Ehe schien zu heilen. Es gab keine warnenden Hinweise mehr von Stephen oder meinen Geistführern, zumindest keine, die ich gehört hätte.

Am Ende eines besonders aufwendigen Siebzehn-Tage-Programms luden Tom und ich die Patienten noch zu einem Abschieds-Abendessen in ein Restaurant ein. Am nächsten Morgen würden wir ihnen dann Lebewohl sagen.

Wir kamen schließlich nach Hause, setzten uns ins Wohnzimmer und lasen noch ein wenig in der Zeitung. Neben uns auf dem Boden machte Debbie ihre Hausaufgaben. Es waren nur noch zehn Tage bis Weihnachten 1979, und das ganze Haus war bereits festlich dekoriert.

Auf einem Tisch stand ein Weihnachtsbaum aus Keramik, der »Stille Nacht, Heilige Nacht« spielen konnte. Plötzlich begann diese Musik – von allein. Das war vorher nie passiert. Das Bäumchen spielte und spielte, als hätte es jemand bis zum Anschlag aufgezogen. Wir alle schauten überrascht auf und hörten zu. Die Energie veränderte sich, der Raum war wie elektrisiert. Ich konnte eine Präsenz fühlen – Stephen war hier.

Bevor ich ein Wort sagen konnte, rief Debbie: »Stephen ist hier.« In diesem Moment hörte die Musik auf. Stephen! Ich wusste auch, dass er hier war. Auch ich konnte ihn fühlen. Tom las weiter. Ich sagte: »Ich kann ihn sprechen hören. Könnt ihr ihn auch hören?« Sie konnten es nicht, aber Debbie bat mich, ihm zuzuhören. Ich schnappte mir Notizblock und Stift und lauschte. Wie immer überlagerten seine Worte meine eigenen Gedanken.

Stephen erinnerte mich daran, dass wir endlich damit beginnen müssten, das Buch zu schreiben. Es gäbe so vieles, das wir der Welt mitzuteilen hätten. Er hätte mir das schon oft gesagt, ich aber hätte es immer irgendwo tief im Hinterkopf vergraben.

Und als würde er meine Gedanken lesen, fuhr er fort: »Mama, ich weiß, dass es schwer für dich ist, es zu glauben, dass wir so mit dir sprechen, wie wir eben mit dir sprechen. Du hast immer wieder Angst, dass du dir etwas vormachst, und du willst auf keinen Fall andere Leute in eine falsche Richtung schicken. Ich weiß ja, was für eine Zweiflerin du bist.« Er lachte. »Okay, wieder mal ein Beweis für dich: Heute hast du während des medizinischen Programms einem Mädchen beim Klavierspiel zugehört, du hast dir gewünscht, dass du auch ein Klavier hättest und spielen lernen könntest. Wir haben damit begonnen, jemanden dazuzubringen, dass er dir ein solches Instrument gibt. Du wirst es noch vor Weihnachten haben. Wenn es da ist, kannst du davon ausgehen, dass das alles ganz real ist und du nicht spinnst.«

Ich sprach Stephens Worte laut aus, und Debbie begann zu quieken: »Ja, wir kriegen ein Klavier! Wenn Stephen das sagt, dann wird es so sein.«

»Wenn wir wirklich ein Klavier bekommen, werde ich nie mehr zweifeln.« Die berühmten letzten Worte!

Dieser Austausch mit Stephen war so überwältigend, dass ich mich jetzt gar nicht damit beschäftigen wollte, wieder auf ein sicheres Zeichen zu warten. Ein Klavier? Wir wollten schon lange eins haben, aber es stand recht weit unten auf der Prioritätenliste. Ich dankte Stephen dafür, dass er sich gemeldet hatte, was auch immer nun passieren würde, und ging zu Bett.

Am nächsten Morgen machten wir uns fertig, um den Klienten Adieu zu sagen. Wenn man siebzehn Tage lang so intensiv zusammen war, ist es immer traurig, sich dann zu verabschieden. Eines der Pärchen, ein Geschäftsmann, der seine Firma verkauft hatte, und seine Frau – sie wollten ihren Ruhestand in Arizona verbringen – überreichte mir einen Umschlag. Darin stand geschrieben, dass sie es gern sehen würden, dass ich ein Klavier bekomme und dass sie mir deshalb das Geld dafür schenken möchten. Die Hundert-Dollar-Noten in dem Umschlag würden auch wirklich dafür reichen.

Ich konnte kaum sprechen, um ihnen zu danken. Ich protestierte, sagte, dass ich dieses Geschenk unmöglich annehmen könnte. Sie aber bestanden darauf. Also erzählte ich ihnen, was am Abend zuvor geschehen war. Ich musste ihnen versprechen, dass ich niemandem verraten würde, wer sie seien, das würde unser kleines Geheimnis bleiben – ihres, meins und Stephens. Gleich am nächsten Tag zogen wir los, um ein wunderschönes Klavier zu kaufen. Kurz vor Weihnachten wurde es geliefert.

Es hätte eine sehr angenehme Zeit sein können. Aber in eben diesen Wochen kam Tom von einer Geschäftsreise von Virginia Beach zurück und enthüllte mir, dass er eine Frau kennengelernt und sich verliebt hätte. Er wollte so schnell wie möglich geschieden werden, damit er sie heiraten könne. Außerdem, wie um meinen Schmerz zu vergrößern, gab er zu, dass er seit unserem Umzug nach Arizona schon wieder mit anderen Frauen geschlafen hatte.

Erneut brach ich zusammen. Nichts dergleichen hatte ich erwartet. Tom hatte mich mit endlosen Schwüren, dass er mich ewig lieben und begehren würde, überschüttet. Wie konnte er mich derartig verraten? So viel Hinterhältigkeit, das war doch fast nicht möglich!

Nach vielen Gebeten und tiefer innerer Suche entschied ich mich schließlich, Tom gehen zu lassen. Ich hatte es satt, mir jedes Mal, wenn er zur Tür hinausging, Gedanken darüber machen zu müssen, mit wem er jetzt vielleicht Sex haben würde.

Es gab keine Hoffnung mehr für unsere Ehe. Was Tom sich geleistet hatte, war zu verletzend. Ich merkte, dass ich mich inzwischen selbst so sehr liebte, dass ich mir das nicht länger gefallen lassen wollte. Endlich begriff ich, dass die Schwierigkeiten eher bei ihm als bei mir und meiner Trauer um Stephen lagen. Vielleicht würde ich ihm nie genug sein können. Jetzt aber wollte ich vor allem mir selbst genug sein. Ich beschloss, die Ehe mit ihm so schnell wie möglich zu beenden.

Auch die Tage in der Klinik waren für mich nun gezählt. Stephen und meine geistigen Führer schienen mich auf neue große Veränderungen vorbereiten zu wollen, die mein ganzes Leben erneut umkrempeln würden. Ich gab zu bedenken, dass ich eigentlich schon ausreichend Wandel erlebt hatte, das müsste doch für eine Inkarnation reichen. Aber sie versicherten mir, dass noch einiges auf mich warten würde.

XIII

»Kuppler« aus der spirituellen Ebene

Wenn ein Mann eine Frau liebt,
und die Frau den Mann liebt,
dann kommen die Engel aus dem Himmel herab,
setzen sich in das Haus der beiden
und singen vor Freude.

Unbekannter Autor

Ich spürte, wie meine innere Kraft wuchs. Nicht nur, dass ich stärker wurde, ich ließ es mir auch nicht mehr gefallen, wenn mich jemand übervorteilen wollte. Ich gewann meine Stärke zurück – und fühlte mich gut. Vor allem hörte ich meinen Führern aus der geistigen Welt und Stephen jetzt wirklich zu und vertraute ihrem Rat.

In dieser Zeit bereitete ich mich auch auf die Trennung von Tom vor. Wir wohnten zwar noch im gleichen Haus, aber eigentlich lebten wir auf verschiedenen Planeten. Unsere Beziehung war in jeder Hinsicht zu Ende – außer auf dem Papier.

Stephen und meine Führer halfen mir in dieser Zeit täglich mit ihren Hinweisen. Oft sagte ich zu Stephen, dass ich nie mehr heiraten würde. Das meinte ich auch wirklich so. Nie wieder wollte ich so sehr verletzt werden wie durch Tom.

Im Januar 1982 bat mich ein Freund ganz unerwartet um einen Gefallen. Er wusste, dass ich Readings gab, ähnlich wie Edgar Cayce es getan hatte, und fragte an, ob ich das nicht auch für einen Freund und dessen Frau tun könne. Dieser Freund hieß Dr. Herbert Puryear, er war Psychologe und einer der Direktoren der Edgar-Cayce-Organisation in Virginia Beach. Er hatte einige Bücher über Cayce veröffentlicht, darunter auch *Meditation and the Mind of Man*, das ich für meine Meditations-Seminare benutzte.

Gesehen hatte ich Dr. Puryear nur einmal von Weitem, als ich noch in der Klinik arbeitete. Auf den jährlichen Tagungen, die die Klinik ausrichtete, hielt er regelmäßig die wesentliche programmatische Rede. Ein oder zwei Jahre zuvor drehte sich der Arzt, für den ich arbeitete, nach dieser Rede zu mir um und sagte: »Er dürfte der beste Redner im ganzen Land sein.« Ich entgegnete: »Er mag schon gut sein, aber er wirkt etwas kalt.« »Kalt?«, fragte der Doktor erstaunt. »Er ist alles andere als kalt. Er ist warm und herzlich. Ich muss euch miteinander bekannt machen.« Das tat er aber nie, deshalb waren wir uns nie begegnet.

Und nun sollte ich diesem Dr. Puryear die Aura lesen und ihm Botschaften aus der geistigen Welt übermitteln. Ich war nicht gerade scharf darauf und ziemlich nervös. Ich hatte keine Lust, einer seiner Untersuchungsgegenstände zu werden. Vielleicht würde er es sich ohnehin anders überlegen. Doch Ende Januar kam er nach Phönix und wollte mich treffen. Der gemeinsame Freund erzählte mir, dass Dr. Puryears Frau Meredith kein großes Interesse an all dem Mystischen besaß, dass sie eher skeptisch sei, aber einverstanden war, sich von mir ansehen zu lassen. Na, super!, dachte ich. Sie glaubt nicht an das, was ich tue. Ich fand einfach keinen geeigneten Weg, um diese beiden nicht treffen zu müssen, außerdem wollte ich meinen Freund nicht enttäuschen. Er schätzte meine Arbeit und brachte immer Leute zu mir, vielleicht fragte er gar nicht, ob sie wollten oder nicht.

Er erschien gemeinsam mit Dr. Puryear und dessen Frau. Ich wollte Puryear die Hand geben, aber er umarmte mich gleich und sagte, ich solle ihn Herb nennen. Ich war überrascht: Er war freundlich und angenehm.

Zuerst arbeitete ich mit Meredith. An ihrer Aura konnte ich sehen, dass sie heilende Fähigkeiten besaß, aber auch viel unverarbeiteten Ärger mit sich herumtrug. Nachher versuchte ich anzusprechen, dass sie ihre heilenden Kräfte und diesen Ärger aussöhnen könnte. Sie stritt den Ärger ab – eine typische Reaktion. Sie meinte, sie wäre eben ein skeptischer Mensch, aber dennoch wäre meine Beratung recht interessant gewesen. Mich störte ihre Bemerkung nicht. Was die Leute mit dem machten, was ich ihnen gab, war ihre Sache.

Ich betete immer bei meiner Arbeit und bat Gott, durch mich hindurch zu sprechen und Hilfe und Hoffnung zu den Menschen zu bringen, die auf der spirituellen Suche waren – alles Weitere war dann deren Angelegenheit. Das Feedback auf die mehreren hundert Sitzungen, die ich bereits gegeben hatte, war fast durchweg positiv. Mir ist bewusst, dass das nicht mein Verdienst ist, sondern der Gottes, der durch mich handelt. Wenn ich beim Auralesen in einem veränderten Bewusstseinszustand bin, dann verschwinde ich selbst gewissermaßen, damit Gott den Platz einnehmen kann. Meine Aufgabe ist es dann, klar und geerdet zu bleiben.

Jetzt war Herb an der Reihe. Ich schaltete beide Kassettenrecorder ein und begann. Herb hatte eine außergewöhnliche Aura mit einem doppelten lichten Regenbogen um ihn herum. Ein rosa Schimmer lag über allem, nur über seinem Herzen staute sich die Energie. Als ich ihm das sagte, meinte er, dass ihm das auch schon andere Sensitive mitgeteilt hätten. Er wüsste, dass auf seinem Herzzentrum eine Blockade lag, und er arbeitete daran, sie aufzulösen. Nun ging ich in einen tieferen Trancezustand.

Wenn ich in diesem Zustand zu meinen Klienten spreche, kann ich mich selbst meist nicht hören. Erst nachher erfahre ich von dem Betreffenden, was durch mich hindurch an Informationen kam. In seltenen Fällen höre ich mir die zweite Kassette an, wenn der Klient gegangen ist, dann höre ich, worum es ging. Immer überraschen mich die Dinge, die ich da sage. Es besteht kein Zweifel, dass sie aus einer Quelle jenseits meiner selbst kommen müssen.

Herb und ich sprachen noch über einige Themen, die in der Sitzung aufgekommen waren. Er war überaus herzlich, auch in seinem Feedback. Seit den 50er Jahren ließ er sich von Medien beraten, und wir plauderten über seine Interessen auf dem metaphysischen Gebiet. Es war unglaublich spannend, mit ihm über seine Erfahrungen und Gedanken zu sprechen. Überhaupt war er äußerst sympathisch, ganz anders, als ich ihn vor unserer Begegnung beurteilt hatte. Er war wirklich nicht kalt, vielleicht anfangs etwas zurückhaltend.

Es wunderte mich, wie er und seine Frau miteinander auskamen, sie waren völlig unterschiedlich. In ihm war keine Spur von dem Groll, der sich in ihr festgesetzt hatte. Ich überlegte auch, was wohl dazu geführt haben könne, dass er sich über diese Herzblockade emotional verschlossen hatte. Aber es gehörte nicht zu meinem Job, das herauszufinden, und wir redeten auch nicht darüber.

Zwei Monate später schickte mir Herb per Post eine ganze Liste von Fragen. Er bat darum, dass ich eine weitere Lesung, diesmal aus der Entfernung, für ihn mache. Das war das erste Mal seit unserer ersten Begegnung, dass ich von ihm hörte. Seine Mutter war in der Zwischenzeit gestorben, wie er schrieb. Ein paar Tage später rief er an, um sich zu erkundigen, ob ich Zeit für die Fernsitzung hätte. Ich war für Monate ausgebucht, versprach ihm aber, ich würde sehen, was ich tun könne. Wiederum ein paar Wochen später rief er erneut an. Ein Klient von ihm hätte schwerwiegende Probleme. Herb bat mich darum, mich auf diesen Menschen einzustimmen und ihm die wesentlichen Informationen zu geben. Ich tat es, und er bedankte sich.

So rief er noch einige Male an. Meist ging es um irgendjemanden, den er beriet. Er gab mir die Namen und bat mich, ihm alles, was ich empfangen würde, mitzuteilen. Wenn ich dann zurückrief, um ihm die Informationen durchzugeben, bedankte er sich, sagte aber nichts weiter dazu.

Erst Monate später verriet er mir, dass er diese Klienten zur gleichen Zeit immer auch anderen Medien vorgestellt hatte. Die gesammelten Aussagen nutzte er, um die Menschen optimal unterstützen zu können. Allerdings seien die Fakten, die er von mir erhielt, immer am klarsten gewesen, die Quelle, von der ich informiert wurde, würde die hilfreichsten und beweiskräftigsten Informationen durchgeben.

Im April schließlich konnte ich das zweite Reading für Herb machen. Ich hörte mir nachher alles an und lauschte auf die Hinweise, die seine Fragen beantworten würde. Ich legte mir die Daten bereit, falls er wieder anrufen würde, um diese Dinge zu besprechen. Das alles erschien mir nicht sehr sinnvoll, da ich ja die Menschen, um die es ging, und ihre Lebensumstände nicht kannte. Später sagte er mir, dass er sich alles mehrfach angehört hatte – es hätte ihm sehr viel Hoffnung für die Arbeit gegeben, die seine wahre Berufung sei.

Eine Zeit lang hörte ich nichts von ihm. Eines Tages im Juni rief er an, da ihn ein befreundeter Priester nach Arizona eingeladen hatte, um einen Tibetischen Mönch zu treffen, gerade zum Feiertag, dem 4. Juli. Er bat mich um ein paar Details, ob diese Reise gut und wichtig für ihn sei – meine Informationen würde er mit denen von anderen zusammenlegen und dann seine Entscheidung treffen.

Ich musste ihm sagen, dass ich sehr viel zu tun hatte und nicht wüsste, ob ich das schaffen könnte. Aber ich würde versuchen, so bald wie möglich dazu zu kommen. Es verging eine Woche, und ich hatte sein Anliegen völlig vergessen. Ich arbeitete zu Hause, als mich Stephen und meine geistigen Führer daran erinnerten, dass Herb eine Antwort brauchte. Die Schreibmaschine funktionierte nicht, also setzte ich mich mit Papier und Stift hin und bat um Infos, die Herb helfen würden. Meine Führer sagten, dass er die Reise machen sollte – sie würde sein Leben verändern. Erst danach würde er mit der Arbeit beginnen können, die in seinem Leben wesentlich war. Sie sagten noch einiges mehr, und ich schrieb alles auf. Dann rief ich Herb an, las ihm die Seiten vor und schickte ihm eine Kopie meiner Mitschriften.

Ich plante eine kleine Party zum Feiertag, an dem auch Herb in der Stadt sein würde. Sein Freund, ein Chiropraktiker, rief an, um mir zu sagen, dass Herb sich für die Reise entschieden hätte. Ich lud beide zu mir ein. Er war nicht sicher, ob sie Zeit haben würden, aber er wollte versuchen, dass sie vorbeikommen könnten.

Am 4. Juli bewirtete ich einige Dutzend Leute, die sich auf der Terrasse und am Swimmingpool vergnügten. Ich machte gerade ein zehntägiges Saftfasten und fühlte mich klar und kraftvoll. Ich hatte mein Leben im Griff, und es ging mir gut. Bald würde auch der emotionale Stress, den das Zusammenleben mit Tom verursachte, hinter mir liegen. In mir war Frieden. Natürlich wusste ich nicht, was die Zukunft bringen würde, aber ich konnte darauf vertrauen, dass ich wusste, in wessen Händen sie liegt.

Mitten im Partygetümmel hörte ich es an der Tür klopfen – der Chiropraktiker und Herb standen draußen. Sie hatten es geschafft, herzukommen. Den ganzen restlichen Nachmittag über zog es Herb und mich immer wieder zueinander. Mit einer unglaublichen Geschwindigkeit näherten wir uns einander an.

Gegen Ende des Tages, als wir plaudernd am Pool saßen, wurde mir etwas schwindlig wegen des Fastens. Herb brachte mir ein Glas Fruchtsaft und lieh mir seine Sonnenbrille. Er war so nett. Es war verrückt. Was passierte hier? Unbestritten waren wir wie Magneten. Dabei war er verheiratet, und er wusste auch nicht, dass ich Tom verließ. Was um alles in der Welt ging hier vor?

Die Party ging dem Ende zu, und Herb erklärte, dass das Treffen mit dem Tibeter ausfallen würde, dass er die Reise aber trotzdem angetreten hatte, um ein paar Leute zu treffen. Er fragte, ob wir unser Gespräch bei einem weiteren Treffen fortsetzen könnten, da er doch nun mehr Zeit hätte. Ich war einverstanden und sagte, ich würde ihn anrufen, damit wir etwas ausmachen könnten.

Ich zitterte am ganzen Körper. So etwas hatte ich noch nie erlebt. Mit Herbert konnte ich reden – wirklich reden – über alles, was denkbar war. So sehr ich das Zusammensein mit ihm genoss, so sehr ich ihn auch mochte, hatte ich doch Angst davor, wohin unsere Beziehung führen sollte. Ich beschloss, mich nicht zu melden und das Ganze damit zu beenden. Ich ging nach oben und legte mich ins Bett. Sofort vernahm ich die Stimmen von Stephen und meinen geistigen Helfern. Ich nahm mir etwas zum Schreiben, sprach ein Gebet und hörte zu.

Sie erläuterten mir, dass alles extra so eingefädelt worden war, um Herb nach Arizona zu bringen. Seine Geistführer hatten ihm geholfen, ein kostenloses Ticket zu bekommen, da er ja wusste, dass das eigentlich wichtige Treffen abgesagt worden war. Weder er noch ich, so sagten sie, würden bereits an der Aufgabe arbeiten, für die wir auf diese Welt gekommen sind. Aber beide würden wir uns in unserer Arbeit mit sehr vielen Menschen verbinden und einer großen Zahl von Leuten helfen können. Ach so, dachte ich erleichtert, es ging nicht einfach nur um das Persönliche. Ich hatte diese Gefühle also völlig falsch verstanden. Es ging um die Arbeit, um die Erfüllung unserer Lebensaufgaben. Damit konnte ich besser umgehen.

Herb und ich trafen uns am nächsten Tag in unserem Zentrum. Er fing an zu erzählen, dass ihm verschiedene Sensitive und spirituelle Berater über Jahre hinweg immer wieder gesagt hatten, dass ihm eine Ehescheidung bevorstehe. Er wäre ihnen allen sehr dankbar, da er wusste, dass sie recht hatten, und sie ihn in seinen Gefühlen bestärkt hatten. Jahrelang sei er in dieser Ehe unglücklich gewesen, von Anfang an hätte er eigentlich gewusst, dass diese Verbindung nicht gut sei. Er wäre sich während der letzten fünfzehn Jahre immer im Klaren darüber gewesen, dass sie nicht ewig dauern könnte. Mehrmals hatte er die Trennung vorgeschlagen, und auch Meredith hatte manchmal damit gedroht, ihn zu verlassen. Sie hasste es, in Virgina Beach zu leben, sie konnte die Organisation, für die er tätig war, und überhaupt seine ganze Arbeit nicht leiden. Sie hatte ihm oft gesagt, dass sie nicht länger in seinem Schatten leben wolle.

Vor zwei Monaten dann hatte er plötzlich das deutliche Gefühl, dass ihre gemeinsame Zeit zu Ende sei. Er beschloss, dass sie sich endgültig trennen müssten. Schließlich war es das Herzstück seines Lebenswerkes, seiner spirituellen Führung zu folgen und dies auch anderen Menschen nahe zu bringen. Immer wieder hatte er seine Klienten gewarnt, sie sollten die höheren Kräfte für sich selbst nutzen und nicht dafür, andere zu manipulieren. Die Art, wie Meredith sich immer über seine Arbeit lustig machte, wie sie seine innere Führung zu bagatellisieren versuchte – alles das hatte ein Maß erreicht, das er nicht länger hinnehmen wollte. Er hatte ihr mitgeteilt, dass er nicht länger so leben würde.

Nun erzählte ich Herb von Tom und mir. Wir sprachen miteinander, als würden wir uns schon seit Ewigkeiten kennen. Zu unserem Erstaunen mussten wir feststellen, dass wir in unseren Beziehungen genau die gleichen Phasen durchlebt hatten. Außer dem Selbstmord eines Kindes hatte Herb exakt das Gleiche durchgemacht wie ich! Alles, was ich erfahren hatte, hatte auch er erlebt. Wenn ich ihm also erzählte, was mich bewegte, verstand er mich – er verstand mich vollkommen! Es waren auch seine Themen. Etwas ganz Besonderes passierte mit uns. Einige Male meditierten und beteten wir gemeinsam, und er sagte, dass wir beide noch große Aufgaben vor uns haben würden. Wir hatten noch keine Ahnung, was das sein könnte, doch beide spürten wir etwas, das sich nur als Nach-Hause-Kommen beschreiben lässt, es war das Zusammensein mit dem engsten Freund für ein ganzes Lebens.

Niemand hatte erwartet, was zwischen mir und Herb geschah. In mir wuchs eine Art Wissen, dass wir zusammengehörten, und diese Idee erfüllte mich mit Ehrfurcht und Besorgnis. Ich hatte so etwas noch nie erlebt und mir noch vor kurzem geschworen, nie wieder zu heiraten.

Ich bat um Führung und konnte auch bald sehr klare Zeichen wahrnehmen. Als Herb mich schließlich fragte, ob ich seine Frau werden wollte, sagte ich ohne Zögern ja. Bevor Herb sich auf den Weg nach Arizona gemacht hatte, hatte er sich um eine der drei führenden Positionen in seiner Organisation beworben. Sie war frei geworden, nachdem die frühere Top-Führungskraft Hugh Lynn Cayce gestorben war. Cayces Sohn, C. T., der eine der anderen beiden Führungsrollen inne hatte, hatte äußerst abweisend reagiert: Er sagte, er würde darum kämpfen, dass Herb keinen der Chefsesseln bekommen würde. Da wusste er, dass es an der Zeit war, auch die Arbeit an einem anderen Ort weiterzuführen. So entschied Herb, zu mir nach Arizona zu kommen.

Unsere Beziehung wurde wunderschön romantisch, erhellt durch unsere geistige Energie. Wir gehörten zusammen. Daran gab es keinen Zweifel. Es war nicht einfach nur so, dass wir uns liebten, diese Liebe wurde durch das Gefühl einer gemeinsamen Mission in der Welt noch erhöht. Es war die schönste Beziehung, die sich vorstellen lässt. Ja, wir würden heiraten – und diesmal würde es für immer sein.

Stephen zeigte sich hoch erfreut über meine Pläne, Herb zu heiraten. Er teilte mir jetzt regelmäßig seine Einblicke mit. Er hatte Herb so gern, dass ich schon vermutete, dass er unsere Begegnung initiiert hatte. Ich musste lachen. Mein Sohn betätigte sich von der geistigen Ebene aus als Kuppler. Er allerdings erklärte mir, dass er gesehen habe, wie Herb und ich schon seit Jahren unsere gemeinsame Zukunft geplant hatten – auf der spirituellen Ebene waren wir uns in unseren Träumen begegnet. Wir hatten ausgemacht, dass wir uns zur rechten Zeit treffen und zusammenbleiben würden. Stephen meinte, dass wir eine große Aufgabe vor uns hätten, die wir heute noch gar nicht komplett erfassen könnten. Er und die Geistführer würden es uns aber nach und nach erklären. Ich war so verliebt, dass die Arbeit für mich neben der bloßen Vorstellung verblasste, einfach nur Herb wiederzusehen.

Obwohl wir noch nicht einmal einen Termin für unsere Hochzeit angesetzt hatten, wussten wir beide, dass wir für den Rest unseres Lebens zusammenbleiben würden. Nie zuvor hatten wir eine solche Vertrautheit und Stärke in dem, was zwei Menschen verbindet, gespürt. Ich bin mir sicher, dass alle Verliebten so etwas fühlen. Bei uns aber kam noch eine intensive Seelenverwandtschaft in Bezug auf unsere Arbeit hinzu.

Am Weihnachtstag, kurz nach Mitternacht, wurden wir getraut. Die Feier fand in einem orthodoxen Kloster statt, dessen Kapelle zu einer Art Stall umgebaut worden war, in dem siebzig Menschen Platz fanden. Das Heiligtum war gefüllt mit unseren Freunden. Vor der Zeremonie ertönte Pavarottis Stimme mit Weihnachtsliedern. Nach der Feier hatten wir alle zu uns nach Hause eingeladen. Um zwei Uhr stießen wir mit französischem Champagner an, es gab Essen, das für eine ganze Armee gereicht hätte, und eine Hochzeitstorte nach einem Rezept, wie man es schon vor dreitausend Jahren im Alten Griechenland kannte.

Freudig erregt und natürlich auch ein bisschen beklommen begannen wir unser neues Leben und unsere neue gemeinsame Arbeit. In einer Meditation hatte Herb den Namen Logos erhalten, den wir für unsere Organisation nutzen wollten. Am 26. Mai 1983 wurde das *Logos Center* als Kirche und Stiftung offiziell in Arizona eingetragen. Drei Bereiche sollten zu Logos gehören: eine überkonfessionelle Kirche, ein ganzheitlich orientiertes Heilzentrum und ein übergreifendes Ausbildungszentrum. Wir arbeiteten in einer Privatpraxis, die wir bei uns zu Hause eingerichtet hatten, wo wir Klienten empfingen, Readings, wöchentliche Seminare und Meditationskurse gaben.

1985 zogen wir in eine größere Anlage mit zwei Häusern um, gleich in der Nähe des Wohnhauses, das wir ein Jahr zuvor gekauft hatten. Das Anwesen hatte schon einmal als Kirche der Baptisten und als Schule gedient. Wir boten nun sonntägliche Gottesdienste, Unterricht für Kinder und Erwachsenenbildung an.

Kurz vor Weihnachten 1986 saßen Herb und ich im Wohnzimmer. Wir unterhielten uns, als es an der Tür klingelte. Herb ging öffnen, aber es war niemand draußen. Kaum saß er wieder, klingelte es erneut. Diesmal ging ich nachsehen, aber wiederum war keiner da. Als es zum dritten Mal läutete, sprintete ich zur Tür, da ich sehen wollte, wer sich seinen Spaß mit uns machte. Es war niemand da. Wir standen beide an der Tür und schauten hinaus, es klingelte und klingelte und klingelte. »Stephen ist hier«, freute ich mich. Wir konnten ihn beide klar wahrnehmen, es war wunderschön. Als ich Stephen fragte, warum er geklingelt habe, meinte er, dass er uns auf diese Weise frohe Weihnachten wünschen wollte. Nie zuvor hatte es so an der Tür geläutet, und auch nie mehr seitdem.

XIV

Entscheide dich für das Leben!

Immer nahe bei uns, wenn auch unsichtbar,
bewegt sich der schöne unsterbliche Geist
Leben – das ist das unendliche, grenzenlose
Universum, es gibt keinen Tod.

Edward Bulwer-Lytton zugeschrieben

»Mama«, sagte Stephen eines Tages zu mir, »das ist unser erstes gemeinsames Buch. Ich kann dir dafür nur einen ganz groben Überblick geben und nichts als einen winzigen Teil von all den möglichen Informationen übermitteln. Wahrscheinlich kannst du nicht einmal all das im Buch unterbringen, was ich dir bisher erklärt habe. Dabei gibt es noch so viel mehr. Es ist ein Anfang.

Ich möchte, dass du wirklich all die Dinge aus deinem Leben für die Leser beschreibst, die wir durchgemacht haben – bitte streich das nicht raus. Natürlich ist es nicht leicht für dich, so offen und ehrlich mit der Vergangenheit umzugehen. Aber man könnte mein Leben und vor allem meinen Tod nicht verstehen, wenn man nicht die ganze Geschichte erfährt. Deine Schuldgefühle sind etwas, was viele Eltern und Familien von Selbstmördern sicherlich sehr gut nachvollziehen können. Und natürlich war manches von dem, was du getan hast und wie du entschieden hast, auch ein Grund dafür, dass sich bestimmte Muster in mir entwickelten und ich mir schließlich das Leben nahm. Es dürfte vielen Menschen Hoffnung geben, wenn sie erfahren, wie du gelernt hast, damit umzugehen, wie du darüber hinauswachsen und verstehen konntest.«

Mir war klar, was Stephen damit meinte. Anfangs war es hart für mich, wirklich zu erkennen, wie ich gelebt und welche Entscheidungen ich getroffen hatte. Nach Stephens Tod wollte auch ich mich umbringen. Diese schrecklichen Schuldgefühle und die Verzweiflung – das war einfach nicht auszuhalten. Und dann geschah das Erstaunliche: Ich fing an, mir mein Leben sehr genau und ehrlich anzuschauen, und wurde dabei immer stärker. Mit der Zeit wichen die Schuldgefühle und machten dem Wissen Platz, dass ich mit Stephens Hilfe mein Schicksal nutzen könnte, um anderen zu helfen.

»Du weißt, dass der Tod nicht das Ende ist.« Wie oft hat Stephen mich daran erinnert. »Wenn die Lebenden uns lassen, können und werden wir Verstorbenen weiterhin mit ihnen kommunizieren. Mama, wenn man die Angst vor dem Tod verliert, dann erst beginnt man wirklich zu leben! Dieses Wissen kann die Menschen zu einem neuen Zeitalter der Hoffnung und des Verstehens führen.

Du solltest dir wirklich keine Gedanken darüber machen, wie die Leute reagieren werden. Wenn jemand seinen Geist nicht für die Wahrheit öffnen will, dann kann dies auch kein geschriebenes oder gesagtes Wort tun. Andere aber, die das lesen werden, was wir dir mitgeteilt haben, werden in ihrem Herzen eine Resonanz auf die Wahrheit spüren. Und wie nichts anderes wird ihnen das den Frieden und das Verständnis schenken, die sie so verzweifelt gesucht haben, seit ihr Kind gestorben ist. Unsere Führung aus der geistigen Ebene ist der heilende Balsam für die, die bereit sind, zuzuhören.

Gerade heute ist das Leben auf der Erde von Angst und Verzweiflung überschattet. Das zeigen nicht zuletzt auch die Selbstmordstatistiken. Die Suizidzahlen steigen – und das Schmerzlichste ist die Zunahme der Selbsttötungen bei jungen Menschen.

Falls dir irgendjemand erzählt, dass sich jemand gerade wegen unseres Buches umgebracht hat, brauchst du ihm keine Sekunde lang zu glauben. Es wird immer Menschen geben, die alles Mögliche als Entschuldigung heranziehen, wenn jemand lieber diesen letzten Akt vollzieht, statt sich helfen zu lassen. Dieses Buch kann kein Katalysator für diejenigen sein, die sich töten wollen. Du brauchst weder Schuldgefühle noch Stolz entwickeln, denn dieses Buch hast ja nicht du geschrieben. Es kam aus meiner Seele durch dich auf die Welt. Es ist nicht einmal wirklich unser Werk, aber es entstand durch uns und unseren Schmerz.

Seit ich auf dieser Seite bin, habe ich sehr viel über den Selbstmord und über meine Entscheidungen zu Lebzeiten gelernt. Vor allem zeigten mir meine Lehrer, warum es für junge Menschen niemals richtig ist, sich das Leben zu nehmen. Ich betone das ›jung‹, da ich durch sie auch erfahren habe, dass es in einigen Fällen die spirituell richtige Entscheidung sein kann – für sehr alte Menschen oder unheilbar Kranke. Dann kann das freiwillige Gehen die Seele aus dem Körper befreien, in dem keine Entwicklung mehr möglich ist, es kann für sie die Chance sein, in Würde zu sterben. Es führt diese Seele in die geistige Ebene, wo sie rekapitulieren und lernen kann, um später irgendwann gut vorbereitet in die nächste Inkarnation auf der Erde zu starten.

In Wirklichkeit sind die meisten Tode – bewusst oder unbewusst – eine Form des Suizids. Krebs beispielsweise wird als Todesursache allgemein akzeptiert. Oftmals wurde die Krankheit jedoch von dem Betroffenen aktiviert oder geschaffen, weil er unerträglichen Lebensumständen entfliehen wollte und alle Hoffnung verloren hatte. Natürlich trifft das nicht auf jeden Krebsfall zu, aber doch auf eine große Zahl. Gleiches gilt auch für andere Krankheiten. Sie werden den Menschen nicht von einem lieblosen Gott auferlegt. Sie dringen in die Körper von Menschen ein, die sich oft schon gefragt haben, ob sie leben oder sterben wollen. Ein solcher Mensch würde sich wahrscheinlich niemals direkt umbringen, aber die Krankheit kann für ihn ein willkommener Weg sein, dem Leben zu entfliehen. Wie kann man jemanden beschuldigen, an einer Krankheit zu sterben, wenn er dafür nicht verantwortlich ist? Er ist aber verantwortlich. Wenn bestimmte Gefühle und übermäßiger Stress nicht wahrgenommen werden, wenn ihnen nicht heilsam begegnet wird, öffnet das den Krankheiten Tür und Tor, Viren werden aktiv, obwohl man sich vor ihnen verschließen könnte. Fälle von so genannten Wunderheilungen beobachten wir dann, wenn ein Mensch seine Denkweise verändert, wenn er sich für das Leben anstatt für den Tod entscheidet. Das Wissen um diese Zusammenhänge ist auch die Brücke, über die sich der Suizid verstehen lässt. Wer sich umbringt, hat eine freiwillige Aktion ausgeführt, um seinem Körper zu entkommen. Wer durch eine Krankheit – oder in vielen Fällen auch durch einen Unfall – stirbt, hat eigentlich genau das Gleiche getan, nur auf eine subtile und verdeckte Weise. Einige sind sich dabei durchaus bewusst, dass sie sterben wollen. Sie hinterlassen immer wieder Zeichen, Andeutungen und Botschaften.

Manchmal ist der Todeswunsch nur unbewusst vorhanden, doch selbst dann taucht er von Zeit zu Zeit im Bewusstheit auf. Vielleicht kam diesem Mensch ab und zu der Gedanke, sich zu ändern oder einige Dinge im Leben anders machen zu wollen – sie haben dem aber keine Beachtung geschenkt. Manchmal waren da eventuell Einsichten, dass es nicht gerade gut ist, wie man isst, raucht oder seinen Alltag verbringt. Viele machen sich etwas vor, wenn sie meinen, dass ihnen die Krankheit völlig gegen ihren Willen aufgezwungen wurde. Auch Unfälle – sei es im Straßenverkehr, durch eine übermäßig hohe Dosierung irgendwelcher Mittel oder auch durch seltsame Ereignisse, die niemand richtig erklären kann – fordern viele Menschenleben. Wie auch immer diese Unfälle erscheinen, die Betroffenen haben ihren Anteil daran, auch sie waren in einer bestimmten Weise die Verursacher ihres Todes. Sobald sie dann hier auf der anderen Seite sind und zurückschauen, können sie ihre aktive Rolle in dem ganzen Geschehen nicht mehr leugnen.

Es ist vielleicht das Schlimmste überhaupt für Eltern, wenn sie den Tod eines kleinen Kindes hinnehmen müssen. Lass mich dir eine neue Perspektive dafür anbieten: Viele Kinder, die ertrinken oder durch einen Unfall sterben, verlassen ihren physischen Körper freiwillig – unbewusst oder, wenn man den höheren Sinn mit einbezieht, durchaus bewusst. Von der spirituellen Ebene aus, vielleicht über die Träume, können sie erkennen oder haben sie mitgeteilt bekommen, dass sie aufgrund der äußeren Umstände nicht das ausleben können, wofür sie auf die Welt gekommen sind. Sie werden sich darüber im Klaren, dass sie nicht in der Lage sein werden, die Situation zu verändern. Sie müssen einsehen, dass sie, auch wenn sie etwas älter würden, ihre Aufgaben hier nicht erfüllen könnten. Andere wissen von vornherein, dass ihr Erdenleben in einem Körper nur von kurzer Dauer sein wird und dass sie den Eltern oder anderen Menschen damit die Chance geben wollen, etwas ganz Wesentliches zu lernen. Wieder andere bekommen eine tödliche Krankheit und wissen, dass ihr Tod als ein warnendes Beispiel dient, um andere vor demselben Schicksal abzuhalten. Auch Kinder, die ermordet werden, wissen, dass ihr Tod für ein breites öffentliches Aufsehen und für ein wenig positive Veränderung in der Gesellschaft sorgen wird. Ich habe hier etwas Erstaunliches erfahren: Auf einer höheren Ebene, in einem veränderten Bewusstseinszustand oder im Schlaf wissen auch die betreffenden Eltern, dass ihre Kinder lange vor ihnen sterben werden. Dieses Wissen ist ihnen aber nicht zugänglich, nur in ganz seltenen Fällen ist es den Eltern auch bewusst.

Ich weiß, dass es hart klingt, aber in dem Tod eines jeden Kindes liegt auch ein Geschenk, wenn die Hinterbliebenen bereit sind, danach zu schauen. Sicherlich wird es den Schmerz nicht vollkommen aufheben, aber es kann Trost und ein tieferes Verstehen bringen. Beispielsweise können sich die Eltern eines ertrunkenen Kindes alle Schuldgefühle ersparen, wenn sie wissen, dass sie den Unfall nicht verursacht haben, als sie einmal kurz wegsahen. Es gibt immer wieder endlose Kontroversen und viel Verwirrung, wenn es heißt, dass Eltern unentwegt auf ihre Kinder aufpassen und sie vor jeder nur denkbaren Gefahr bewahren müssen. Immer wieder aber wird es Unfälle geben, die man mit den größten Vorsichtsmaßnahmen nicht verhindern kann, nämlich dann, wenn der Tod der darin Involvierten Teil eines größeren Plans ist. Wenn ein Kind unter zwölf, manchmal auch eines, das etwas älter ist, stirbt, folgte seine

Seele damit fast immer einer höheren Abmachung, wohingegen das für Erwachsene nicht so einfach zutrifft. Diese Kinder kommen häufig nur auf die Welt, um für ihr Umfeld ein Lehrer zu sein. Wenn diese Aufgabe abgeschlossen ist, verlassen sie ihren Körper auf irgendeine Weise wieder. Auch der »plötzliche Kindstod« ist nicht wirklich ein Unfall, er sollte eher als eine Lektion für die Familie des Babys angesehen werden. Oftmals reinkarnieren diese wenigen Kinder, die so früh sterben, kurz darauf in der gleichen Familie, wenn die Mutter das nächste Mal schwanger ist.

Auch junge Kinder sind alte Seelen. Natürlich sitzen sie in ihren kleinen Körpern vor uns, aber vom Bewusstsein her sind sie genau so reif wie ihre Eltern und andere Erwachsene – und manchmal sind sie auch reifer. Das heißt nicht, dass man Kinder wie Erwachsene behandeln sollte. Als Kinder müssen sie natürlich geschützt werden. Man sollte sich aber darüber bewusst sein, dass es in ihnen einen seelischen Anteil gibt, der sehr reif ist. Dieser Anteil ist kein Kind.

Auf unserer Seite stehen immer Helfer und andere bereit, wenn ein Kind stirbt. Sie sorgen auch dafür, dass es sehr bald seine alten Seelenqualitäten, sein Bewusstsein seelischer Reife, wieder manifestieren kann. Anfangs sind sie vielleicht noch so, wie sie zuletzt auf der Erde waren, einfach damit sie sich leichter zurechtfinden. Bald aber werden sie wieder mit der Reife erscheinen, die sie als Seele haben. Wenn Eltern um ihre Babys trauern, sollen sie drei Dinge wissen: Diese Babys sind alte Seelen, die nur für diese Inkarnation in den Körper eines kleinen Kindes schlüpften. Zweitens werden sie auch jetzt auf der spirituellen Ebene mit mindestens ebenso viel Liebe und Fürsorge umgeben wie im Hause ihrer irdischen Eltern. Drittens verbinden sich Eltern und

Kind immer dann erneut miteinander, wenn die Eltern schlafen. Das Kind fühlt sich in keiner Weise verlassen, und in diesem Schlafzustand empfinden auch die Eltern keinen Verlust. Vielleicht ist das auch der Grund dafür, warum Menschen, die einem eben verstorbenen Kind sehr nahe standen, insbesondere Mütter, nach dem schockierenden Ereignis ein großes Schlafbedürfnis haben. Im Schlaf kann sich die Mutter um ihr geliebtes Kind kümmern, sie kann es halten und mit ihm vereint sein. Interessant ist übrigens, dass die Eltern auch, wenn sie nicht schlafen, über ihr Höheres Selbst oder eine höhere Ebene ihres Geistes permanent mit dem Höheren Selbst des Kindes in Verbindung sind. Es gibt überhaupt keine Trennung auf diesen Ebenen. Mit größerer Bewusstheit kann sich ein Mensch als multidimensional erleben und auch Geschehnisse aus einer höheren Ebene bewusst erinnern. Dann werden die Trauer über einen Tod und die Gefühle der Trennung vollständig nachlassen.

Oft spüren Eltern die Anwesenheit des Kindes, das vor Kurzem gestorben ist. Vielleicht bilden sie sich auch ein, seine Stimme gehört zu haben. Das ist aber keine Einbildung. Wie oft weisen Träume auf die Verbindung zu dem geliebten Kind hin, die im Schlafzustand zum Leben erwacht. Die erinnerten Ereignisse müssen nun nicht unbedingt genauso stattgefunden haben, vieles wird ausgefiltert, aber sie sind ein deutliches Indiz für die Begegnung. Auch wenn solche Träume nicht erinnert werden, finden diese Treffen statt. Kinder werden oftmals über einen größeren Zeitraum zu ihren Familie gebracht, mindestens so lange, bis den Eltern besser bewusst geworden ist, wie sie über die höheren Ebenen mit ihrem Kind kommunizieren können. Vielleicht sprechen sie dann mit einzelnen Verwandten, Familienmitglieder mögen ihre Anwesenheit spüren oder ihre

Stimme hören. Meistens glauben diese Menschen dann, dass sie sich das alles nur einbilden, viele aber *wissen* einfach, dass es keine Halluzination ist.

Es gibt also keine Trennung und keine Verluste in den höheren Sphären. Das Bewusstsein für dieses Zusammenkommen und all das, was man sich in dieser Zeit mitteilt, scheint nur dann verloren, wenn man aufwacht – weil die meisten vergessen haben, wie man sich an all das erinnert. Man sollte also niemals sagen, dass man ein Kind *verloren* hat oder dass man einen geliebten Menschen *verloren* hat – niemand geht jemals für einen Menschen verloren, der ihn liebt.

Zugegeben, diese Tode sind keine Selbstmorde. Sie wurden auf der Brücke zwischen Erde und geistiger Welt von der Seele des Kindes und denen anderer Familienmitglieder und auch anderen Wesen, die mit dem Kind verbunden sind, vorbereitet. Sie sind Teil eines größeren Werkes und wurden schon vor der Empfängnis oder erst, als sich die Lebensumstände wandelten, festgelegt. Das ist etwas völlig anderes, als wenn sich ein junger Mensch, der in seinem physischen Körper noch einige Aufgaben zu erfüllen und ein ganzes Leben zu leben hat, umbringt und somit vor der Zeit abhaut. Ich kann es nicht oft genug betonen: Ein Selbstmord liegt niemals im spirituellen Lebensplan eines Kindes. Er bedeutet immer, dass das Geschenk des Lebens missachtet und die großen Möglichkeiten der Seele zerstört werden. Das ist ein riesiger Unterschied. Auch wenn jemand ›unheilbar‹ krank, depressiv oder völlig überlastet ist, gibt es für ihn einen anderen Weg, als sich das Leben zu nehmen. In einem jungen Menschen ist so viel Lebenskraft. Mit geeigneten Methoden – Visualisation, ganzheitlicher Heilarbeit, einer anderen Ernährungsweise und anderem – kann er fast immer mental und körperlich gesunden.

Es lässt sich nicht oft genug sagen: Für einen jungen Menschen ist es niemals richtig, sich umzubringen. Es gibt immer eine andere Möglichkeit, die ihm hilft. Und immer gibt es jemanden, der seine Unterstützung anbietet. Es ist nicht leicht und erfordert sicher eine Menge Arbeit – aber es gibt immer einen Weg. Mama, es ist mir sehr wichtig, dass du Eltern und Kindern in ihrem Leiden hilfst, indem du ihnen dieses Wissen vermittelst. Schon ein bisschen mehr Bewusstheit über diese Zusammenhänge im Leben junger Menschen kann verhindern, dass weiterhin Tausende kostbarer Leben so unsinnig enden.

Vielleicht hilft es dir in deinem Verständnis – und vielen anderen Eltern ebenfalls – wenn ich mit einem Bild erkläre, was mit mir passiert ist. Man könnte sagen, dass ich mit einem Rucksack voller Steine auf dem Rücken geboren wurde. Das waren Steine von Erfahrungen aus früheren Leben und Steine der genetischen Veranlagung, die du und Bill mir mitgegeben haben. Diese Brocken sind sozusagen die emotionale Last. Die ersten Jahre meines Lebens mit euch luden mir noch ein oder zwei Steine auf. Als du Bill endgültig verlassen hast, lud mir das einige Steine mehr auf – ich fühlte mich verlassen und weggeschoben von jemandem, den ich liebte. Auch die Jahre mit lieblosen Babysittern vergrößerten meine Last. Als du dann Richard geheiratet hast, kam gleich ein ganzer Steinhaufen hinzu. Richard war nicht gerade gut für unser aller Selbstachtung.

Deine Schwäche, dich nicht gegen ihn zu wehren und uns nicht zu verteidigen, brachte weitere Steine in meinen Rucksack. Und dass Bob seine Aggression und Frustration an mir ausließ, ebenfalls.

Mit Richard wurde es immer nur noch schlimmer. Er zwang uns, Dinge zu tun, die völlig gegen unsere Natur waren und die auch unserer Entwicklung nicht gut taten – wieder ein paar Steine mehr. Ich kam in die Pubertät, die Hormone spielten verrückt, auch das machte den Rucksack schwerer. Vielleicht überrascht es dich, dass deine Scheidung von Richard keinen einzigen Stein anrollen ließ. Als dann aber Tom mit seinen Kindern und dem ganzen Chaos anrückte, hatte ich wieder einmal mehr zu schleppen.

Manchmal hast du dich gefragt, ob ich noch am Leben wäre, wenn du Richard nicht verlassen hättest. Nein, wäre ich nicht. Während dieser Beziehung wurden mir so viele Steine aufgeladen, dass ich nicht einmal mehr in der Lage gewesen wäre, mich umzudrehen und ein paar Steine wegzuwerfen, damit die Last ein bisschen leichter wird. Ich wusste nicht, wie ich diesen Rucksack für einen Moment absetzen könnte, um ihn zu entleeren. Mit meinen eigenen Minderwertigkeitsgefühlen hielt ich die Riemen fest am Körper.

Weitere Steine kamen von den Leuten aus der Kirche, die sich uns gegenüber so übel verhielten. Wenn ich mich mit ihnen einverstanden zeigte und Dinge sagte, die ich gar nicht so meinte, machte ich selbst meine Last noch schwerer. Das ganze Durcheinander mit Tom brachte in kurzer Zeit eine Menge neuer Steine. Er konnte mich und Debbie nicht leiden, Bob ein bisschen und Andrea schon mehr. Mein Rucksack war inzwischen so schwer geworden, dass ich ihn kaum noch durch die Woche schleppen konnte. Nur am Wochenende hatte ich das Gefühl, ein bisschen ausruhen zu können.

Einige Steine mehr kamen auch noch von der Schule, wo die anderen mich hänselten, mir wehtaten oder mich ignorierten. Meine eigenen falschen Entscheidungen und manche unüberlegte Aktion taten das Ihrige noch hinzu. Als du dann Tom zu mir ins Zimmer geschickt hast, verlor ich völlig mein Gesicht. Er wollte mir die Sporttasche ausreden und konfrontierte mich auch noch damit, dass ich gestohlen habe. Er war derartig selbstgefällig, als er mir das an den Kopf warf! Kathy war schwanger, kein Mädchen wollte mich zum Freund, Kumpels hatte ich auch nicht, fett und hässlich war ich – mein Rucksack wurde so schwer, dass mich einfach mein Gewicht nach unten zog, als ich auf dem Baum saß. Es geht mir nicht darum, anderen die Schuld für meine Entscheidung zuzuschieben. Es ist mir vielmehr wichtig, dass die Leute solche Zusammenhänge verstehen. Vielleicht packen sie ihren Kindern dann nicht ganz so viele Lasten auf.

Bitte teile dies der Welt mit, Mama: Versucht eure Kinder früh genug zu erreichen, gebt ihnen Beratung, befreit sie von dem Druck all der Steine, helft ihnen, sich gesünder zu ernähren, zeigt ihnen, wie man Selbstachtung entwickelt, damit sie nicht eines Tages Hand an sich legen. Viele Kinder und Jugendliche schleppen völlig überladene Rucksäcke mit sich herum. Manche Eltern glauben, dass eine einzige Situation den Suizid begründet. Das stimmt aber nicht. Diese Situation fügt nur einen weiteren Stein hinzu, der dann vielleicht die Waage endgültig zum Kippen bringt. Das ist es, was ich dich bitte, in deinem Buch zu schreiben – in unserem Buch.«

»Wir haben es geschafft, Mama! Wir haben das Buch geschrieben. Manchmal hatte ich wirklich meine Zweifel, ob wir das hinbekommen werden, dann war ich ebenso entmutigt wie du. Aber du hast gelernt zuzuhören, und ich fand immer wieder Wege, mich verständlich zu machen.

Sage den anderen Eltern: Wenn Ihnen ein Kind gestorben ist oder es sich umgebracht hat – vergessen Sie es nicht. Sie können für es beten und immer mal wieder prüfen, ob Sie es hören können. Leben Sie Ihr Leben auf jeden Fall weiter, aber lassen Sie die Verbindung zur anderen Ebene offen. Wenn Sie sich ab und zu besuchen, als wäre das Kind noch am Leben, wird das weder Ihre Fortschritte in der Entwicklung noch die des Kindes beeinträchtigen. Vielleicht hilft Ihnen der verstorbene Mensch auch, Ihre Erfahrungen zu kommunizieren, so dass andere durch Ihren Schmerz letztlich getröstet werden können. Sie sollten auf keinen Fall so tief und lange trauern, dass Sie Ihr eigenes Leben vergessen. Versuchen Sie alles, um anderen in Ihrer Umgebung zu helfen. Ihre Lieben in der anderen Dimension werden all Ihre guten Aktionen wahrnehmen, und sie werden wie ein Geschenk für Sie sein, das Sie glücklich macht. Eines Tages werden Sie wieder zusammen sein, vielleicht noch viel enger, als Sie es je waren.

Vor allem aber wünsche ich mir, dass die jungen Leute, die mit ihrem Leben hadern, mir einen Moment zuhören. Ich kann zu jedem von ihnen nur eines sagen: Tu es nicht. Bitte, tu es nicht. Es gibt andere Wege. Rede mit deinen Eltern, wenn das irgendwie möglich ist. Erklär ihnen, wie du dich fühlst, und lass dir von ihnen helfen. Spiel nicht herunter, wie unglücklich und hoffnungslos du bist. Sag ihnen auch nicht immer, dass alles okay ist, nur um sie zu beruhigen, wenn es dir gar nicht gut geht. Es geht um *dein* Leben. Bitte sie um Hilfe! Vielleicht hast du Angst, dass sie dich anschreien und überhaupt nichts kapieren. Okay, dann musst du es ihnen begreiflich machen. Oder fürchtest du, dass es ihnen zu sehr wehtun würde, wenn du ihnen sagst, was los ist? Was meinst du, wie es sie schmerzen wird, wenn du tot bist?

Wenn es nicht möglich ist, mit deinen Eltern zu reden, dann geh zu einem Geistlichen, ruf eine Hotline oder eine Beratungsstelle an oder wende dich an einen älteren Freund. Manchmal sind junge Leute ein bisschen ängstlich ihren eigenen Gefühlen gegenüber, sie wissen dann nicht so recht, wie sie sich verhalten sollen und können dir keine Hilfe sein. Finde jemanden, irgendjemanden, der dir zuerst zuhört, sich dann um Hilfe kümmert und mit dir in Kontakt bleibt, bis du wieder klar denken kannst.

Ich bat meine Mutter, einige Adressen und Anlaufstellen ins Buch aufzunehmen, an die du dich wenden kannst. Du kannst dich auch an sie und Herb im *Logos-Center* wenden, sie werden dir helfen oder jemanden ausfindig machen, der helfen kann. Versuche nicht, es allein hinzukriegen. Manchmal geht das einfach nicht. Ich beispielsweise habe es nicht geschafft. Das muss einem überhaupt nicht peinlich sein. Wir alle brauchen Hilfe. Wenn du dir Hilfe holst, wirst du am Leben bleiben und später einem anderen helfen können, der dich braucht.

Eine Selbsttötung ist unumkehrbar. Du tust es einmal – und das war's dann. Du kannst deine Meinung danach nicht mehr ändern. Erinnerst du dich, wie verzweifelt ich versucht habe, es ungeschehen zu machen? Wie ich versucht habe, in meinen Körper zurückzukriechen? Dieser Schmerz und die totale Verzweiflung, als ich begriff, dass ich tot war? Es gab kein Zurück – und das war tausend Mal schlimmer als alles, was zu meiner Entscheidung geführt hatte.

Übrigens, auch wenn du dann tot und in dieser Dimension bist – nicht alles hat sich verändert. Du fühlst dich nicht plötzlich gut und aufgeregt wegen des neuen Abenteuers. Absolut nicht. Dann erst willst du dich wirklich umbringen, aber dann geht es nicht mehr. Es wird Monate brauchen, bis du wieder halbwegs in Ordnung bist. Und die Sehnsucht nach deiner Familie und denen, die du verlassen hast, wird niemals aufhören. Vor allem, weil du sie sehen und hören kannst, sie sich aber nur sehr selten bewusst werden, dass auch sie dich sehen und hören können.

Tue es nicht! Bitte, tue es nicht! Bete, bitte deine Engel oder inneren Führer, dir durch diese schwere Zeit zu helfen. Du würdest das Geschenk wegschmeißen, das Gott selbst dir gemacht hat – dein Leben. Dieses Leben ist deine Chance, etwas zu tun, zu wachsen, das Beste aus dem zu machen, was ist, jemandem zu helfen, dem es noch viel schlechter geht als dir. Wenn deine Zeit noch nicht gekommen ist, dann ist es hier in dieser Dimension nicht besser als auf der Erde. Im Gegenteil: Es ist viel schwerer.

Es gibt ganze Gruppen von uns, die dich weinen hören. Wir haben die Aufgabe übernommen, dir zu helfen, wenn du danach fragst. Wir werden alles versuchen, um dich in der schwierigen Zeit zu unterstützen. Manchmal werden wir dich trösten, manchmal werden wir dir einen guten Gedanken schicken, dich an jemanden erinnern, den du anrufen könntest, oder wir warnen dich vor Essen, das dich im wahrsten Sinne des Wortes verrückt macht. Wenn du glaubst, dass du uns nicht hören kannst, liegt das nicht daran, dass wir nicht da wären. Du musst es immer wieder versuchen und lernen, auf eine neue Weise zu hören. Wir werden dir auch über deine eigenen Gefühle die Warnung geben, wenn jemand in deiner Umgebung üble Energien aussendet und dich über negative Gedanken und Handlungen in die Hoffnungslosigkeit zu drängen versucht. Oftmals kommen deine negativen und schlechten Gedanken nämlich von außen zu dir, es sind dann gar nicht deine eigenen. Wenn du annehmen kannst, dass darin ein Körnchen Wahrheit liegt, dann bitte Gott oder deine Engel, sich zwischen dich und diese Gedanken zu stellen – dann werden sie nachlassen.

Tue es nicht! Vielleicht ist der schlimmste Fall ja wahr: Niemand in deiner Familie liebt dich, und du hast keinen einzigen Freund. Mag sein. Gott aber liebt dich. Und du musst lernen, dich selbst zu lieben. Du bist völlig in Ordnung. Oder glaubst du, dass Gott Ausschuss produziert? Er liebt dich so sehr, dass er dir das schönste Geschenk macht, das er geben kann: dein Leben. Achte es. Er liebt dich wie sein eigenes Kind. Bitte ihn vor dem Schlafengehen, dir seine Engel zu schicken, damit sie dich heilen und dir helfen, die Dinge von einer anderen Seite aus zu betrachten. Er wird es tun, er wird deine Gebete beantworten. Er wird dich nicht aufhalten, wenn du eine Dummheit machen willst. Aber er wird dich auf Hunderte Arten davon abzubringen versuchen, dir das Leben zu nehmen. Diese allerletzte Entscheidung, die kannst nur du allein treffen. Und sich das Leben zu nehmen, ist niemals die richtige Wahl. Gottes Plan für dich ist, dass du das Leben vollkommen auskostest, dich selbst so sehr liebst, wie er dich liebt, dass du so gut in allem wirst, wie du kannst, voller Freude lebst und anderen zur Seite stehst. Er hat dich als einen Erfolg geschaffen, als einen Triumph – nicht als Fehler. Er erschuf dich als Zeichen seiner Liebe zu dir. Es gibt nichts, was ihr beide zusammen nicht schaffen könntet.

Also, bitte … NIMM DIR NICHT DAS LEBEN!«

Am Ende bat mich Stephen, noch einmal aus meiner Sicht zu beschreiben, wie ich mit ihm in Kontakt gekommen bin und auf welche Weise wir kommunizieren. Stephen und andere brachten mir viele Wege dazu bei. Immer beginne ich mit einem Gebet. Ich bitte Gott darum, dass nur die höchsten spirituellen Kräfte zu mir durchdringen werden. Ich bitte um Klarheit und darum, ein reiner Kanal für Wahrheit und Hoffnung zu sein. Meistens schlage ich dann mit der Hand ein Kreuz zwischen Stirn und Brust und ein kleineres über meinem Kopf. Zusätzlich zeichne ich den Davidstern, die beiden übereinander liegenden Dreiecke, vor meiner Stirn. Das ist mein persönliches Ritual.

Ich nutze verschiedene Atemtechniken. Meist atme ich dreimal sehr langsam durch das rechte Nasenloch ein und durch den Mund aus, das bringt mir Stärke. Dann atme ich dreimal durch das linke Nasenloch ein und durch das rechte aus, um meine höheren spirituellen Energiezentren zu öffnen. Auch zur Entspannung nutze ich verschiedene Atemübungen.

Wenn ich dann auf dem Boden liege oder mich im Sessel entspannt zurücklehne, um mich auf das Hören einzustimmen, hilft mir das Atmen ebenfalls. Es gibt eine Übung, die ich sehr mag: Eine Minute lang stelle ich mir vor meinem geistigen Auge vor, wie der Atem ein- und ausströmt. Dann atme ich tief ein, wölbe den Bauch nach vorn und halte die Luft für ein paar Sekunden an, bis ich sie durch Nase oder Mund kraftvoll wieder herauslasse. Das mache ich drei- bis siebenmal. Danach atme ich weiter so, stelle mir dabei aber die Luft als ein weißes Licht vor, das meinen gesamten Körper, von den Füßen bis hin zum Kopf, durchströmt. Vor meinem dritten Auge an der Stirn halte ich dieses Licht, bis der nächste Atemzug kommt. Nach drei bis sieben

Atemzügen dieser Art fühle ich mich fast immer sehr entspannt und merke, wie mein Bewusstsein langsam in einen anderen Zustand hinübergleitet. Die ganze Zeit über bleibe ich bei mir und höre nun, was kommt. Oft setze ich mich jetzt auch an den PC oder die Schreibmaschine. Auch dabei bleibe ich still, ich meditiere und beruhige meinen Geist, ich bete oder spreche Affirmationen. Offensichtlich wissen Stephen und meine geistigen Führer, wann ich bereit bin – sie fangen dann an zu sprechen, und ich beginne zu tippen.

Für den Großteil meiner Kommunikation mit Stephen und den Führern habe ich meine Schreibmaschine genutzt. Heute sitze ich am Computer und bereite mich dort auf das Hören vor. Gelegentlich schreibe ich auch mit der Hand, das aber geht viel zu langsam. Wenn ich nun vorbereitet bin, kommen Gedanken, die meine eigenen Gedanken überdecken. Manchmal sind das einzelne, wohl überlegte Worte, dann aber folgen meist ganze Wortgruppen und Sätze. Ich kann diesen Strom unterbrechen, um Fragen zu stellen, danach setzt er wieder ein. Ab und zu sagt Stephen oder einer der Führer, ich solle warten, und kurz darauf spricht ein anderer weiter. Wenn mir größere Zusammenhänge durchgegeben werden, spreche ich sie anschließend in meinen eigenen Worten nach, und die Führer korrigieren mich, wenn ich etwas nicht ganz richtig verstanden oder falsch ausgedrückt habe.

Es kommt aber auch vor, dass ich gar nicht an Stephen denke und ihn dann nach mir rufen höre. So reden wir beispielsweise oft im Auto und führen viele ungeplante Gespräche. Mir ist im Laufe der Zeit klar geworden, dass ich Teile davon immer wieder vergesse, wenn ich nicht mitschreibe. Das ist wie mit den Träumen – wenn ich sie nicht aufschreibe, sind sie bald aus meinem Sinn. Ich stelle Fragen, manchmal antwortet Stephen darauf, manchmal nicht. Es war auch schon oft so, dass er die Antwort nicht wusste, aber andere in seiner Dimension fragen wollte, damit sie weiterhelfen können.

»Wenn du betest oder meditierst und nach mir rufst, höre ich das oder werde von Helfern darüber informiert. Dann versuche ich immer so schnell wie möglich zu dir zu kommen. Meistens bin ich in Sekunden oder Minuten da. Wenn ich aber gerade selbst unterrichtet werde oder irgendetwas lerne, kann es schon mal sein, dass ich erst ein paar Stunden später bei dir bin.

Ich besuche dich gern in deinen Träumen. Nur leider kannst du dich gerade mal an zehn Prozent deiner Träume erinnern. Du könntest dich am Abend mit Affirmationen oder bestimmten Suggestionen darauf einstellen, mehr davon zu behalten, das ist fast jedem möglich. Wir beide treffen uns wirklich oft in deinen Träumen. Wie ich dir sagte, haben die meisten Menschen eine Zeit lang Kontakt mit gerade verstorbenen Angehörigen. Schon das Wissen um dieses kleine Detail dürfte viele Eltern trösten. Wenn ein Kind stirbt, begegnen sich die Seelen immer über den Traum wieder. Das ist eine gute Möglichkeit, sich auszutauschen. Auch die Gebete und die Ausrichtung auf das Kind sind hilfreich und tröstend – für das Kind in der anderen Dimension und für den Betenden selbst.

Es gibt eine gute Möglichkeit, mit vermissten Kindern und Menschen, die sich entfernt haben oder mit denen man bestehende Konflikte lösen will, Kontakt aufzunehmen. Man könnte es Seelenverbindung oder auch Geistverbindung nennen. Es ist auch in eurer Dimension, also zwischen zwei Personen im physischen Körper möglich. Zuerst betet man und bittet darum, dass sich beide Seelen miteinander verbinden. Dies ist immer davon abhängig, ob der freie Willen des anderen geachtet wird. Es ist, als würde man den anderen anrufen – er nimmt ab, meldet sich und man beginnt eine Unterhaltung. Nun kann man über den eigenen Geist dem anderen Trost zusprechen, ihm heilende Kräfte zusenden, einfach nur mit ihm reden oder ihm etwas erklären – er wird es hören. Vielleicht ist es ihm nicht bewusst, dass er etwas hört. Aber in Wirklichkeit wird er noch viel klarer vernehmen, was gesagt wird, als wenn man es laut zu ihm sagen würde. Diese Einstimmung auf den anderen ist nicht dazu da, ihm den eigenen Willen aufzuzwingen oder ihn dazu zu bringen, dass er so denkt und handelt, wie man selbst es tut oder gerne hätte. Dafür sollte man diese Verbindung nicht verwenden, auch wenn immer mal wieder jemand diese Techniken für die geistige Kontrolle anderer missbraucht. Damit lädt man sich sehr viel negatives Karma auf.

Der Mensch, mit dem man sich verbindet, wird auf der Ebene seines Bewusstseins von der Kontaktaufnahme vielleicht nichts mitbekommen, aber er wird sie hören. Häufig erlebt man dann bei einer nächsten direkten Begegnung, dass sich die Beziehung zum Guten hin verändert hat. Wenn man räumlich getrennt bleibt, stellt sich manchmal dennoch ein Gefühl des Friedens und der Gelassenheit zwischen beiden Menschen ein. Bei einem verschwundenen Kind kann es beispielsweise sehr tröstlich sein, auf diese Weise den Kontakt herzustellen und zu halten, bis es wieder nach Hause kommt.

Diese Verbindung über den Geist beziehungsweise die Seele eines Menschen lässt sich auch herstellen, wenn man gar nicht weiß, wo sich der andere befindet, zum Beispiel im Falle einer Kindesentführung. Manchmal wird man vielleicht ein klares Nein vernehmen, wenn die Verbindung so nicht erlaubt wird. Dann kann man darum bitten, sich im Traum zu treffen, wenn die eigenen und die Engel des anderen dabei sind, um ein wenig zu vermitteln. Auf irgendeine Weise lässt sich die Verbindung auf einer höheren Ebene fast immer herstellen. Dann ist es möglich, laut oder eher telepathisch zu kommunizieren. Man kann sich auch an die Göttlichkeit im Kind oder an das Höhere Selbst wenden und darum bitten, dass diesem jungen Menschen nichts Böses geschehen möge.

Es reicht ein kurzes Wort an die Engel. Statt sich endlos Sorgen zu machen, wäre es besser, wenn Eltern die Engel um Hilfe bitten würden – wenn ihre Kinder in der Schule sind, zu Hause oder beim Spielen. Engel müssen aktiv um Hilfe gebeten werden. Eine Ausnahme bilden die Schutzengel für Kinder. Alle anderen können nicht eingreifen, wenn sie nicht gerufen werden. Aber es ist ein Leichtes, sie zu bitten, immer um die geliebten Menschen herum zu sein und sie zu schützen. Wenn ein Kind verschwunden ist, sollte man kraftvolle Gebete sprechen, um die Schutzengel, alle anderen Engel, geistigen Führer und auch uns in der spirituellen Welt um Hilfe zu bitten. Wenn nicht Trennung oder Tod Teile des karmischen Musters des jungen Wesens sind, können und werden Wunder geschehen – und so viele Kinder kehren völlig unversehrt nach Hause zurück.

Auf die gleiche Weise kann nun auch ein Mensch in einem physischen Körper einen Menschen erreichen, der keinen Körper mehr hat. Er kann sich mit seiner Seele verbinden, ihn in Träumen treffen oder Engel zu ihm schicken. Wenn dieser Kontakt spürbar ist, kann man mit diesem Wesen sprechen, man kann dem anderen sagen, was man fühlt und worüber man gern mit ihm reden würde. Nachdem man ihn gefragt hat, sollte man still sein und zuhören. Man sollte den anderen auch fragen, wie es ihm geht und was er so macht. Und dann ist allein das Hören entscheidend. Es funktioniert wirklich.

Es kann immer und überall klappen. Man braucht nicht einmal Worte dazu. Wir denken oder sagen auf telepathischem Weg, was auch immer wir den anderen wissen lassen wollen. Wenn wir uns auf der seelischen Ebene verbinden, ist ein viel tieferer Austausch als sonst möglich. Es ist ein so wunderbarer Weg, um zu heilen und allen Menschen Trost zu schenken, ob sie nun gerade einen irdischen Körper haben oder nicht. Es ist keine Einbildung oder Vorstellung. Dennoch sollte man sich immer daran erinnern, dass die Vorstellungskraft die Basis für die Intuition und andere seelische Fähigkeiten ist. Die Imagination ist der Schlüssel, der einem Menschen das Tor zum höheren Bewusstsein aufschließt.«

Die lang andauernde Schwangerschaft fand ein Ende, Stephens Buch wurde geboren. Er sagte mir, dass wir in den nächsten Jahren noch weitere Bücher schreiben sollten. Noch immer treffen wir uns häufig auf der Brücke zwischen unseren Dimensionen.

Inzwischen ist Stephen länger in der geistigen Welt, als er auf der Erde inkarniert war. Ich bin sehr dankbar, dass wir so oft miteinander reden können, aber natürlich wäre es mir lieber, wenn ich seine Stimme direkt hören und ihn im Arm halten könnte.

Ich bin dankbar dafür, dass Stephen, wenn auch nicht auf dieser Ebene, mit mir lebt. Und ich bin glücklich, dass Gott ihn mir für ein paar Jahre geschickt hatte.

Es gibt Tage, an denen ich immer noch das Gefühl habe, dass mir Stephens Selbstmord Wunden zugefügt hat, die niemals heilen wollen. Aber ich bin reich beschenkt mit Kindern, Enkeln, einer Familie, Freunden, die mit mir sind und auch meinen Schmerz teilen. Sie alle haben mir gezeigt, wie ich mich wieder am Leben freuen kann. Ich darf das Zusammenleben mit meinem wunderbaren Mann erfahren, der mich wirklich und tief liebt und der mein wahrer Seelengefährte in den spirituellen Idealen und der Arbeit ist.

Ich verstehe jetzt die Kinder viel besser. Ich kann viel klarer wahrnehmen, was sie in spiritueller, körperlicher und mentaler Hinsicht brauchen und was ihnen Schmerzen bereitet. Und ich – so hoffe ich zumindest – weiß heute oft recht genau, wie ich ihnen helfen kann. Dieses Wissen ist wunderbar, und ich bete jeden Tag dafür, dass ich es nur in der allerbesten Weise nutzen möge. Ich lernte das leider alles viel zu spät, um das Leben meines Sohnes zu retten.

Heutzutage gibt es keine Entschuldigung mehr, wenn sich jemand psychologisch und spirituell völlig ungebildet verhält. Wir haben alle Mittel, die wir brauchen, um emotional gesunde Erwachsene zu werden. Wir können unser gesamtes Wissen in unserem Leben anwenden und es an Verwandte und Bekannte weitergeben, sobald wir die Möglichkeit dazu haben. Wir müssen lernen, gefühlsmäßig gesunde Kinder großzuziehen, die voller Enthusiasmus und Freude leben. Das sind Kinder, die Charakterstärke entwickeln und all die sinnvollen Fertigkeiten übernehmen, die ihnen ihre Eltern und Angehörigen durch ihre Liebe und ihr Verständnis vorgelebt haben. Letztlich ist das die einzige Chance, die wir haben, wenn das Leben unserer geliebten Kinder geschützt sein soll.

Tausende Kinder haben sich im vergangenen Jahr das Leben genommen. Sie haben sich erschossen, erhängt, sich eine Überdosis Drogen oder Medikamente verabreicht, ihre Autos gegen Brückenpfeiler gesteuert oder sich die Unterarme aufgeschlitzt. Im kommenden Jahr wird sich eine noch größere Zahl an Kindern umbringen. Die einzigen, die diese wertvollen Leben retten können, sind wir als liebevollere, weniger selbstzentrierte und besser informierte Eltern und Lehrer.

Ich hoffe sehr, dass mein Buch viele Menschen und Familien, die momentan eine tiefe Schmerzphase durchleiden, inspirieren und trösten wird. Es ist mein tiefster Wunsch, dass diejenigen unter Ihnen, deren Kind bereits diesen schrecklichen letzten Akt, den wir Selbstmord nennen, vollzogen hat, ein wenig Zuversicht durch das Wissen erlangen, dass Ihr geliebtes Kind weiterlebt. Es ist vollkommen bewusst in der spirituellen Ebene. Hören Sie nicht auf, mit ihm zu sprechen. Verbergen Sie auch nicht aus Scham die Wahrheit. Versuchen Sie, es zu erreichen. Auch jetzt noch braucht es Ihre Gebete und Ihre ganze Liebe.

Wenn Sie mit Ihren verstorbenen Lieben kommunizieren möchten, kann es anfangs vielleicht ein bisschen schwierig sein. Geben Sie nicht auf! Probieren Sie es voller Vertrauen weiter. Was Sie wieder erlernen müssen, ist die Telepathie. Das ist zuerst recht ungewöhnlich, aber eigentlich ist es die wahrste Form der Kommunikation zwischen zwei Seelen. Es wird den Schmerz über den Tod Ihres Kindes und Ihre Gefühle der Einsamkeit nicht vollständig abstellen. Es wird aber ein wesentlicher Schritt für Ihre Heilung sein, damit Sie eines Tages selbst auch wieder wirklich am Leben teilhaben können.

Ich danke Gott für seine Liebe und dafür, dass er

uns einen Weg gezeigt hat, wie wir wachsen und heiler werden und mit unseren Lieben im Austausch bleiben können.

Ganz besonders dankbar bin ich dafür, dass mein geliebter Sohn Stephen – lebt!

Epilog

Erinnerungen an Stephen

Ich bat Stephens Schwestern und seinen Bruder, ein paar Worte über ihn zu schreiben, bevor sie das Manuskript lesen würden. Als ich diese Briefe dann sah, wollte ich sie gern mit ins Buch aufnehmen – alle drei waren einverstanden.

Der Brief von Debbie

Als Jüngste der Familie habe ich damals nicht wirklich verstanden, was Tod bedeutet. Ich wusste, dass es etwas Trauriges sein musste und dass ich meinen Bruder nie mehr wiedersehen würde. Von uns allen war ich die Letzte, die ihn gesehen hat. An diesen Moment kann ich mich noch sehr genau erinnern. Stephen packte eine große Tasche und legte sich auch den Schlafsack bereit. Als er gehen wollte, öffnete ich ihm die Tür und fragte, wohin er wollte. Er antwortete: »Ich werde mir eine Hütte bauen.« Daraufhin fragte ich, wozu er den Schlafsack bräuchte. Dann sah ich, wie er davonging. Diese große Tasche hat mich schon sehr verwundert. Es war das letzte Mal, dass ich ihn sah … in diesem Leben.

Zu Weihnachten schenkte er mir einmal eine Maus. Er hatte sie in seiner Tasche und versuchte sie vor mir zu verstecken, denn es sollte eine Überraschung werden. Als sie später starb, steckten wir beide sie in eine kleine Kiste, legten ein Gedicht dazu und beerdigten sie.

Den größten Spaß hatten wir Kinder immer, wenn es

geschneit hatte. Steve schob uns den Hügel rauf, als wären wir auf einer Bergsteigerexkursion. Meistens endete es damit, dass ich nach Hause musste, weil meine Handschuhe total nass geworden waren.

Ich erinnere mich auch daran, wie sehr er Karate liebte. Immer trug er diesen Anzug. Er mochte gekochte Eier und überhaupt das Frühstück. So sehe ich Steve eigentlich meistens vor mir – in der Küche.

Kurze Zeit nach seinem Tod war er mir in der Küche erschienen – er stand einfach dort und kochte etwas. Nur für ein paar Sekunden konnte ich ihn so sehen, aber er war klar erkennbar und wirkte lebendig wie ein ganz normaler Mensch. Ich war total erstaunt und auch ein bisschen erschrocken. Auch Jahre später noch war ich davon überzeugt, dass das Leben nach dem Tod weitergeht. Dass ich ihn gesehen hatte, war nur ein Zeichen, dem viele weitere gefolgt waren. Die Musicbox in einem Weihnachtsbaum fing plötzlich zu spielen an, und wir alle wussten im Herzen, dass er sie irgendwie angestellt haben musste. Die Türklingel ging von selbst los, Musikinstrumente spielten von allein und so weiter – Steve fand immer einen Weg, uns wissen zu lassen, dass es ihm gut ging.

Ich habe mich immer gefragt, warum er sich das Leben genommen hat. Irgendwann werden wir alle die Antwort wissen. Wenn er mir damals nicht erschienen wäre, würde ich über sein Sterben sehr, sehr trauern.

Der Brief von Andrea

Das erste, was mir in den Sinn kommt, ist »Schuld« – also wer oder welche Umstände führen dazu, dass sich jemand umbringt. Dann aber schließt sich in meinem

Kopf gleich die Frage an, warum man deswegen überhaupt jemanden »beschuldigen« muss.

Ich kann mich noch sehr gut an den Tag erinnern, als die Polizisten vor der Tür standen, es ist, als wäre es gestern gewesen. Viele andere Erinnerungen sind verblasst, was mich sehr traurig macht. Alles, was mit einem so wichtigen Menschen wie dem eigenen Bruder oder der Schwester zusammenhängt, dürfte eigentlich nie weniger werden – aber wenn derjenige nicht mehr da ist, um einen immer wieder zu erinnern, ist es eben schwierig, alles zu behalten.

Stephen war von uns allen der freundlichste, irgendwie war er auch mehr in sich gekehrt. Es brauchte schon eine Menge, bis er mal ärgerlich wurde. Natürlich hatte auch er seine Momente, aber das war einfach viel seltener als bei mir, Bob oder Debbie.

Was er mir alles beigebracht hat! Wie man Rasen mäht, wie man Skateboard fährt – »Tu so, als wärst du ein Junge, Mädchen können das nämlich nicht richtig!« – Fahrradfahren, Hütten bauen im Wald. Einmal wollte er mir zeigen, wie man richtig Trompete spielt. Damals war Herb Alpert sein Lieblingsmusiker, und eines Tages wollte er so spielen können wie er. Für eine kurze Zeit waren sogar die Kampfkünste vergessen. Aber letztlich war »Kung Fu« sein Lieblingsfilm und Karate der Mittelpunkt seines Lebens. Es war bestimmt ein absolutes Highlight für ihn, als er seinen Anzug und den ersten Gürtel bekam. Tagelang trug er keine anderen Klamotten und trainierte seine Schläge – »auf die richtige Weise!« Bretter mit den Handkanten und den Füßen zerschmettern, das war jetzt das Wichtigste.

Campen war etwas ganz Besonderes für uns alle. Stephen liebte es genauso wie Bob, wenn sie beim Feuermachen helfen durften und aufpassen mussten, dass es nicht ausgeht. Wir streunten herum, um Holz zu sammeln und alles, was wir sonst finden konnten. Ich glaube, für ihn war das eine Möglichkeit, ein bisschen näher an Dad heranzukommen. Es war wirklich nicht immer leicht für ihn. Dabei wollte er nichts lieber, als dass Dad ihn mag und ein bisschen stolz auf ihn ist. Aber meistens lebte Steve in dem Glauben, dass sein Vater das nicht tat.

Ich kann mich auch erinnern, wie wir am Strand waren. Er brachte mir bei, auf den Wellen zu reiten, nach Haifischzähnen zu suchen, mit Hühnchenkeulen nach Krabben zu fischen und morgens am Wasser entlangzulaufen, um diese großen Krabben zu sammeln, die über Nacht angespült worden waren. Ich habe noch viele vage Erinnerungen in meinem Kopf: wie wir im Deer Park waren oder Oma und Opa besuchten oder den Millersee; Luftgewehrschießen mit Sheri, Sandi und Tiger hinten in Onkel Deans Haus; nachts im Sommer Verstecken spielen mit Ralph, Mary und Joanne P. Oder wie wir selbst Eiscreme gemacht haben – ich saß oben auf der Maschine, und er drehte die Kurbel. Einmal haben wir auch das Haus in Heathfield gestrichen – wir malten das Haus an, die hintere Veranda, den Roller und uns gegenseitig. Mann, was war Dad sauer an dem Tag!

Steves Lieblingsfarbe war ein tiefes Blau, sein Lieblingssong für eine Zeit lang »Eres Tu« (Du bist es), sein bevorzugter Musiker Herb Alpert und noch ein anderer Trompeter, der auf dem Höhepunkt seiner Kariere an Krebs starb. Vor allem erinnere ich mich an den Moment, als die Polizisten hereinkamen.

Vielleicht sollte ich noch mal zurückgehen zu dem Tag, an dem er uns verließ. Ich ging in sein Zimmer, um ihn etwas zu fragen, er war im Bad. Seine grün und schwarz gescheckte Tasche lag auf dem Bett und ich fragte ihn, was er vorhabe. Erst nach einer Weile antwortete er, dass ich ihm versprechen müsse, es Mama nicht zu sagen. Dann erzählte er, dass er für ein paar Tage weggehen würde, um in Ruhe nachzudenken. Es würde ihm gut gehen, kein Grund zur Sorge und kein Grund, damit zu unserer Mutter zu laufen. Als typische kleine Schwester bat ich ihn, mich mitzunehmen. Ich kam gar nicht auf die Idee, wie viele Gedanken sich Mama machen würde, wenn er weg wäre.

Am nächsten Tag ging ich mit Chris ein bisschen spazieren, da sahen wir auf der anderen Seite am Wald Krankenwagen und Polizeiautos stehen. Ein Mann im Anzug kam von den Bäumen her und trug eine Tasche, die aussah wie die von Stephen. Ich sagte noch zu Chris, dass mein Bruder auch so eine Tasche habe – und weiter dachten wir uns nichts dabei.

Dann waren alle Kinder im Haus und Tom machte Popcorn. Es klingelte, ich ging zur Tür, zwei Polizisten stellten sich vor und meinten, dass sie meine Mutter sprechen wollten. Ich holte sie, und es hieß, dass wir aus dem Zimmer gehen sollten. Neugier aber ist meine Stärke, und so lauschte ich von einer Ecke aus, was besprochen wurde. Es war, als würde mir der Magen bis auf den Boden sinken. Ich war wie erstarrt. Ein Teil von mir entschied, dass das Ganze nur ein Missverständnis sein könnte und dass es Steve gut ginge. Ein anderer Teil in mir aber wusste, dass die Männer die Wahrheit sagten.

Danach musste ich mir irgendwie klar machen, dass ich ihn nie wiedersehen würde. Ich wartete darauf, dass er mir im Traum erscheinen oder auf der geistigen Ebene zu mir kommen würde, damit er mir erklären könnte, warum er uns auf diese Weise verlassen hatte. Das nächste, was aufkam, war Ärger, weil er einfach abgehauen war. Ich fragte mich auch, ob ich irgendetwas hätte tun können, um ihn aufzuhalten. Eine Zeit lang hatte ich das Gefühl, dass er einfach aufgegeben hatte. Als ob er sich davor fürchtete, sich seiner Angst zu stellen. Bis heute frage ich mich manchmal, was aus ihm geworden wäre – ein Student, verheiratet, Vater? Was wäre in meinem Leben anders, wenn es ihn noch geben würde? Die ganze Zeit über, bis zum heutigen Tag, habe ich großen Respekt vor seiner stillen Kraft.

Das ist, glaube ich, alles – außer, dass ich ihn vermisse.

Der Brief von Bob

Was soll ich über einen Bruder sagen, den wir schon verloren haben, bevor er ein Mann wurde? Ich könnte sagen, wie sehr ich mir wünsche, dass er jetzt bei uns wäre. Ich könnte sagen, wenn ich in der Zeit zurückreisen könnte, würde ich zuerst zu meinem kleinen Bruder gehen, um ihn von seiner letzten Aktion abzuhalten, die ihn für dieses ganze Leben von uns entfernt hatte. Ich könnte von meinen Herzschmerzen und den Schmerzen in meiner Seele reden und davon, wie oft ich dringend einen Bruder gebraucht hätte, um mit ihm zu reden und mich ein bisschen bei ihm anzulehnen. Natürlich könnte ich erzählen, welche Schuldgefühle mich zerfleischt haben, weil ich mich ihm gegenüber nicht immer liebevoll gezeigt habe, als er noch am Leben war. Das Schlimmste an der ganzen Sache ist für mich, dass es niemand von uns kommen sah. Hinterher ist es immer leicht zu sagen: »Wir alle haben gemerkt, dass da etwas Schreckliches passieren wird.« Aber während der Zeit, als sich sein Tod vorbereitete, hätte ich niemals geglaubt, dass sich irgendeiner aus unserer Familie das Leben nehmen könnte – mit Ausnahme von mir selbst. Ja, ich habe das nicht hinbekommen, was Stephen geschafft hat. Ich weiß noch genau, wie ich vor dem Spiegel im Badezimmer stand und eine ganze Packung Aspirin nahm. In mir war keinerlei Hoffnung mehr, das Leben schien einfach keinen Sinn zu haben. Dann lag ich im Bett und wartete darauf zu sterben. Der nächste Morgen kam, und ich erbrach Blut. Mein kleiner Bruder dachte, ich hätte die Grippe, den ganzen Tag über pflegte er mich. Ich erinnere mich noch an die Fleisch- und Käsesandwichs und das große Glas kalter Milch, das er mir brachte.

Ich denke manchmal an die Tage, als Steve allein im Wohnzimmer saß und Fernsehen guckte. Ich kam nach Hause und hatte es oft nicht einmal nötig, Hallo zu sagen. Am allerliebsten sah er »Kung fu« mit David Carradine. In den Werbepausen stand er auf und imitierte die Bewegungen, die er sich vom Film gemerkt hatte. Ich erinnere mich noch, wie er Bücher über die Kunst, ein wahrer »Ninja« zu werden, gelesen hat. Vor allem aber muss ich daran denken, dass er keine Freunde hatte und die meiste Zeit mit sich allein verbrachte. Wenn ich so zurückschaue, würde ich heute sagen, dass dieses das wirklich alarmierende Zeichen war: Er war einfach viel zu oft allein.

Ich fühle mich wirklich schlecht, wenn ich daran denke, dass ich ihm in keiner Weise ein ordentlicher Bruder war. Es ist eine nackte Tatsache, dass ich ihn ständig nur geärgert habe. Tritte werden eben nach unten weitergegeben. Unser Stiefvater, Richard, saß mir ständig im Nacken, physisch und mental. Und ich lernte bald, das alles an Steve weiterzugeben. Wenn ich etwas ausgefressen hatte, gab ich es nicht zu, um mir nicht den Zorn von Richard zuzuziehen. Stattdessen beschuldigte ich meist meinen kleinen Bruder. Mir fällt beispielsweise ein, wie wir uns einmal heftig stritten, als die Eltern nicht zu Hause waren. Ich warf mit Kreide nach Steve, er duckte sich, das Stück flog gegen die Wand und hinterließ einen dicken lilafarbenen Strich. Natürlich sah Richard das in dem Moment, in dem er zur Tür hereinkam. Weder Steve noch ich wollten zugeben, dass wir es gewesen sind, schließlich kannten wir zu gut, wie es ist, mit dem Gürtel verdroschen zu werden. Alle dreißig Minuten weckte Richard uns in dieser Nacht auf, um uns zu fragen, wer diesen Kreidestrich verursacht hat. Gegen drei Uhr morgens konnte Stephen nicht mehr – er nahm es auf sich.

Ein anderes Ereignis, das mir jetzt wieder einfällt, trug sich zu, als ich etwa vierzehn war. Ich hatte genug von Richard und beschloss, abzuhauen. So jung, wie ich war, war mir doch klar, dass ich etwas zu essen brauchen würde. Also nahm ich einen riesigen Braten aus dem Kühlschrank und versteckte ihn draußen unter einem Busch. Irgendwie änderte ich kurz darauf meine Pläne und vergaß natürlich auch das Fleisch da draußen. Als Richard es eine Woche später und voller Maden fand, drehte er völlig durch. Ich wusste, dass mir Höllenstrafen drohten, wenn er herauskriegen würde, dass ich den Braten dort hingeworfen hatte. Also stritt ich es ab. Aber wie immer wurden wir beide so lange bestraft, bis einer von uns weich wurde – Steve. Ich danke dir, mein kleiner Bruder, dass du mir so oft das Fell gerettet hast.

Manchmal, wenn Stephen verprügelt wurde, machte er sich nass vor Angst. Für dieses »Vergehen« wurde er dann noch härter geschlagen. Ich könnte noch mehr und immer mehr von diesen Dingen erzählen, aber es würde meinen Bruder nicht zurückbringen. Und es würde auch Richard nicht ändern, bis heute ist er ein Arschloch geblieben.

Steve nahm sich das Leben, als ich achtzehn war. Meine erste Reaktion darauf war, dass ich eine halbe Stunde lang nur weinte. Dann wurde ich ärgerlich und sagte mir immer wieder, dass es ein verdammter Mist ist, so etwas zu tun. Unsere Mutter hatte sich kurz vor seinem Tod endgültig von Richard getrennt und einen Mann kennengelernt, den wir damals alle für einen angenehmen und entspannten Partner hielten. Ich selbst war zu dieser Zeit völlig unausgeglichen und verlor schnell die Beherrschung.

Kurz vor Stephens Tod gingen wir zusammen ins Kino, um *Enter the Dragon* mit Bruce Lee zu sehen. Das Kino war in einem Einkaufszentrum, und es gab einige Filme zur Auswahl. Gleich neben dem Saal, in dem unser Film lief, kam einer mit dem Namen *X*. Ich weiß noch, dass ich damals dachte: Es wird Zeit, dass mein kleiner Bruder seinen Horizont etwas erweitert. Also gingen wir in diesen Film, das heißt, ich drängte ihn mehr oder weniger dazu. Wir waren ganze fünfzehn Minuten drin, als jemand die Tickets kontrollieren kam – also wanderten wir letztlich doch zum Karate-Film. Danach hingen wir noch ein bisschen im Shoppingcenter herum. Ich stachelte Steve an, einem Mann, der eine Ebene unter uns auf einer Bank saß, sein Popcorn auf den Kopf zu kippen. Er tat es, und wir rannten lachend davon. Das war das letzte Mal, dass ich mit meinem Bruder zusammen gelacht habe. Es war überhaupt eines der wenigen Male, die wir zusammen glücklich waren und einfach ein verrücktes Gespann.

Steve, ich brauche dich hier, und ich wünsche mir so sehr, dass du da wärst. Dann könnten wir all die Dinge unternehmen, für die wir in deinem kurzen Leben keine Möglichkeit hatten. In meinem Leben fehlt etwas, das nur du mir schenken könntest – die Liebe, wie sie nur ein Bruder geben kann. Manchmal schau ich mich um und sehe überall Leute, die Brüder haben und das als etwas ganz Selbstverständliches ansehen. Dann möchte ich hingehen und sie schütteln und ihnen sagen, dass sie besser dafür beten sollten, dass sie sie niemals verlieren.

Natürlich denke ich auch manchmal darüber nach, wie es wäre, wenn du noch am Leben wärst. Würdest du eine Frau haben? Kinder? Was für einen Beruf hättest du wohl gelernt? Eines aber weiß ich ganz sicher, egal wie viele Kilometer zwischen uns liegen würden: Ich hätte immer einen kleinen Bruder, den ich mein nennen könnte. Und er hätte einen großen Bruder, der, so abgedreht er auch ist, immer für ihn da wäre.

Steve, es gibt hier drei Nichten und einen Neffen, die dich so gern geliebt hätten. Aber das Traurige ist, dass sie ihren Onkel Steve nie kennenlernen werden. Mein Gott, bevor ich zu schreiben anfing, wusste ich gar nicht, wie sehr ich dich vermisse! Ich war immer ein bisschen ärgerlich und nannte dich einen Feigling und jetzt … jetzt kann ich nichts anderes als heulen und dir sagen, wie leid es mir tut, dass ich nicht da war, als du mich gebraucht hast. Steve, Menschen verändern sich. Wenn man älter wird, bekommt man mehr Sinn für die Familie. Ich wäre so froh, wenn du mit uns gemeinsam hättest älter werden können. Es gibt so vieles, was wir zusammen hätten machen können, und es zerreißt mir das Herz, dass das alles in diesem Leben nicht möglich sein wird. Manchmal wünsche ich mir, ich hätte Mamas Fähigkeiten und könnte mit dir kommunizieren – das würde sicher vieles einfacher machen. Aber ich kann das eben nicht. Ich möchte dir etwas sagen, das ich dir nie gesagt habe, als du am Leben warst: Ich liebe dich, und ich vermisse dich, und ich hoffe das Allerbeste für dich, egal, wo du bist und was du tust. Ich bitte dich nur um eins: Behalte mich für immer als einen Bruder in Erinnerung, der dich liebt … Dein Bruder Bob.

Anhang

Hilfreiche Informationen und Quellen

1.
Artikel zum Selbstmord

Bevor Sie sich umbringen, lesen Sie diese grausamen Wahrheiten über den Suizid

Sie haben beschlossen, es zu tun. Leben ist nicht mehr möglich. Ihr einziger Ausweg liegt im Selbstmord.

Gut – aber bevor Sie sich das Leben nehmen, möchte ich Ihnen noch ein paar Dinge sagen, die Sie wissen sollten. Ich bin Krankenschwester in der Psychiatrie, und ich sehe die Ergebnisse des Suizids jeden Tag – wenn es klappt, und viel öfter noch, wenn es nicht klappt. Bevor Sie loslegen, schauen Sie sich die Fakten an.

In der Mehrzahl der Fälle schlägt ein Selbstmordversuch fehl. Meinen Sie, Sie hätten sich eine todsichere Methode überlegt? Dann unterhalten Sie sich mal mit dem Fünfundzwanzigjährigen, der sich einen tödlichen Stromschlag verpassen wollte. Er lebt. Allerdings hat er beide Arme verloren.

In den Tod springen? Schauen Sie sich John an. Er war sehr intelligent und hatte einen ansteckenden Humor. Zumindest, bevor er von einem Haus sprang. Jetzt ist sein Hirn schwer geschädigt, und er wird immer auf Hilfe angewiesen sein. Er kann nicht mehr richtig laufen und hat Anfälle. Er lebt wie in einem Nebel. Das Schlimmste aber ist: Er *weiß*, dass er normal sein könnte.

Auch weniger grausame Methoden können Sie als Krüppel zurücklassen. Tabletten? Fragen Sie die Zwölfjährige mit dem schweren Leberschaden, den sie durch eine Überdosis davontrug. Haben Sie schon einmal jemanden an einem Leberschaden sterben sehen? Das braucht seine Zeit. Man wird gelb. Es ist ein harter Weg in den Tod.

Es gibt keine Methode, die wirklich idiotensicher ist. Wie ist es mit Erschießen? Sehen Sie sich den Vierundzwanzigjährigen an, der sich in den Kopf schoss. Jetzt schleift er ein Bein hinter sich her, ein Arm ist nutzlos, er kann auf einem Auge nicht mehr sehen und nur noch auf einem Ohr hören. Er lebt, trotz seiner todsicheren Methode. Das könnte Ihnen auch passieren.

Selbstmord hat keinen Zauber. Vielleicht haben Sie solche Bilder vor Augen, wie ein Filmstar in einem schimmernden Nachthemdchen nach einer Überdosis Schlaftabletten in den ewigen Schlaf hinübergleitet. Aber diese Vorstellungen lassen ein wesentliches Detail einfach weg: Als sie starb, entspannte sich ihr Aftermuskel, und das hübsche Negligee wurde von ihren Exkrementen verschmutzt.

Wer wird Ihr Blut vom Teppich putzen oder Ihr Hirn von der Wand kratzen? Eine Reinigungsfirma darf sich weigern, so etwas zu tun – aber irgendjemand wird es machen müssen. Wer wird Sie von da abschneiden, wo Sie sich aufgehängt haben, oder Ihren aufgeschwemmten Körper identifizieren, nachdem Sie sich ertränkt haben? Ihre Mutter? Ihre Frau? Ihr Sohn?

Auch der Abschiedsbrief, der fürsorglich als »liebevoll« bezeichnet wird, hilft niemandem. Die Menschen, die Sie lieben, werden niemals ganz darüber hinwegkommen. Sie werden voller Schuldgefühle sein und von nicht enden wollenden Schmerzen gepeinigt werden.

Und dann wird die Wut kommen, denn mit Ihrer Handlung haben Sie nur an sich selbst gedacht.

Selbstmord ist ansteckend. Schauen Sie sich Ihre Familie an, Ihre Söhne, Töchter, Schwestern, Brüder, Ihren Mann oder Ihre Frau. Schauen Sie sich Ihren Vierjährigen ganz genau an, wie er mit seinen Autos auf dem Boden spielt. Bringen Sie sich heute Abend um – und er wird es Ihnen vielleicht in zehn Jahren nachmachen. Es ist eine Tatsache, dass sich Suizid in Familien häufig über die Generationen hin wiederholt, vor allem die Kinder von Selbstmördern sind sehr gefährdet.

Sie haben andere Möglichkeiten. Es gibt immer Menschen, die Ihnen durch eine schwere Zeit helfen. Rufen Sie die Hotline einer Beratungsstelle an. Rufen Sie einen Freund an. Rufen Sie einen Geistlichen oder die Seelsorge an. Sprechen Sie mit einem Arzt oder dem Krankenhaus. Rufen Sie die Polizei an.

Sie werden Ihnen sagen, dass es Hoffnung gibt. Vielleicht finden Sie sie morgen im Briefkasten. Oder durch einen Anruf gleich nächstes Wochenende. Oder wenn Sie beim Einkaufen jemandem begegnen. Sie wissen es nicht – niemand kann es wissen. Was Ihnen so schrecklich fehlt, kann eine Minute, einen Tag oder vielleicht einen Monat von Ihnen entfernt sein.

Sie sagen, Sie lassen sich von nichts und niemandem aufhalten? Sie wollen es immer noch tun? Okay, dann werden wir uns vielleicht bald in der Klinik sehen. Und dann werden wir mit dem arbeiten, was von Ihnen übrig ist.

Renee T. Lucero

Plötzlich wachte ich auf. Mein Körper war zerfetzt, überall Blut. Scharfe Glassplitter steckten in meinem Fleisch. Komisch war nur, dass ich nichts fühlte.

Hey! Nehmt dieses Laken von meinem Gesicht weg! Ich kann nicht tot sein. Ich bin doch erst siebzehn. Ich habe heute Abend ein Date. Ich möchte erwachsen werden und ein wundervolles Leben genießen. Ich habe doch noch gar nicht gelebt. Ich kann noch nicht tot sein.

Später kam ich in so eine Schublade. Meine Leute mussten mich identifizieren. Warum mussten sie mich so sehen? Warum musste ich in die Augen meiner Mutter schauen, als sie die schlimmste Tortur ihres Lebens durchstand? Mein Vater sah aus wie ein alter Mann. Er sagte zu dem Verantwortlichen hier: »Ja, das ist mein Sohn.«

Die Beerdigung war unheimlich. Ich konnte zusehen, wie all meine Verwandten und Freunde am Sarg vorbeischritten. Einer nach dem anderen trat heran und sah mich mit den traurigsten Augen, die ich je gesehen habe, an. Einige meiner Kumpels weinten. Manche Mädchen berührten mich an der Hand und schluchzten, als sie weggingen.

Bitte, irgendjemand muss mich aufwecken! Helft mir hier raus! Ich halte es nicht länger aus, meine Eltern so am Boden zerstört zu sehen. Meine Großeltern sind so erschüttert in ihrer Trauer, dass sie kaum laufen können. Mein Bruder und meine Schwestern sehen aus wie Zombies, völlig mitgenommen. Keiner kann es fassen. Und ich kann es selbst nicht begreifen.

Bitte begrabt mich nicht. Ich bin nicht tot. Ich habe noch so viel zu erleben. Ich möchte wieder lachen und herumlaufen. Gott, ich verspreche Dir, wenn Du mir noch eine einzige Chance gibst – ich werde der vorsichtigste Fahrer der Welt sein. Alles, was ich will, ist eine einzige Chance. Bitte, Gott. Ich bin doch erst siebzehn.

Aus der *Dear Abby*-Kolumne
von Abigail Van Buren.
Universal Press Syndicate,
abgedruckt mit freundlicher Genehmigung.

2.
Hilfe zum Thema Trauer

Wenn ein Kind gestorben ist

The Compassionate Friends bieten sehr umfangreiches hilfreiches Material an. Um ihre fundierte Broschüre (in englischer Sprache) anzufordern, können Sie sich wenden an: The Compassionate Friends, P.O. Box 3696, Oak Brook, IL 60522-3696 oder Telefon 001 708 990 0010.

Ein Auszug aus diesem Heft:

»Die Trauer dauert länger, als man oftmals glaubt. Erwarten Sie nicht, dass Ihre Bekannten unverändert aus dieser Erfahrung hervorgehen. Bleiben Sie in Kontakt mit der Familie, und beziehen Sie das verstorbene Kind in die Themen Ihrer Gespräche ein. Haben Sie keine Scheu, mit den Eltern gemeinsam zu weinen. Sagen Sie nicht: »Ich weiß, wie es dir jetzt geht.« Unterlassen Sie auch solche Aussagen wie: »Es war Gottes Wille« oder: »Du hast noch die anderen Kinder.« Hören Sie zu, akzeptieren Sie das Bedürfnis der Eltern, über das verstorbene Kind zu sprechen. Die Eltern werden drängende Fragen in Bezug darauf haben, wo Gott in diesem schrecklichen Geschehen ist – halten Sie sich mit Ihren Antworten zurück. Machen Sie sich bewusst, was jetzt wirklich gebraucht wird, und bieten Sie ganz konkret Ihre Hilfe an. Geben Sie den anderen Kindern Ihre volle Aufmerksamkeit, denn oftmals werden sie vergessen, obwohl sie ebenso sehr leiden. Auch wenn die zurückgebliebenen Geschwister ihren Schmerz nicht so offen zeigen, sie trauern genauso tief. Teilen Sie Ihre schönen Erinnerungen an das Kind mit dessen Familie. Melden Sie sich am Geburtstag und am Todestag des Kindes. Vielleicht schlagen Sie vor, gemeinsam essen oder ins Kino zu gehen, wenn Sie das Gefühl haben, dass sich Mutter oder Vater des Kindes zu sehr in sich zurückziehen. (Mit freundlicher Genehmigung von *The Compasionate Friends*)

Einige Tipps für die Bekannten und Freunde von trauernden Angehörigen

1. **Suchen Sie den Kontakt.** Rufen Sie an. Fragen Sie den trauernden Menschen selbst oder einen Nahestehenden, ob Sie zu Besuch kommen dürfen, und fragen Sie, auf welche Weise Sie helfen können. Nehmen Sie Kontakt auf, egal, wie lange der Tod auch schon zurückliegt, es ist niemals zu spät, seine Anteilnahme auszudrücken.
2. **Sprechen Sie wenig,** wenn Sie den Trauernden kurz nach dem Todesfall treffen. In der ersten Zeit, vor der Beerdigung, sind eine kurze Umarmung, ein Druck der Hände, Ihre wenigen liebevollen Worte alles, was der andere braucht.
3. **Vermeiden Sie Klischees und allzu einfache Ant-**

worten. »Er hatte ein schönes Leben«, »Jetzt ist er erlöst von seinen Schmerzen« oder: »Sei doch froh, dass …« Solche Phrasen helfen dem Trauernden überhaupt nicht. Ein schlichtes: »Es tut mir leid« ist da viel besser. Auch mit Ihrem Wissen um spirituelle Zusammenhänge sollten Sie zurückhaltend sein. Wenn der Hinterbliebene diese Gedanken nicht teilt, könnte es ihn eher verärgern, wenn Sie damit anfangen. Vor allem aber: Versuchen Sie niemals, den Verlust kleiner zu machen, als er ist.

4. **Seien Sie einfach Sie selbst.** Zeigen Sie Ihre Gefühle, Ihre Betroffenheit und Ihr Bedauern auf Ihre ganz persönliche Weise und mit Ihren eigenen Worten.
5. **Bleiben Sie in Verbindung.** Seien Sie erreichbar. Seien Sie da. Wenn Sie eine enge Freundin oder ein Verwandter sind, ist es vor allem am Anfang wichtig, dass Sie da sind. Später muss es nicht mehr unbedingt der engere Kreis sein, der sich um die Trauernden kümmert. Dann kann jeder Besuch und jeder Anruf hilfreich sein.
6. **Kümmern Sie sich um ganz praktische Dinge.** Vielleicht ist es hilfreich, wenn Sie für einige Zeit ans Telefon gehen, Besucher hereinbitten, Essen kochen, die Wohnung putzen oder sich um die Kinder kümmern. Das nimmt den Trauernden eine Last ab und schafft ein stützendes Band. In der ersten Zeit der Trauer wird das auch dringend nötig sein, vor allem bei frisch Verwitweten.
7. **Ermutigen Sie andere, den oder die Trauernden zu besuchen oder anzurufen.** Meist legt sich das Unbehagen mit dem ersten Besuch. Es kann sogar sinnvoll sein, wenn Sie die Planung der Besuche von einigen Leuten übernehmen – dann kommen nicht alle auf einmal in der ersten Zeit, sondern auch später wird

immer für Anteil nehmende Menschen im Haus der Trauernden gesorgt sein.

8. **Lassen Sie auch Stille zu.** Wenn der Trauernde nicht sprechen möchte, sollten Sie ihn nicht dazu drängen. Schweigen ist besser als sinnloses Geschnatter. Lassen Sie weitgehend den Trauernden bestimmen, ob und worüber geredet wird.
9. **Seien Sie ein guter Zuhörer.** Wenn sich der ganze Schmerz in Worten Platz schafft, gibt es nur eins, was dieser leidende Mensch vor allem anderen jetzt braucht: Hören Sie zu. Wird er emotional? Akzeptieren Sie es. Weint sie? Akzeptieren Sie auch das. Hadert er mit Gott? Damit wird Gott zurechtkommen, auch ohne dass sie ihn verteidigen. Akzeptieren Sie alle Gefühle, die sich zeigen wollen. Kritisieren Sie nicht. Wechseln Sie nicht das Thema. Seien Sie so verständnisvoll, wie es Ihnen möglich ist.
10. **Versuchen Sie keinesfalls, dem Trauernden zu erklären, wie er sich fühlt.** Sie können ihn fragen – ohne ihn zu drängen –, aber Sie können es nicht *wissen*, außer er sagt es Ihnen. Jeder Mensch, ob trauernd oder nicht, ärgert sich, wenn man ihm erläutert, wie er fühlt. Zu sagen: »Du bist sicher erleichtert, weil er von seinen Schmerzen erlöst wurde« – das ist anmaßend! Ebenso fragwürdig sind Phrasen wie: »Ich weiß genau, wie du dich jetzt fühlst.« Statt zu insistieren, können Sie vom Trauernden lernen.
11. **Forschen Sie nicht nach den genauen Einzelheiten des Todes.** Wenn die engsten Angehörigen darüber sprechen möchten, hören Sie einfach mit dem größtmöglichen Verständnis zu.
12. **Kümmern Sie sich ein bisschen um die Kinder der**

Familie. Auch wenn sich ein Kind sehr still und unauffällig verhält, sollten Sie nicht davon ausgehen, dass es nicht um den Verstorbenen trauert. Es wäre schön, wenn Sie den Kindern ein vertrauter Freund sein könnten, dem sie ihre Gefühle und auch ihre Tränen offenbaren können. Nebenbei bemerkt ist es fast immer besser, wenn man die Kinder im Haus lässt und nicht versucht, sie von der Trauer der anderen abzuschirmen.

13. **Sprechen Sie in der Gegenwart der Trauernden möglichst nicht über Alltäglichkeiten.** Lange Diskussionen über Sport, Wetter oder Börsendaten werden eher verärgert aufgenommen, auch wenn man damit versucht, die Hinterbliebenen ein bisschen abzulenken.
14. **Akzeptieren Sie, wie auch immer der Verlust verarbeitet wird.** Versuchen Sie nicht, Kleidungsstücke oder Fotos zu verstecken. Auch wenn Ihnen ein Verhalten morbid erscheint, sollten Sie es nicht kritisieren. Eventuell will jemand den Ort, an dem der tödliche Unfall stattfand, immer wieder besuchen. Eine Witwe deckt sich nachts vielleicht mit dem Pyjama ihres verstorbenen Mannes zu, und ein kleines Kind möchte die Kleidung seines toten Geschwisterkindes tragen.
15. **Schreiben Sie einen Brief.** Eine nette Postkarte kann nicht mehr als ein armer Ersatz für einen Brief sein, in dem Sie Ihre Gefühle zum Ausdruck bringen. Nehmen Sie sich die Zeit für ein paar Zeilen, schreiben Sie über Ihre Liebe und Ihre Erinnerungen an den verstorbenen Menschen. Ein solcher Brief wird sicher wieder und wieder gelesen und lange aufbewahrt, vielleicht über Generationen hinweg.

16. **Ermutigen Sie die Trauernden, alle möglichen anstehenden Entscheidungen zu verschieben.** Alles, was warten kann, muss jetzt warten, zumindest bis die erste intensivste Phase des Schmerzes vorbei ist.
17. **Nach einer Zeit können Sie den Trauernden sacht zu einigen ruhigen Aktivitäten draußen im Leben animieren.** Vermutlich wird die Initiative dazu nicht von ihm selbst kommen.
18. **Wenn der Trauernde wieder am sozialen Leben teilnimmt, sollten Sie ihn ganz normal behandeln.** Vermeiden Sie jede Form von Mitleid – das untergräbt die Selbstachtung. Einfaches Verständnis ist völlig ausreichend. Sie wissen um seinen Verlust und um den Wandel in seinem Leben – aber nageln Sie ihn nicht darauf fest.
19. **Haben Sie ein Auge darauf, ob die Trauer in ihrem Verlauf Fortschritte macht.** Wenn Sie merken, dass der Betreffende über seinen Ärger oder seine Schuldgefühle, um nur zwei Beispiele zu nennen, überhaupt nicht hinwegkommt, könnten Sie ihm eine geeignete Beratungsstelle vorschlagen.

Noch ein Gedanke dazu: Jemandem zu helfen, beinhaltet immer mehr, als nur ein paar Regeln zu befolgen. Vor allem wenn Ihnen der Trauernde sehr nahe steht und er völlig am Boden zerstört ist, werden Sie mehr Zeit, mehr Fürsorge, mehr Initiative, mehr *von sich selbst* geben müssen, als Sie vielleicht erwartet haben. Sie werden seine speziellen Bedürfnisse aus seinem Verhalten herauslesen und immer wieder Wege suchen müssen, wie sie zu erfüllen sind. Ihr Engagement, Ihre Bemühungen können dazu beitragen, dass ein Leben gerettet wird. Und wie nebenbei werden Sie dann vielleicht spüren, wie erfüllend es ist, wenn man wirklich helfen kann.

Aus dem Folder: »Is There Anything I Can Do to Help« von Amy Hillyard Jensen.
Mit freundlicher Erlaubnis.

3.
Einen Selbstmord verhindern

Alarmierende Signale und Verhaltensweisen von Menschen mit einem aktuell hohen Selbstmordrisiko

- Große Verluste (von geliebten Menschen, dem Zuhause, von Besitz oder Ansehen), vor allem, wenn einiges zusammenkommt; ein Selbstmord in der Familie
- Verwahrlosen des Äußeren
- Rückzug von anderen Menschen, vor allem von der Familie und den engeren Freunden
- Andauernder Mangel an Selbstachtung, derjenige macht sich selbst schlecht
- Ungewöhnliches oder extremes Nachlassen der schulischen Leistungen und der Bereitschaft zum Lernen und Arbeiten
- Auffälliger Wandel im Schlafverhalten – Schlaflosigkeit oder Dauermüdigkeit
- Starke Gewichtsverluste oder -zunahme
- Selbstverurteilung
- Weglaufen von zu Hause oder langes Wegbleiben
- Reizbarkeit und Unruhe
- Wutausbrüche zu Hause oder in der Schule
- Gebrauch von Alkohol oder Drogen, um dem Schmerz zu entfliehen

- Plötzlich beginnendes selbstzerstörerisches Verhalten und absichtlich herbeigeführte Gefahrensituationen, beispielsweise viel zu schnelles Autofahren
- Intensive Gefühle der Machtlosigkeit und des Gefangenseins, ohne Hoffnung darauf, dass sich die Situation ändern wird
- Mündlich oder schriftlich geäußerte Selbstmorddrohungen
- frühere Selbstmordversuche
- Weggeben von wertvollem Besitz
- Beschäftigung mit dem Tod und dem Suizid
- Langsames Gehen, langsames schwerfälliges Sprechen, derjenige plumpst einfach nach unten, statt sich zu setzen
- Veränderungen in der Persönlichkeit – Nervosität, Ärger, Apathie, regelmäßiges Weinen
- Extreme Traurigkeit und Hoffnungslosigkeit
- Aussagen desjenigen, dass er seinen Angehörigen nur wehtut, wenn er am Leben bleibt, und dass er eine Last für sie sei
- Vage Aussagen, die auf das Vorhaben Selbstmord schließen lassen und die aus einem Gefühl von tiefem Elend oder von Schuldgefühlen herrühren.

Ein Kind mag einige oder im Extremfall all diese Anzeichen zeigen. Einige dieser Gefühle und Verhaltensweisen sind Indikatoren für eine Depression, die nicht zu einem Selbstmord führt. In jedem Fall aber sind es warnende Signale und Hilferufe.

Stephen hatte einige dieser Symptome, aber ich habe sie nicht ernst genommen, ich habe nicht erkannt, dass er damit zeigte, dass er ernsthaft selbstmordgefährdet war. Die meisten Menschen, die kurz vor einem Selbstmord stehen, sind sehr zwiegespalten. Wenn die Warnsignale also bemerkt werden und man eingreift, besteht die gute Chance, dass derjenige wieder neuen Lebensmut fasst und sein Leben in sinnvolle Bahnen lenkt.

Das Folgende stammt aus einem Artikel von John Hudson. Er schrieb als stellvertretender Leiter der Verwaltungsbehörde der Paradise Valley High School in Arizona über die Entwicklung eines Programms zur Selbstmordverhütung, das an seiner und anderen Schulen durchgeführt wurde.

Mit einem gezielten Selbstmordpräventions-Programm antwortet die Verwaltung der Paradise Valley School auf die wachsende Zahl der Selbsttötungen unter Teenagern … Wie oft hören wir nach einem solchen Todesfall Sätze wie: »Wenn ich gewusst hätte …« oder: »Wenn ich nur irgendetwas hätte tun können!« In Wahrheit – und das trifft für den Großteil der erfolgten Suizide zu – hätte man in der Tat einiges tun können. Menschen, die in einer so schweren Krise sind, geben immer Zeichen und Signale von sich. Wir sind in der Lage, diese zu lesen, unsere ganze Unterstützung anzubieten und mitzuhelfen, dass derjenige seine Krise meistern kann.

Unser Programm besteht aus einem Training auf zwei Ebenen. Der erste Teil unterrichtet typische klassische Methoden, mit denen man einem Selbstmordgefährdeten begegnen kann. Im zweiten Teil werden innovative Methoden gelehrt, die vor allem die Intuition mit einbeziehen.

Jahrelang wurde uns beigebracht, die Informationen, die uns die Intuition liefert, nicht weiter zu beachten und stattdessen das ernst zu nehmen, was Logik und

Verstand vorschreiben und was damit als sicher gilt. Wenn wir beispielsweise einen Freund oder Bekannten treffen, der niedergeschlagen wirkt, fragen wir für gewöhnlich: »Ist alles in Ordnung mit dir?« Seine Antwort kommt automatisch: »Ja, alles okay.« Meistens belassen wir es bei dieser Antwort, dann haben wir unsere Ruhe, auch wenn wir sehen, dass der andere nicht okay ist. Die Teilnehmer an unserem Training lernen nun, sich für ihre intuitive Wahrnehmung zu sensibilisieren und deren Botschaften ins Zentrum zu rücken. Wir müssen stärker darauf achten, was uns diese Botschaften zu sagen haben.

Zusätzlich zu der Effektivität des Intuitionstrainings setzen wir auf die Kraft der Teamarbeit. An den Seminaren nehmen sowohl Erwachsene als auch Schüler teil und sie bilden auch gemeinsam und gleichberechtigt Arbeitsgruppen zur Selbstmordverhütung. Das gibt allen Beteiligten die wertvollsten Einsichten.

Folgende Anzeichen zeigen sich oft bei jungen Menschen, die ernsthaft darüber nachdenken, sich das Leben zu nehmen:

- ein plötzlicher Wechsel in der Haltung – von der tiefen Depression zu einer ruhigen, gefassten und fast schon fröhlichen Ausstrahlung. Dies kann dafür stehen, dass derjenige nicht mehr hadert, weil die Entscheidung für den Selbstmord gefallen ist.
- die Beendigung von Beziehungen zu weiblichen und/oder männlichen Freunden, vor allem, wenn diese die einzige Stütze dieses Menschen waren
- der plötzliche auffällige Abfall in den Leistungen
- Druck von unterschiedlichen Seiten – zu Hause, schulische Leistungen, Verhaltensmuster

- die plötzliche Neigung zu Unfällen
- die Unfähigkeit, sich in eine Gruppe einzufügen, irgendwo dazu zu gehören, eventuell auch die Neigung, alles und jeden zu verspotten
- Lethargie, fehlendes Interesse an allem, was um den Betreffenden herum geschieht, manchmal von ungewöhnlich langen Schlafzeiten begleitet
- die wahrnehmbare Unfähigkeit, den Erwartungen von Eltern, Freunden oder auch sich selbst zu entsprechen
- Gefühle der Scham oder Schuld, weil man die Familie oder die Freunde blamiert oder ihren Ruf geschädigt hat
- der Verlust tragfähiger Beziehungen, bedingt durch den Umzug der Familie

Hilfe für einen selbstmordgefährdeten Menschen

- Hören Sie zu, und zeigen Sie, dass Sie sich um denjenigen kümmern.
- Wenn Sie das Gefühl haben, dass akute Gefahr besteht, sollten Sie bei demjenigen bleiben.
- Bitten Sie den Menschen, seine Gefühle auszudrücken. Um die akuten Schwierigkeiten zu überwinden, ist es wichtig, dass er aufgestaute Emotionen herauslassen kann. Lassen Sie ihn in seiner eigenen Geschwindigkeit über das sprechen, was ihn bedrückt.
- Stellen Sie Fragen, die mit längeren Aussagen beantwortet werden können – Was …?, Wie …?, Erzähl mir mehr über …
- Argumentieren Sie nicht, und halten Sie auch keine Predigt.

- Finden Sie heraus, ob dieser Mensch bereits einen Plan gefasst hat. Machen Sie sich verantwortungsbewusst auf die Suche nach den Fakten. Je weniger Unterstützung und je genauer der Plan, umso höher ist das Risiko, dass derjenige sich wirklich umbringt. (Offen über all das zu sprechen, erhöht das Risiko im Übrigen nicht, es bringt den anderen auch nicht zusätzlich auf Ideen.)
- Versuchen Sie, das Risiko einzuschätzen: Fragen Sie, wie oft und wie intensiv er selbstzerstörerische Gedanken oder Gefühle hat; fragen Sie nach den Stressfaktoren (kürzliche Ereignisse, Lebensumstände, Verluste); fragen Sie nach aktuellen Plänen und konkreten Selbstmordabsichten; fragen Sie nach seiner Einschätzung, inwieweit er sich unter Kontrolle hat.
- Helfen Sie ihm, Alternativen und andere Wege auszumachen.
- Bleiben Sie ruhig, auch in dem, was Sie tun – Sie können allerdings zeigen, dass Sie beunruhigt sind.
- Versuchen Sie herauszufinden, was dieser Mensch eigentlich sagen will – und wem.
- Versuchen Sie nicht, ihn zu kurieren und zu heilen.
- Fahren Sie nicht mit ihm zum nächsten Krankenhaus.
- Reden Sie mit wichtigen Ansprechpartnern oder Familienmitgliedern, möglichst in Anwesenheit des Betroffenen selbst. Geben Sie keinesfalls Ihr Einverständnis, seine Selbstmordabsichten geheim zu halten.
- Gönnen Sie sich eine Pause, um sich mit anderen zu beraten. Machen Sie es sich leichter, indem Sie professionelle Hilfe hinzuziehen und denjenigen, wenn er das wünscht, dorthin auch begleiten.
- Rufen Sie eine Hotline zur Selbstmordprävention an.

Machen Sie sich bewusst:
Egal, wie verzweifelt ein Mensch auch den Tod zu suchen scheint, immer will ein anderer Teil seiner selbst mindestens ebenso verzweifelt leben.

Viele Menschen fragen sich, wie sie mit einem Kind umgehen sollen, das Selbstmordabsichten hegt. Die folgenden Worte aus der inneren Sicht des Kindes können Ihnen vielleicht helfen, seinen Blickpunkt besser zu verstehen.

- Verwöhne mich nicht so. Ich weiß, dass ich nicht alles haben muss, auch wenn ich darum bitte. Ich teste dich doch nur.
- Hab nicht solche Angst, auch mal ein bisschen deutlicher zu werden. Das würde mir helfen, dann könnte ich mich nämlich sicherer fühlen.
- Lass mich nicht erst schlechte Angewohnheiten entwickeln. Ich muss mich darauf verlassen können, dass du mir so etwas sagst, wenn es noch nicht so stark ausgeprägt ist.
- Mach mich nicht kleiner als ich bin. Das führt nur dazu, dass ich mich albern größer mache.
- Weise mich nicht vor anderen Leuten zurecht, wenn es irgendwie möglich ist. Ich höre dir gern und aufmerksam zu, wenn du mich ruhig kritisierst, wenn wir allein sind.
- Beschütze mich nicht immer vor den Konsequenzen. Ich muss lernen, auch unangenehme Folgen zu tragen.
- Gib mir nicht das Gefühl, dass meine Fehler Sünden seien. Das bringt mein ganzes Wertesystem durcheinander.

– Sei nicht so verwirrt, wenn ich sage, dass ich dich hasse. Es bist ja nicht du, was ich hasse, sondern deine Macht, meine Pläne zu durchkreuzen.
– Gib nicht zu viel auf meine kleinen Leiden. Manchmal verschaffe ich mir darüber die Aufmerksamkeit, die ich so vermisse.
– Nörgele nicht herum. Sonst muss ich mich selbst schützen, indem ich mich taub stelle.
– Gib mir keine voreiligen Versprechen. Ich fühle mich fallen gelassen, wenn sie dann nicht gehalten werden.
– Vergiss nicht, dass ich mich selbst einfach nicht so gut erklären kann, wie ich gerne würde. Deswegen bin ich manchmal nicht so genau.
– Teste meine Ehrlichkeit nicht allzu oft. Ich möchte nicht lügen müssen.
– Sei nicht inkonsequent. Das bringt mich völlig durcheinander und untergräbt mein Vertrauen in dich.
– Schieb mich nicht beiseite, wenn ich dir Fragen stelle. Sonst bin ich gezwungen, dich nichts mehr zu fragen und mir die Antworten anderswo zu suchen.
– Behaupte nicht, dass meine Ängste dumm seien. Sie sind schrecklich real.
– Versuche nicht, mir vorzumachen, du seiest perfekt oder unfehlbar. Es wäre ein zu großer Schock für mich, wenn ich eines Tages herausfinde, dass du weder das eine noch das andere bist.
– Glaube nicht, dass es unter deiner Würde sei, wenn du dich bei mir entschuldigst. Eine ehrliche Entschuldigung von dir und ich fühle mich dir plötzlich überraschend verbunden.
– Vergiss nicht, dass ich gerne experimentiere. Ich muss einfach alles ausprobieren, um meine Erfahrungen zu machen – bitte lass mich einfach.
– Vergiss nicht, wie schnell ich größer werde. Es ist

sicher nicht immer leicht für dich, da mitzuhalten. Aber, bitte, versuch es.

Anonym

4.
Hilfreiche Adressen

Rat und Hilfe und zudem eine umfassende Liste der Adressen von Hilfseinrichtungen, Hotlines und Beratungsstellen zur Suizidprävention im gesamten deutschsprachigen Raum finden Sie bei:

Neuhland e. V.
Nikolsburger Platz 6
10717 Berlin-Wilmersdorf
Telefon: (030) 873 01 11
Fax: (030) 417 28 39 19
E-Mail: post@neuhland.de
www.neuhland.de

Hilfreiche Informationen bietet auch die Internetseite der Deutschen Gesellschaft für Suizidprävention:

www.suizidprophylaxe.de

Weiterführende Literatur

Nach Stephens Tod forschte ich zum Thema Selbstmord, ich tauchte tief in die Dynamik innerhalb unserer Familie ein und versuchte mich selbst zu verstehen. Auf diesem Weg las ich sehr viel – alle Bücher und Veröffentlichungen, die ich im Folgenden anführe, und einige Dutzend mehr, die ich aus Platzgründen weggelassen habe. Ich habe für Sie vor allem die Titel ausgewählt, die mir etwas Wesentliches zeigten, mein Verständnis schulten und mir halfen, endlich zu mir zu kommen. Viele von diesen Texten haben mich über die Jahre begleitet. (Für die deutschsprachige Ausgabe dieses Buches wurde die Literaturliste angepasst und um einige nur auf deutsch erschienene Bücher ergänzt.)

Alvarez, Alfred: Der grausame Gott. Eine Studie über den Selbstmord; Hoffmann und Campe, Hamburg 2002

Bach, George / Peter Wyden: Streiten verbindet; Fischer, Frankfurt 1995

Bach, Richard: Brücke über die Zeit; Ullstein, Berlin 2000

ders.: Die Möwe Jonathan; Ullstein, Berlin 2003

Barbanell, Sylvia: Ich lebe im jenseitigen Kinderreich. Gespräche mit Kinderseelen; Silberschnur, Güllesheim 2005

Batmanghelidj, Fereydoon: Sie sind nicht krank, Sie sind durstig; VAK Verlags GmbH, 2003

Beatty, Melody: Der Weg zu innerer Stärke; Ullstein, Berlin 2004

dies.: Ja zum Leben; Heyne, München 2006

dies.: Kraft für einen Neubeginn; Ullstein, Berlin 2004

dies.: Mut zur Unabhängigkeit; Heyne, München 2004

dies.: Nimm dich endlich, wie du bist; Ullstein, Berlin 2005
Berry, Carmen Renee: Die Erlöser-Falle. Lust und Frust der Helfer-Typen; Econ, Düsseldorf 1993
Bethards, Betty: There is no Death; Inner Light Foundation, Novato 1985
Bolton, Iris, mit Curtis Mitchell: My Son, My Son. A Guide to Healing after a Suicide in the Family; Bolton Press, Atlanta 1983
Bradshaw, John: Das Kind in uns. Wie finde ich zu mir selbst; Knaur, München 2000
ders.: Familiengeheimnisse. Warum es sich lohnt, ihnen auf die Spur zu kommen; Goldmann, München 1999
ders.: Warum Scham krank macht. Verstehen und überwinden von Schamgefühlen; Knaur, München 2006
Bronisch, Thomas: Der Suizid. Ursachen, Warnsignale, Prävention; C. H. Beck, München 1995
Bründel, Heidrun: Suizidgefährdete Jugendliche; Juventa, Weinheim, München 1993
dies.: Judensuizidalität und Salutogenese. Hilfe und Unterstützung für suizidgefährdete Jugendliche; Kohlhammer, Stuttgart 2004
Burnham, Sophy: Engel; Goldmann, München 2006
Burnham, Sophy / Peter Kobbe: Der Weg des Gebets; Goldmann, München 2003
Caddy, Eileen: Herzenstüren öffnen; Greuthof, 2004
Canfield, Jack / Mark Victor Hansen: Hühnersuppe für die Seele; Goldmann, München 2006
Carnes, Patrick J.: Wenn Sex zur Sucht wird; Kösel, München 1992
Casey, Karen / Martha Vanceburg: Jeder Tag bringt neue Hoffnung. Meditationen für jeden Tag; Heyne, München 1989

Coca, Arthur: Der Puls-Test. Der Weg zur Erhaltung Ihrer Gesundheit; Hyperion Verlag 1985
Cockell, Jenny: Unsterbliche Erinnerung; Lübbe, Bergisch-Gladbach 1994
Currie; Ian: Niemand stirbt für alle Zeit. Nah-Todeserfahrungen; Orbis 2000
DeAngelis, Barbara: Männer. Was jede Frau wissen sollte; Heyne, München 1992
Delacour, Jean-Baptiste: Aus dem Jenseits zurück. Berichte von Totgeglaubten; Lübbe, Bergisch-Gladbach 1984
ders.: Die Kunst des Hellsehens und Gedankenlesens; Ariston, Kreuzlingen 1974
ders.: Stimmen aus dem Jenseits. Parapsychologische Phänomene; Bardtenschlager 1985
ders.: Vom ewigen Leben; Econ, Düsseldorf 1982
Dickhaut, Hans H.: Selbstmord bei Kindern und Jugendlichen; Kohlhammer, Stuttgart 1995
Dioda, Carin / Tina Gomez: Warum konnten wir dich nicht halten? Wenn ein Mensch, den man liebt, Suizid begangen hat; Kreuz, Stuttgart 2006
Dobson, James: Der große Familien- und Erziehungsratgeber; Edition Trobisch, 1998
ders.: Endlich – ich werde erwachsen. Ratgeber für Teenager … und ihre Eltern; Edition Trobisch 2001
ders.: Minderwertigkeitsgefühle; Edition Trobisch, 1983
ders.: Nimm dein Leben in deine Hand. Tipps für junge Leute; Hänssler-Verlag, Holzgerlingen 1999
Durkheim, Emile: Der Selbstmord; Suhrkamp, Frankfurt 2006
Easwaran, Eknath: Der Ruf des Universums. Neue Sensibilität für das Leben; Herder, Freiburg 1992

Evans-Wentz (Hrsg.): Das Tibetanische Totenbuch; Walter, Düsseldorf und Zürich 1971
Foos-Graber, Anya: Deathing. Den Tod bewusst erleben; Droemer Knaur, München 1991
Ford, Arthur: Es gibt ein Leben nach dem Tod; Knaur, München 2005
Freytag, Regula / Michael Witte (Hrsg.): Wohin in der Krise?; Vandenhoeck & Ruprecht, Göttingen 1997
Fromm, Erich: Anatomie der menschlichen Destruktivität; Rowohlt, Reinbek 1996
Fulgham, Robert: Alles, was du wirklich wissen musst, hast du schon als Kind gelernt; Goldmann, München 1989
Gibran; Khalil: Der Prophet; Deutscher Taschenbuchverlag, München 2003
ders.: Das große Khalil-Gibran-Lesebuch; Ullstein, Berlin 2004
Gray, John: Männer sind anders, Frauen auch; Goldmann, München 1998
Grollmann, Earl A.: Lass deiner Trauer Flügel wachsen. Wenn man von einem lieben Menschen Abschied nehmen muss; Herder, Freiburg 2001
Guggenheim, Bill und Judy: Trost aus dem Jenseits; Scherz, München 1997
Haller, Michael (Hrsg.): Freiwillig sterben, freiwillig?; Rowohlt, Reinbek 1986
Hay, Louise L.: Das Leben lieben; Ullstein, Berlin 2004
dies.: Gesundheit für Körper und Seele; Ullstein, Berlin 2004
dies.: Liebe deinen Körper; Lüchow, Berlin 2003
Heuer, Gerhild: Selbstmord bei Kindern und Jugendlichen; Klett-Cotta, Stuttgart 1979
Hömmen, Christa: Mal sehen, ob ihr mich vermisst; Rowohlt, Reinbek 1989

Holzer, Hans: Hinter der Grenze des Todes; Heyne, München 1984
Hodgson, Joan: Warum? Ein White Eagle Buch über den Sinn des Erdenlebens; Aquamarin, Grafing 2004
Jakoby, Bernhard: Keine Seele geht verloren. Hilfe und Hoffnung bei plötzlichen Todesfällen und Suizid; Rowohlt, Reinbek 2006
Jampolsky, Gerald G.: Verzeihen ist die größte Heilung; Heyne, München 2005
Janda, Louis: Der zweite Versuch. Chancen und Fallen einer neuen Ehe; Fischer, Frankfurt a. M. 1994
Jochmus, Ingeborg / Eckart Förster: Suizid bei Kindern und Jugendlichen; Enke, Stuttgart 1983
Johnson, Robert: Traumvorstellung Liebe; Walter, Freiburg 1988
Kübler-Ross, Elisabeth: Kinder und Tod; Kreuz, Zürich 1984
dies.: Über den Tod und das Leben danach; Silberschnur, Güllesheim 2002
dies.: Warum das Leben kostbar ist; Kreuz, Stuttgart 2005
Kushner, Harold: Wenn guten Menschen Böses widerfährt; Gütersloher Verlagshaus, 2006
Montgomery, Ruth: Der Heiler; Droemer Knaur, München 1989
dies.: Ich sehe die Zukunft; Mosaik, München 1966
Lerner, Harriet Goldhor: Wohin mit meiner Wut? Neue Beziehungsmuster für Frauen; Kreuz, Stuttgart 1987
Lester, David: Suicide. Closing the Exits; Springer Verlag, Stuttgart 1989
Levine, Stephen: Sein lassen. Heilung im Leben und im Sterben; Kamphausen, Bielefeld 2001
ders.: Wege durch den Tod. Who dies; Kamphausen, Bielefeld 1999

Lorimer, David: Die Ethik der Nah-Todeserfahrung; Insel, Frankfurt a. M. 1999
McLaine, Shirley: Zwischenleben; Heyne, München 1995
Mandino, Og: Das Geheimnis des Erfolges; Vnr – Verlag Deutsche Wirtschaft, Bonn 1992
ders.: Die Entscheidung. Es gibt eine bessere Art zu leben!; Oesch, Zürich 2000
Matzel, Heidi: Mein Sohn starb durch Suizid; Books on Demand, Hamburg 2003
Mellody, Pia / Andrea Wells Miller: Verstrickt in die Probleme anderer. Über Entstehung und Auswirkung von Co-Abhängigkeit; Kösel, München 1991
dies.: Wege aus der Co-Abhängigkeit. Ein Selbsthilfebuch; Kösel, München 1992
Mess, Anne Christina: Wenn die Hoffnung stirbt. Selbstmord – Hilfen für Angehörige und Mitbetroffene; Brendow, Moers 2003
Miller, Caroline Adams: Gerne leben. Kleine Meditationen für Frauen; Scherz, Frankfurt a. M. 2002
Monahan, Evelyn: Die Wunder metaphysischer Heilung; Freya, 2001
Monroe, Robert: Über die Schwelle des Irdischen hinaus; Heyne, München 2006
Montgomery, Ruth: A Search for the Truth; Bantam, New York 1967
dies.: Ich sehe die Zukunft; Mosaik 1966
Moody, Raimond A.: Das Licht von drüben; Rowohlt; Reinbek 2004
ders.: Leben nach dem Tod. Die Erforschung einer unerklärlichen Erfahrung; Rowohlt, Reinbek 2001
ders.: Nachdenken über das Leben nach dem Tod; Rowohlt, Reinbek 2002

ders.: Weiterleben nach dem Tod. Trauer annehmen, Verlust überwinden; Rowohlt, Reinbek 2003
Morse, Melvin: Zum Licht. Was wir von Kindern lernen können, die dem Tode nah waren; Goldmann, München 1994
Munsch, Robert: Ich werde dich immer lieben; Lappan, Oldenburg 2000
Norwood, Robin: Briefe von Frauen, die zu sehr lieben, Rowohlt, Reinbek 1988
ders.: Wenn Frauen zu sehr lieben; Rowohlt, Reinbek 1990
Orbach, Israel: Kinder, die nicht leben wollen; Vandenhoeck & Ruprecht, Göttingen 1990
Osis, Karlis / Erlendur Haraldsson: Der Tod, ein neuer Anfang; Hermann Bauer, Freiburg 1987
Otzelberger, Manfred: Suizid. Das Trauma der Hinterbliebenen; Deutscher Taschenbuchverlag, München 2002
Peck, Morgan Scott: Der wunderbare Weg. Eine neue spirituelle Psychologie; Goldmann, München 2005
ders.: Die Lügner. Eine Psychologie des Bösen und die Hoffnung auf Heilung; Claudius München 1990
Pelletier, Kenneth R.: Unser Wissen vom Bewusstsein; Kösel, München 1982
Pincus, Lily: Bis dass der Tod euch scheidet. Zur Psychologie des Trauerns; Deutsche Verlags-Anstalt, Stuttgart 1985
Puryear; Herbert Bruce: The Edgar Cayce Primer. Discovering the Path of Self-Transformation; Bantam, New York 1982
ders.: Reflections on the Path; Bantam, New York 1986
ders.: Sex and the Spiritual Path; Bantam, New York 1980

Rapp, Doris: Allergien. Fragen und Antworten; Deutscher Taschenbuchverlag, München 1987
dies.: Ist das Ihr Kind; Pro Medico, 2000
Raudive, Konstantin: Überleben wir den Tod?; Reichl O. Verlag Leuchte, 1973
Rowlings, Maurice: Jenseits der Todeslinie; Christliche Buchhandlung Rolf Huber, 1987
Redfield, James: Die Prophezeiungen von Celestine; Ullstein, Berlin 2004
Ring, Kenneth: Den Tod erfahren, das Leben gewinnen; Lübbe, Bergisch-Gladbach 1988
ders.: Im Angesicht des Todes. Was wir aus Nah-Toderfahrungen für das Leben gewinnen können; Ariston, München 2002
Ringel, Erwin: Das Leben wegwerfen?; Herder, Freiburg 1986
ders.: Selbstmord. Appell an die anderen; Kaiser, München 1980
Ritchie, George / Elisabeth Sherill: Rückkehr von morgen; Francke-Buchhandlung, Marburg 2006
Robbins, Anthony: Das Power-Prinzip. Grenzenlose Energie; Ullstein, Berlin 2004
ders.: Das Prinzip des geistigen Erfolges; Ullstein, Berlin 2004
Rudolph, Marguerita: Was ist, wenn man tot ist? Mit Kindern über das Sterben reden; Ravensburger, Ravensburg 1986
Rutz, Marianne: Utopia Blues. Manie, Depression und Suizid im Jugendalter; Orell Füssli, Zürich 2002
Saint-Exupéry, Antoine: Der kleine Prinz; Rauch, Berlin 2000
Schiff, Harriet Sarnoff: Verwaiste Eltern; Kreuz, Stuttgart 2001
Schütz, Jutta: Ihr habt mein Weinen nicht gehört. Hil-

fen für suizidgefährdete Jugendliche; Fischer, Frankfurt a. M. 1994
Siegl, Bernie: Prognose Hoffnung Liebe, Medizin und Wunder; Ullstein, Berlin 2003
Smith, Manuel: Sag Nein ohne Skrupel; Moderne Verlagsgesellschaft, Heidelberg 2003
Stead, Estelle: Die blaue Insel. Ein Blick in das Leben im Jenseits; Artha, 1994
Stevenson, Ian: Reinkarnation Kamphausen, Bielefeld 2003
Storkey, Elaine: Gegeben und genommen. Wenn ein Kind früh stirbt; Brunnen-Verlag, 2002
Sugrue, Thomas: Edgar Cayce. Die Geschichte eines schicksalhaften Lebens; Hugendubel, München 1984
Thomas, Johannes: Im Schatten deines Todes. Wege durch die Trauer nach einem Suizid; Gütersloher Verlagshaus, Gütersloh 2004
Thurman, Chris: Lügen, die wir glauben. Der Grund Nr. 1 für unser Unglücklichsein; Gerth Medien, Asslar-Berghausen 2002
Viorst, Judith: Mut zur Trennung. Menschliche Verluste, die das Leben sinnvoll machen; Heyne, München 2002
Waitley, Denis: Der Kern unserer Kraft; Heyne, München 1988
Wambach, Helen: Leben vor dem Leben; Heyne, München 1980
White, John: Sterben ist kein Tabu; Hermann Bauer, Freiburg 1995
Whitton, Joel: Das Leben zwischen den Leben; Goldmann, München 1990
Wickland, Carl: Dreißig Jahre unter den Toten; Reichl O. Verlag Leuchte, 2000

Wilkerson, David: Die Antwort auf Verzweiflung und Selbstmord; Leuchter Edition, 1995
Yogananda, Paramahansa: Autobiographie eines Yogi; Self-Realization Fellowship, 2001

Danksagung

So viele Menschen haben mir in meinem Leben auf irgendeine Weise geholfen und dazu beigetragen, dass ich wuchs und verstehen lernte und letztlich auch dazu, dass dieses Buch geboren wurde. Es ist unmöglich, für jeden von ihnen einzeln meine große Dankbarkeit und Wertschätzung zum Ausdruck zu bringen.

Mein Mann Herb ermutigte, lobte und unterstützte mich. Niemals zweifelte er auch nur einen Augenblick lang an mir und meiner Arbeit. Meine Kinder waren mir die größten Lehrer: Bob, mein wunderbarer Erstgeborener, Andrea, meine liebe erste Tochter, und Debbie, meine kostbare Jüngste. Wegen ihnen hat sich diese Reise, dich mich manchmal tief nach unten führte, gelohnt. Ich bin stolz auf meine Kinder und die guten und liebevollen Seelen, die sich da herausgebildet haben. Meine vier Enkelkinder lassen mich voller Hoffnung in die Zukunft sehen, so freudig und unglaublich liebevoll, wie sie an das Leben herangehen.

Meine Mutter hieß mich am Anfang meines Lebens mit einem Lied willkommen: »Joy to the world, my daughter's come …« Dies war die Art der Liebe und Verehrung, mit der sie mich mein ganzes Leben lang verschwenderisch verwöhnte. Ich bin ihr für immer dankbar, dass sie mir dieses Fundament an bedingungsloser Liebe gab und mich so beschützte, dass sich mein Geist ungebrochen entfalten durfte. Meine Schwester Alwayne, eine talentierte Künstlerin, malte ein Porträt von Stephen, das mich jedes Mal glücklich macht, wenn ich in mein Büro komme. Ich danke dafür, eine so liebevolle Schwester zu haben. Meinem Bruder Dean, mit dem ich meine Kindheit verbrachte, gebührt mein Respekt, weil er mich nicht auseinandernahm, auch wenn ich es manchmal verdient hatte. Mein Vater empfing Stephen vor vielen Jahren in der geistigen Welt. Er war stets sehr liebevoll zu mir. Danke, Daddy.

Dennis Lenehan ist viel mehr als unser Verwaltungsleiter, er ist ein wahrer Freund geworden. Ohne seine Hilfe und Unterstützung wäre es schier unmöglich gewesen, dieses Buch zu schreiben. Niemand arbeitet härter als er, und dabei ist er voller Klarheit und behält seinen reinen Geist. Seiner Frau Elisabeth gebührt der gleiche Dank dafür, dass sie ihm ermöglicht, auf diese Weise seiner geliebten Arbeit nachzugehen.

Bill Roberts war immer für mich da, wenn ich einen verständnisvollen und ehrlichen Freund brauchte. Er ist einer der lustigsten Menschen, die ich je kennengelernt habe. Er heilt mit seinem Humor. Bill machte unschätzbare Vorschläge und Korrekturen am Manuskript.

Meine liebe Freundin Virginia Rider überließ uns jeden Sommer ihre Wohnung auf Oahu in Hawaii, so dass wir dort schreiben und spielen konnten. Der größte Teil des Buches ist dort entstanden. Ich schätze mich sehr glücklich, dass sie in meinem Leben ist.

Peg Linehan, der sich nach Arizona »zur Ruhe setzte«, hat uns allen das Leben gerettet. Seine Energie und sein Organisationstalent brachten Ordnung in unser Leben und in unsere Büros. Er ist ein Juwel.

Unser lieber Freund Don Wilson stand uns bei jedem Schritt auf unserem Weg bei. Er ermutigte uns, weiterzugehen. Ich danke ihm für seinen unglaublichen Geist und für alles, was er getan hat, damit es mit dieser Arbeit weitergehen kann.

Stephanie und John Schroeder sind mit ihrer Hingabe

und ihrer Liebe die besten Freunde, die man sich vorstellen kann.

Meine Liebe und mein Dank gelten außerdem Par Merrill, Ray und Lou Diekemper, Pat Hughes, Daphne Starr Bush, Bob McIver, Pat Harrison, Helen Mae Alexander, Richard Gerber, M.D., Diane Ladd, Dorothy Drew, Marcia und Don Harrison, Cec Storer, Dr. Terri Bolts, Elisabeth und Joe Chevola, Bill Guggenheim und Dr. Arlene Puryear.

Unsere wunderbaren Mitarbeiter am *Logos Center*, die vielen hart arbeitenden Freiwilligen, alle, die Teil unserer Gemeinschaft wurden, all unsere Freunde und Unterstützer im ganzen Land – jeder von euch verdient eine Seite mit Lob und meinem herzlichen Dank. So viel Platz ist leider nicht, aber ihr wisst, dass ihr alle in meinem Herzen seid und ich dankbar für jeden von euch bin.

Ich möchte drei ganz besonderen Freundinnen danken – Frauen, die ich zutiefst respektiere und bewundere und deren Wirken wirklich die Welt verändert hat:

Doris Rapp, M.D., Kinder-Allergologin und Autorin der Bücher *The Impossible Child* und *Ist das Ihr Kind?* Sie brachte tausenden Familien Hoffnung und Heilung, deren »unmögliches Kind« einfach nur unter verschiedene Allergien gelitten hatte, die ihr Leben und das der Familien stark beeinträchtigten.

Ruth Montgomerys Buch *Search for the Truth* erweckte mich aus einem tiefen Schlaf und gab meinem Leben dauerhaft eine neue Richtung. Ich danke dieser wahrhaften Heldin des neuen Zeitalters aus ganzem Herzen.

Elisabeth Kübler-Ross – sie holte durch ihre Arbeit und ihre Bücher, darunter *Über den Tod und das Leben danach*, den Tod und das Sterben aus der Dunkelheit hervor ins Licht. Sie bereitete für uns alle den Weg zu einem umfassenderen Verständnis dessen, was uns am Ende des physischen Lebens erwartet, und gab uns Mittel, mit unserer Trauer umzugehen.

Antony Robbins' Videos, CDs und Seminare zum *Power-Prinzip* waren mit die nützlichsten und kraftvollsten Werkzeuge für mein persönliches Wachstum. Bei meiner Heilung aller möglichen Beziehungen halfen mir insbesondere die Videos und Seminare von Gary Smalley: *Hidden Keys to Loving Relationships* und *Hidden Keys to Successful Parenting*.

Die Veröffentlichung dieses Buches kam auf einem erstaunlichen Weg zustande: Dr. Doris Rapp las das Manuskript und gab es an ihre Verlegerin Phyllis Heller weiter, die von der Brisanz des Themas fasziniert war. Phyllis gab es daraufhin an Gail Hochmann weiter, der der engagierteste und hilfreichste Agent wurde, den sich eine Autorin nur wünschen kann. Gail zeigte den Text Julie Rubinstein, der leitenden Lektorin bei Pocket Books, die ihn wiederum Tom Spain, dem Programmleiter und stellvertretenden Verleger bei Simon & Schuster vorlegte – ihrem Einsatz ist es zu verdanken, dass das Buch eine liebevolle Heimat fand. Julie engagierte Catherine Withney als Redakteurin – sie dürfte den Text inzwischen genau so gut kennen wie ich. Ich wurde die ganze Zeit über vom besten und nettesten Team unterstützt, von dem ein Autor nur träumen kann. Euch allen möchte ich meinen tiefsten Dank für das aussprechen, was ihr geleistet habt, damit Stephens Geschichte veröffentlicht wird.

Der große christliche Mystiker Edgar Cayce gab den Menschen in über 14 000 Readings spirituelle Führung – sein Vermächtnis ist unvergleichlich. Er starb 1945. Eines Tages stellte er sich mir aus der geistigen Ebene vor und fing an, so mit mir zu sprechen, wie es auch Stephen tut. Über die Dimensionen hinweg entwickelte sich eine Freundschaft. Sein Werk ist eine immerwährende Quelle der Inspiration für mich. Übrigens sagte er mir, dass er sehr gern mit vielen Menschen, die dafür offen sind, kommuniziert und das auch immer wieder versucht.

Ich bin davon überzeugt, dass es ein Geburtsrecht des Menschen ist, mit Gott, mit den Engeln und geistigen Helfern, den Führern aus den höheren Ebenen und unseren verstorbenen Lieben zu kommunizieren. Sie alle sind da, wenn wir Hilfe brauchen. Sie warten darauf, dass wir still sind, um ihnen zuzuhören. Sie offenbaren uns die Antworten auf all unsere Fragen. Ich danke von Herzen für diese Führung und Hilfe.

Ich trauere mit Ihnen allen, denen ein geliebter Mensch gestorben ist. Diejenigen, die ein Kind verloren haben, und noch einmal mehr, wenn es sich selbst das Leben genommen hat, kennen einen Schmerz, den sich kaum ein anderer vorstellen kann. Ich bete dafür, dass dieses Buch Ihnen Hoffnung und Heilung schenkt, dass Sie ein größeres Verständnis für sich selbst, die Menschen in Ihrem Leben und die geliebten Wesen, die gestorben sind, entwickeln können.

Anne Puryear

Anne Puryear lädt Sie ein, ihr zu schreiben. Sie können Ihre Erfahrungen mit ihr teilen, wie Sie den Schmerz nach dem Tod eines Kindes oder eines geliebten Menschen überwanden. Sie können sich auch mit ihr austauschen, wenn Sie über den Tod hinaus mit Ihren Lieben kommuniziert haben.

Anne und ihr Mann Dr. Herbert Bruce Puryear sind Gründer und Leiter der gemeinnützigen Organisation *The Logos Center*, ein ganzheitliches Forschungs- und Ausbildungszentrum verbunden mit einer nicht-konfessionellen, glaubensübergreifenden Kirche. Anne Puryear leitet außerdem die *Stephen Christopher Foundation*, die Videos und anderes Infomaterial zur Selbstmordprävention verteilt und Hilfe für Menschen anbietet, die ihren Selbstmordversuch überlebten.

Weitere Informationen, Bücher, CDs, Videos oder das monatlich erscheinende *Logos Journal* mit Artikeln der Puryears, das Ihnen regelmäßig frei per E-Mail zugeschickt werden kann, erhalten Sie unter den folgenden Adressen. Auch Anne Puryear erreichen Sie hier:

The Logos Center
P. O. Box 12880
Scottsdale, Arizona 85267-2880
Telefon: 001-602-483 8777
Fax: 001-602-483 8494

Internetadresse: http://logoscenter.org

Deepak Chopras Antworten auf die Fragen unserer Existenz

DEEPAK CHOPRA
Bewusst glücklich
Das neue Handbuch zum erfüllten Leben
224 Seiten
€ [D] 19,95 / € [A] 20,60/ sFr 34,80
ISBN 978-3-7934-2096-5

In »Bewusst glücklich« betrachtet Deepak Chopra das Geheimnis unseres Daseins und die entscheidende Frage, was unser Leben für die ewige Suche nach dem Glück bedeutet. Wer bin ich? Woher komme ich? Wohin gehe ich, wenn ich sterbe? Chopra schöpft aus den alten Quellen der Vedanta-Philosophie und den Forschungsergebnissen der modernen Naturwissenschaft, um uns so zu helfen, unser wahres Wesen zu verstehen. Wenn uns das gelingt, beginnen wir aus der Quelle eines dauerhaften Glücks zu leben. Wenn wir wissen, wer wir sind, hören wir auf, uns der im Kosmos bestehenden inneren Intelligenz zu widersetzen.

Das Göttliche umfaßt alles

ARTUR
In der Endlosigkeit des Göttlichen
Essenzielle Lehren zur Erweiterung des Bewußtseins
224 Seiten
€ [D] 16,– / € [A] 16,50 / sFr 28,50
ISBN-13: 978-3-7934-2074-3
ISBN-10: 3-7934-2074-4

Das Göttliche umfaßt alles. Alles ist darin enthalten. Auch die Vergessenheit und ihr Ausmaß sind in dem Göttlichen enthalten. Das Göttliche ist der zeit- und raumlose Raum, in dem alles erscheint, sich vollzieht und sich auflöst. Das Göttliche ist endlos. Nichts könnte es ohne das Göttliche geben. Aber die Vergessenheit kommt nicht aus dem Göttlichen. Sie kommt aus dem Bewußtsein, das sich auf das persönliche Selbst begrenzt.